워렌 버핏의
초우량주 투자전략

> 월스트리트 투자의 신 버핏은 39년간 2595배의 투자이윤을 남겼다. 100달러로 시작해 429억 달러의 재벌이 된 투자신화. 버핏은 복잡한 투자전략을 간단하고 쉬운 일반상식으로 표현했다. 당대 가장 위대한 투자의 대가를 배워보자.
>
> 버핏의 투자격언을 기억하면 그처럼 지혜로워진다.
> 버핏의 투자원칙을 배우면 그처럼 과감하게 행동할 수 있다.
> 버핏의 투자전략을 운용하면 그처럼 성공할 수 있다.

옮긴이에 대해서

이승수

대일외국어고등학교를 나와 중국 호북중의대학 중의학과를 졸업했다.
삼성, LG, 외환은행 등에서 기술번역과 통역을 했으며
현재는 번역프리랜서와 통역사로 활동중이다.

BAFEITEGUPIAOTOUZICELUE
ZHU: LIUJIANWEI
copyright © 2005 by China Machine Press
All rights reserved.

Korean Translation Copyright © 2009 by ZIPSAJAE Publishing Co.
Korean edition is published by arrangement with China Machine Press
through EntersKorea Co.,Ltd, Seoul.

이 책의 한국어판 저작권은 (주)엔터스코리아를 통한
중국 機械工業出版社와의 계약으로
도서출판 집사재가 소유합니다.

오마하의 현인,
워렌 버핏에게
주식투자의
길을 묻는다!

워렌 버핏의
초우량주 투자전략

류젠웨이 지음 | 이승수 옮김

이코노믹북스

To the great investor Mr. Warren E. Buffett.

All of the quotes from the Berkshire annual reports are from copyrighted material and reproduced with permission of the author.

I very much appreciate the kindness and generosity of Mr. Warren E. Buffett.

All the Chinese investors and I are truly grateful for his great valuable investment ideas in the Berkshire annual reports.

이 책을 가장 위대한 투자의 대가 워렌 버핏에게 바친다.

이 책에서 인용한 버크셔사 연보의 판권은 워렌 버핏에게 있으며 그의 허락을 받았다. 이에 워렌 버핏에게 감사를 표시한다.

나와 버핏을 좋아하는 모든 투자자들은 워렌 버핏이 버크셔사 연보에서 말한 매우 소중한 투자이념을 나눌 수 있어 고맙게 생각한다.

● 버핏의 지혜가 담긴 투자격언 ●

1 첫 번째 규칙:절대 손해 보지 말아라, 두 번째 규칙:절대 첫 번째 규칙을 잊지 말아라.
2 투자는 IQ 160인 사람이 IQ 130인 사람을 이길 수 있는 게임이 아니다.
3 사업가이기에 나는 좋은 투자자이다. 투자자이기에 나는 좋은 사업가이다.
4 대다수 투자자들에게 있어 무엇을 아는지보다 자신이 무엇을 모르고 있는지를 분명히 알고 있는 것이 중요하다.
5 투자에 성공하려면 베타값, 효율적 시장, 투자 포트폴리오 이론, 옵션, 신흥시장들에 대해 연구하지 않아도 된다. 사실 이러한 이론에 대해 모르는 것이 가장 좋다.
6 새로운 사상을 받아들이는 것보다 예전 생각을 떨쳐버리는 것이 더 어렵다.
7 대부분 사람들은 생각하기를 죽기보다 싫어한다.
8 초우량주를 찾는 투자방법은 우리에게 진정으로 성공할 수 있는 유일한 기회를 제공해준다.
9 결국 우리의 투자성공은 주식 보유량에 상관없이 우리가 보유하고 있는 주식의 회사와 흥망성쇠를 함께 한다.
10 보통 가격으로 좋은 회사를 매입하는 것이 좋은 가격으로 보통 회사를 매입하는 것보다 낫다.
11 시간은 우수한 기업에게는 친구이지만 평범한 기업에게는 적이다.
12 당신은 가격을 지불하고 가치를 얻는다.
13 가치평가는 과학이자 예술이다.
14 나는 확실한 실수보다 모호한 정확성을 원한다.
15 위대한 결과를 실현할 수 있는 가능성을 좇기보다 확실하게 실

현할 수 있는 좋은 결과를 원한다.
16 시장은 우리를 이끌어 주기 위해서가 아니라, 우리가 이용하기 위해 존재하는 것이나 다름없다.
17 두려움은 맹목적인 투자자에게는 적이지만 이성적인 투자자에게는 친구이다.
18 다른 사람이 원할 때 멈추고 남들이 멈췄을 때 공략하라.
19 주식시장은 단기적으로는 어떤 주식이 인기 있는지 집계하는 투표기 역할을 하지만, 장기적으로는 기업의 내재가치를 측정하는 정교한 저울이다(Market is a voting machine in the short term, but a weighting machine in the long term.).
20 시장이 항상 효율적이라면 내가 할 수 있는 일은 없다.
21 나는 주식시장 추세를 예측할 수 있는 사람을 본 적이 없다.
22 버크셔사에 있어 시장 폭락은 아주 좋은 소식이다.
23 안전마진은 성공투자의 초석이다.
24 아무도 주식에 흥미를 갖지 않을 때야말로 당신이 그 주식에 주목해야 할 때이다.
25 낙관주의야말로 이성적 투자의 가장 큰 적이다.
26 당신은 매 투자에 대해 용기와 신념을 갖고 순자산의 10% 이상을 주식에 쏟아부어야 한다.
27 다원화는 무지에 대한 보호장치이다(당신에게 40경의 부인이 있다면 그들 중 누구도 정확하게 이해할 수 없다).
28 빈번하게 거래하는 사람을 '투자자'로 부르는 것은 마치 항상 원나잇을 즐기는 사람들을 '낭만주의자'라고 부르는 것만큼 황당하게 느껴진다.
29 한 회사 주식을 10년간 보유하지 않으려면 지금 10분간 보유할 생각도 하지 말아라.
30 내가 가장 좋아하는 주식보유기간은 영원히이다.

| 머리말 |

모든 주식투자자들은 좋은 장기투자 실적을 원한다. 이를 위해서 투자 대가들의 투자전략을 배우는 것이 가장 좋은 방법이다. 워렌 버핏이야말로 열심히 배워야 할 가장 좋은 모범 투자자라 할 수 있다.

버핏은 '당대 가장 위대한 투자자'로 불리며 미국 <포춘>지가 선정한 '20, 21세기 8대 투자의 대가'에서 첫 번째 순위에 올랐다.

2004년 2월 27일 미국의 권위 있는 <포브스>는 세계 갑부 순위를 발표했는데 월스트리트 '투자의 신' 버핏은 429억 달러의 자산으로 다시 한 번 두 번째 갑부에 올랐다. 버핏이 세계 억만장자가 된 방법은 다른 사람들과 다르다. 그는 100달러로 시작한 주식투자와 기업합병만을 통해 개인자산 429억 달러에 달하는 20, 21세기 세계부호의 한 사람이 되었다.

전후 미국에서 주요 주식의 연평균 수익률은 10% 내외였지만, 지난 39년 동안 버핏이 관리하는 버크셔사 주식의 순가치는 처음의 19달러에서 현재의 50,498달러로 증가해 연복합성장률이 약 22.2%에 달했다. 어떤 사람이 1956년 버핏과 함께 1만 달러를 투자해 끝까지 고수했다면 2002년에는 2.7억 달러의 세후수익을 올렸을 것이라는 말이다.

이렇게 위대한 투자실적을 올린 투자의 대가는 모든 투자자들이 배우고 연구해야 할 롤모델이다. 세계 첫 번째 갑부인 빌 게이츠도 두 번째인 버핏의 투자성공을 연구하기 시작했다.

빌 게이츠는 워렌 버핏의 좋은 친구로 부인과 함께 중국에 여행을 온 적이 있다. 게이츠는 그의 유머, 겸손함 등의 매력에 빠져 스스로 버핏의 팬을 자처했다. 빌 게이츠는 버핏을 연구한 후 <미국 자본가의 성장—세계 갑부 워렌 버핏 자서전>에 서문을 쓰면서 "독자들이 이 책을 읽는다면 사업 및 투자에 있어 대단한 도움이 되리라 생각한다. 하지만 이론을 실천에 잘 접목시킬 수 있느냐는 전적으로 본인에게 달려 있다. 워렌 버핏의 천부적인 자질은 사물을 한 발 앞서 통찰하는 능력이다. 그 능력을 배우기 위해서 그의 많은 격언들은 외울 가치가 있지만 단지 그의 격언을 마음속에 새기는 것만으로는 부족한 점이 많다"라고 말했다.

빌 게이츠가 말한 것처럼 버핏의 격언을 외우는 것만으로는 부족하다. 우리는 버핏의 투자전략을 정리하고 관련 이론을 응용해 그 합리성을 분석하고 실제 투자과정에서 어떻게 운용하는지 알아봐야 한다. 그리하여 더욱 체계적이며 심도있고 완벽하게 버핏의 투자전략을 연구해야 한다.

이 책은 버핏 본인의 투자전략에 관한 논점을 주식선택, 시장, 매입가, 포트폴리오, 보유의 다섯 가지 기본원칙으로 요약 정리했다. 다섯 가지 기본원칙은 목표기업선택 원칙, 시장가격분석 원칙, 매입가의 안전마진 원칙, 집중투자 원칙, 장기보유 원칙이다.

버핏은 항상 그의 투자전략에 대해 말하지만 자세한 디테일은 결코 드러내지 않는다. 버핏의 투자전략 운용은 가장 신비로운 부분이며 우리에게 가장 가치가 있는 부분이기도 하다. 이 책은 버핏의 50여 년간 투자경험에 따라 관련 주식투자의 연구결과를 결합해 귀납시켰다. 또한 그 기본원칙들의 실제 응용시 디테일을 분석해 투자자에게 어떻게 투자를 하면 생동감있고 즐거울 수 있는지 상세히 알려주고자 했다.

버핏은 버크셔 해서웨이 2000년 연보에서 그의 은사이자 친구였던 그레이엄을 떠올리며 다음과 같이 말했다.

"그리운 시간이었다. 나는 50년 전인 1950년 콜롬비아대학에서 그레이엄 교수의 증권분석 과정을 배웠다. 그 전의 10년 동안 나는 주식을 맹목적으로 분석, 매입, 매도했지만 투자실적은 보통 수준이었다. 1951년부터 나의 투자실적은 두드러지게 개선되었다. 이는 내가 음식습관을 바꿨거나 운동을 시작해서가 아니다. 유일한 변화는 그레이엄의 투자이념을 배우고 응용하기 시작한 것이었다. 원리는 아주 간단하다. 대가의 문하생으로 몇 시간 동안 전수받는 것이 스스로 10년간 어리석게 혼자 생각했던 것보다 훨씬 낫기 때문이다."

 독자들이 몇 시간만 투자해 이 책을 읽어보고 당대 가장 위대한 투자의 대가 버핏이 40여 년간 2595배라는 놀라운 이윤을 낸 투자 전략을 배운다면, 스스로 아주 제한적인 경험으로 투자하는 것보다 훨씬 뛰어난 효과를 얻게 되리라 확신한다.

 더 나은 투자를 위해 우리 모두 진정한 투자의 대가에게 배워 보자.

류젠웨이

Contents

|머리말| 8
|서론| 14

제1장 주식선택 원칙 _ 초우량주 28
1.1 장기적으로 안정적인 산업을 찾아라 36
1.2 경쟁우위를 찾아라 51
1.3 지속적 경쟁우위를 찾아라 67

제2장 시장원칙 _ 이성투자 84
2.1 시장은 단기적으로는 투표기이고 장기적으로는 저울이다 88
2.2 비효율적 시장이론으로 효율적 시장이론에 도전하라 103
2.3 자신의 어리석음을 인식해야 시장의 어리석음을 이용할 수 있다 120

제3장 매입가 원칙 _ 안전마진 146
3.1 안전마진은 투자안전의 보장 150
3.2 안전마진은 투자수익의 보장 159
3.3 주가하락은 투자의 좋은 기회 167

제4장 포트폴리오 원칙 _ 집중투자 182

4.1 집중투자의 목표기업 187

4.2 집중투자의 주식수 190

4.3 집중투자의 결정분석 202

제5장 주식보유 원칙 _ 장기보유 210

5.1 장기보유와 단기보유의 세후 복리수익 비교 215

5.2 장기보유와 단기보유의 거래원가 비교 222

5.3 장기보유의 투자결정 분석 227

제6장 4대 대표사례 233

6.1 코카콜라 : 이윤 88억 달러, 6.8배 가치상승 236

6.2 가이코 : 이윤 23억 달러, 50배 가치상승 247

6.3 질레트 : 이윤 29억 달러, 5배 가치상승 258

6.4 워싱턴포스트 : 이윤 12억 달러, 128배 가치상승 266

감사의 글 275

| 서론 |

갓 대학을 졸업한 한 가난한 대학생이 힘들게 1년을 일해 만 달러를 모았다. 1965년 초 21살이었던 그는 밤새도록 고민한 끝에 자동차를 사는 대신 퇴직 후 노후생활을 편안히 보낼 수 있도록 39년의 장기투자펀드를 사기로 결정했다. 하지만 시장에 수많은 펀드매니저 중에 누구를 선택해야 하는가? 선택은 굉장히 중요하다. 펀드매니저에 따라 그의 60세 이후의 재산이 많아질 수도 적어질 수도 있기 때문이다.

첫 번째 선택은 가장 간단한 방법이다. 우선 지수 펀드매니저를 선택한다. 그는 시장상황에 따라 지수와 동일한 투자 포트폴리오를 만들어 시장 전체 수준과 비슷한 투자수익을 올리는 것을 목표로 한다. 미국 스탠다드 앤 푸어스 주가지수의 연평균 수익률은 10% 전후이고, 39년 후 만 달러의 지수 투자펀드는 47.43만 달러로 증식된다. 47만 달러면 그가 반려자와 함께 세계일주를 할 수 있는 돈이다.

두 번째 선택은 가장 흔히 볼 수 있는 방법이다. 적극적인 펀드매니저를 선택한다. 그들은 시장에서의 성공을 목표로 세우지만 결과는 굉장히 실망스럽다. 통계에 따르면 대다수 펀드매니저들은 시장에서 실패한다고 한다. 1942-1997년의 50여 년간 스탠다드 앤 푸어스 주가지수의 연평균 수익률은 적극형 뮤추얼펀드의 평균 수준보다 1.3% 정도 높았다. 적극형 뮤추얼펀드의 평균 실적에 따르면 1만 달러의 펀드투자로 39년 후에 23.80만 달러밖에 증식시키지 못한다는 결론이 나온다. 여기에 매년 펀드 수수료(1%로 계산)를 제하면 17.75만 달러밖에 늘리지 못한다. 이 17만 달러로는 노부부가 미국일주밖에 할 수 없다.

세 번째는 가장 훌륭한 선택이다. 버핏은 지금은 모르는 사람이 없지만 당시에는 아무도 몰랐던 버크셔 해서웨이Berkshire Hathaway의 주식을 매입했고 그 결과는 정말 환상적이라는 말로밖에 표현이 안 된다. 버핏은 1965~2003년의 39년간 꾸준히 시장을 이겼으며 버크셔사의 순자산 수익률은 22.2%에 달했다. 1964년 버크셔사 주식의 평균가는 11달러 내외였다. 2003년 버크셔사 주식(A주식)의 최고가는 95,700달러였다. 2004년 8월 9일 버크셔사 종장가는 83,750달러였다. 40년간 버크셔사 주가는 8000배가 증가했다. 1965년초 1만 달러로 버크셔사 주식을 매입했다면 주식의 시장가치는 8,000만 달러에 달하게 된다. 초기에 1만 달러만 투자를 하고 버핏의 황금손을 통해 39년을 기다리기만 했다면 억만장자로 화려한 생활을 누리며 가족들과 전세계를 여행할 수 있었다.

이 간단한 비교를 통해 왜 워렌 버핏이 '당대 가장 위대한 투자자'라고 불리우고 세계인이 그를 '주식의 신'이라 부르는지 알 수 있다.

버핏의 주식투자신화 》 39년간 투자가치상승 2595배로, 100달러에서 시작해 429억 달러의 부호가 되었다.

워렌 버핏은 '당대 가장 위대한 투자자'라고 불리며 미국 <포춘>지가 1999년 말 선정한 '20세기 8대 투자의 대가'에 첫손으로 꼽혔다.

버핏이 '월스트리트 투자의 신'이라고 불리는 것은 그가 역사상 가장 위대한 투자신화를 이뤄냈기 때문이다. 100달러로 시작한 투자로 자산 429억 달러의 세계 두 번째 부호가 되었다.

버핏은 1956년 스스로 창업을 하고 나서 주식투자와 기업합병으로만 놀랄 만한 속도로 엄청난 부를 축적했다.

1956년 그는 26세에 파트너기업인 버핏 컴퍼니를 세워 10.5만 달러의 자금을 모았다. 버핏은 상징적으로 100달러를 투자했고 그의 보수는 주로 투자매니저의 자격으로 일정 비율을 투자이윤에서 받았다.

39년 동안 버핏의 관리하에 버크셔사의 순자산은 1965년 말 주당 19달러에서 2003년 말 50,498달러로 증가해 연간 복합수익률은 약 22.2%였다. 같은 기간 동안 미국 스탠다드 앤 푸어스 지수의 연간 복합수익률은 10% 정도였다. 버핏은 39년 동안 1배 이상의 우세를 보이며 시장에서 승리를 거뒀기 때문에 전대미문의 투자신화로 받아들여진다.

1964년 버핏이 버크셔사를 관리할 때부터 1만 달러를 투자해 2003년 말까지 보유했다면 이 1만 달러 주식의 순자산가치는 2,595만 달러에 달하고 시장가치는 최고 8,000만 달러에 달한다.

어떤 사람이 1956년 버핏과 함께 1만 달러를 투자해 끝까지 고수했다면 2002년에는 2.7억 달러의 세후수익을 올렸을 것이라는 말이다.

역대 평균치인 22%의 이윤증가속도로 2009년까지 유지한다면 버핏이 80세가 되었을 때 그는 역사상 전무후무한 억만장자가 될 수 있다.

그가 세계 억만장자가 된 과정은 다른 사람들과 분명히 다르다. 석유왕 존 록펠러, 강철왕 앤드류 카네기와 소프트웨어왕 빌 게이츠의 재산은 모두 한 가지 제품이나 발명에서 비롯되었다는 공통점이 있다. 그러나 버핏은 순수한 투자자이다.

버핏의 초우량주 투자전략 신화 》 시장을 이기기 위해 어려운 수학이 필요없다.
더욱 불가사의한 것은 버핏이 갑부가 되고 놀랄 만한 실적을 올리게 된 그의 투자전략은 매우 간단하다는 점이다. 버핏은 심지어 성공적인 투자는 높은 수학적 지식이 필요없다고 말한다.

"고등수학이 필수라면 나는 신문배달을 해야 한다. 투자에서 고등수학이 어떤 작용을 하는지 전혀 보지 못했다."

"당신은 로켓 전문가가 될 필요도 없다. 투자는 IQ 160인 사람이 IQ 130인 사람을 이길 수 있는 게임이 아니다."

"나는 관리와 투자가 비슷하다고 본다. 비범한 성과를 거두기 위해 반드시 비범한 일을 해야 하는 것은 아니다."

<오마하 월드 파이오니어지>의 칼럼기자인 로버트 맥모리스는 집에서 1마일 떨어진 곳에 살고 있는 버핏에 대해 이렇게 썼다.

"그의 집과 사무실에는 컴퓨터나 컴퓨터 비슷한 것도 없다. 그는 그의 일이 그렇게 복잡하지 않기 때문에 그것들이 있어도 아무런 쓸모가 없다고 한다."

당대에 가장 성공한 투자자라고 불리는 버핏은 어떤 투자전략을 사용할까?

버핏은 자신의 투자전략을 "85%의 그레이엄과 15%의 피셔"라고 말한다. 버핏은 '증권분석의 아버지' 그레이엄의 학생이었다. 그는 졸업 후 그레이엄의 투자회사에서 일을 했다. 이론과 실무에서 그레이엄의 '안전마진'을 기초로 한 가치투자전략을 배울 수 있었다. 후에 찰리 멍거Chalie Munger의 영향으로 그는 피셔의 지속적 경쟁우위를 가진 우수기업에 집중투자하는 장기투자전략을 받아들였다. 여러 해의 투자실천을 통해 버핏은 두 위대한 투자대가들의 투자전략을 종합해 가장 특색있는 자신만의 투자전략을 만들었다. 바로 지속적 경쟁우위를 바탕으로 한 장기가치투자전략이다.

버핏은 그의 기본투자전략을 이같이 말한다.

"우리는 여전히 몇몇 소수의 주식에만 집중투자하며 이는 개념적으로도 매우 간단하다. 진정 위대한 투자이념은 종종 간단한 한 마디로 개괄할 수 있다. 나는 지속적 경쟁우위를 가지고 있으며, 능력을 갖추고 주주를 위해 온 힘을 다하는 경영진이 관리하는 기업을 선호한다. 이러한 특징을 갖춘 기업이 눈에 띄고 그 주식을 합리적인 가격으로 살 수 있다면 거의 실패하지 않는다."

"우리는 항상 실적이 꾸준히 우수하며, 비범한 능력을 갖추고 주주를 생각하는 경영진이 운영하는 대기업을 찾고 있다. 물론 이러한 회사들도 우리의 투자이윤을 충분히 보장할 수는 없다. 우선 합리적인 가격으로 주식을 매입해야 하며 매입한 회사의 향후 실적도 우리의 예상과 맞아떨어져야 한다. 이러한 투자방법(초우량주 매입)은 우리에게 진정한 성공을 향한 유일한 기회를 가져다준다."

"내 회사의 투자기회 범위가 매우 제한적이라고 해보자. 예를 들어 오마하라는 작은 도시의 개인회사라면 나는 이렇게 투자할 것이다. 우선 각 회사 업무의 장기적인 경제상황을 평가한다. 그 다음 회사경영을 책임지는 경영진의 능력과 수준을 평가한다. 마지막으로 합리적인 가격으로 그중 가장 좋은 회사의 주식을 사들인다. 물론 여러 회사에 자금을 균등히 분배해 투자하지는 않는다."

"마지막으로 우리의 투자 성공여부는 우리가 보유하고 있는 회사의 흥망성쇠에 달려 있다. 우리가 그 회사의 전부를 소유하고 있든 일부를 소유하고 있든 말이다."

버핏의 투자전략을 간단하게 한 마디로 개괄하자면 '내재가치보다 크게 낮은 가격으로 우수기업의 주식에 집중투자하고 장기보유한다'이다.

버핏이 만들어낸 세계 최고의 3대 기록 》 세계에서 가장 비싼 주식, 자산규모가 가장 큰 투자회사, 가장 대표적인 장기투자 사례.

버핏은 매우 심플한 투자전략으로 대단한 투자효과를 거뒀다. 버핏은 3개 부분에서 주식투자의 세계기록을 세웠다.

첫 번째로 버핏은 세계에서 가장 비싼 주식을 만들었다.

1964년 버크셔사를 보유하고 있을 때 주식의 평균가는 11달러였다. 2003년 버크셔사 주식(A주식)의 최고가는 95,700달러에 달했다. 2004년 8월 9일 버크셔사 종장가는 83,750달러였다. 40년간 버크셔사 주가는 무려 8000배 가까이 증가했다. 버크셔사 주식 1주의 가치는 부동산가격이 비싼 상해의 좋은 주택 한 채를 구입할 정도이다. 1965년 버핏이 버크셔사를 관리하기 시작한 다음부터 39년 동안 버크셔사의 주당 순가치는 처음 19달러에서 2003년 말에는 50,498달러로 올라 2595배가 증가했다. 현재 버크셔사 주주는 30만여 명에 달하며 주로 미국인, 영국인, 독일인, 인도인과 캐나다인이다. 버핏은 수많은 주주들을 백만, 천만, 억만장자로 만들었다.

두 번째로 버핏은 세계에서 가장 자산규모가 큰 투자회사를 만들었다.

버핏의 관리하에 버크셔사의 순자산 총가치는 1964년 말의 2,288만 달러에서 2002년 말의 640억 달러로 증가했다. 2002년 말 버크셔사 총자산규모는 1695.44억 달러였고 2002년 영업수입은 423.53억 달러였다. 2003년 4월 14일 출판된 미국 <포춘>지에 따르면 2003년 전세계 500대 기업의 매출액 순위에서 버크셔사는 78위에 올랐다. 69위와 70위에 오른 중국석유천연가스집단공사CNPC와 중국석유화학공사SINOPEC와 비교했을 때 매출액은 8%밖에 차이가 나지 않는다.

하지만 버크셔사의 총자산규모는 이미 2위의 엑슨사(2002년 말 총자산 1,526억 달러)를 넘어서 세계에서 자산규모가 가장 큰 회사가 되었다. 버크셔사의 자산규모는 중국석유천연가스집단공사의 두 배에 달한다(2002년 말 총자산은 889억 달러이다).

하지만 가장 불가사의한 것은 세계에서 자산규모가 가장 큰 투자회사인 버크셔사 본사의 경영자는 버핏과 그의 파트너 멍거 두 사람뿐이라는 사실이다. 버핏이 회사 회장과 CEO를 맡고 있으며 파트너인 찰리 멍거는 부회장을 맡고 있다. 이사회 구성원은 7명뿐인데 이사 연봉은 일년에 900달러가 되지 않는다. 회사 본사의 모든 사원은 13.8명(회계 한 명은 일주일에 4일만 출근하기 때문에 0.8명으로 계산)이지만 계열사 직원은 13만 명이 넘는다. 버핏은 단순히 한 사람의 투자자가 아니다. 그가 관리하는 엄청난 자산규모의 버크셔사는 미국에서 전세계로 여전히 굉장한 영향력을 보여주고 있다.

세 번째로 버핏은 가장 대표적인 장기 주식투자 사례를 만들어냈다.

그의 4대 장기투자의 대표적인 사례를 살펴보자.

코카콜라_ 13억 달러 투자, 15년간 보유, 이윤 88억 달러로 6.8배 가치상승

워싱턴포스트_ 1,000만 달러 투자, 30년간 보유, 이윤 12억 달러로 128배 가치상승

질레트_ 6억 달러 투자, 14년간 보유, 이윤 29억 달러로 5배 가치상승

가이코_ 4,571만 달러 투자, 20년간 보유, 이윤 23억 달러로 50배 가치상승

버핏의 초우량주 투자전략의 매력 》》 매년 주주총회에서 6시간 동안 강의를 하는데 만오천 명의 주주들이 참여한다.

버핏은 투자자에게 그의 투자전략을 전수해줄 뿐 아니라 40년간 버크셔사 연보에 공개적으로 그의 투자철학을 기고해 왔다.

1965~2003년까지 버핏은 버크셔사를 그의 투자사상을 전수해 주는 학교로 만들었고 교실은 회사의 주주총회이며 교재는 그가 매년 회사 연보에 기고하는 주주들에게 보내는 편지들이다 버핏의 파트너 멍거는 1997년 버크셔사 주주총회에서 "사람들은 간단하지만 효과적인 사고의 중요성을 낮게 평가한다. 만일 버크셔가 정확한 사고방식을 가르쳐주는 학교라고 한다면 개설한 주요 과목은 비록 소수이지만 아주 중요한 사상이라고 생각한다. 또한 우리가 선택한 이 생각들은 매우 간단하지만 상당한 효과가 있다"라고 말했다.

버핏은 버크셔사를 관리하기 시작한 1970년부터 지금까지 회장직을 맡고 있다. 1970년부터 2003년까지 34년 동안 매년 주주들에게

보내는 편지에서 버핏은 그의 투자전략을 공개적으로 얘기해주며 그해 버크셔사의 모든 중요한 투자상황에 대해 토론을 한다. 투자업계 인사들은 버핏이 매년 버크셔사 연보에서 주주들에게 보내는 편지들을 일종의 경전으로 보고 경문처럼 그의 격언을 외우고 다닌다.

버핏은 인생경력이 풍부하고 매력적인 인격을 갖춘 사람이다. 또한 소박하고 간단하면서도 오묘한 투자철학과 투자전략으로 많은 투자자와 기업의 경영진들을 끌어당긴다. 그들은 매년 한 번씩 신도들처럼 오마하에서 열리는 버크셔 해서웨이사 주주총회에 참가해 버핏의 투자에 관한 지혜를 듣는다.

버핏의 고향은 미국 중부의 조그마한 도시 오마하이다. 버크셔사가 여기서 주주총회를 하는 날은 매년 한 번 있는 큰 행사의 날이다. 월스트리트의 유력인사나 보통 투자자, 혹은 유럽이나 아시아의 버핏 추종자들은 모두 아침 일찍부터 회의장 입구에서 길게 줄을 서서 좋은 자리를 맡으려 한다.

흥미로운 것은 주주총회는 보통 5-10분 정도라는 점이다. 매년 주주총회의 하이라이트는 언제나 버크셔사 주주총회가 끝난 후 이어지는 버핏의 질의응답 시간이다. 주주총회가 끝난 후 버핏은 만여 명의 주주들에게 그들이 질문한 여러 가지 문제들에 대해 성실히 답변해준다. 질문에 대한 버핏의 빠른 답변과 그 깊이, 그리고 창조적인 발상은 매우 매력적이다. 한 명 한 명의 질의응답은 오전 3시간 동안 진행되고 중간에 간단하게 15분간 점심 식사를 한 후, 오후에도 몇 시간에 걸친 질의응답 시간이 계속된다.

많은 투자업계 인사들은 버핏의 가르침을 듣기 위해 버크셔사의 주식을 단 한주라도 사들이고 매년 어려움을 감수하고 오마하까지 먼

길을 와 버크셔사 주주총회에 참석한다. 주주총회에 참석했던 사람들은 모두 많은 것을 얻어간다. 많은 주주들은 주주총회에 참석하는 것이 상당한 가치가 있다고 생각한다. 버핏의 투자와 관련된 지혜를 듣고 나면 그들은 감탄을 터뜨린다.

버핏의 투자전략을 배우고자 하는 사람은 반드시 버핏이 매년 연보에서 주주들에게 쓴 편지부터 읽어야 한다. 버크셔사 주주가 아니어서 오마하에서 열리는 버크셔사 주주총회에 참석하지 못하는 사람들에게는 30여 년간 버핏이 매년 주주들에게 쓴 글이야말로 버핏을 배우는 가장 좋은 교과서라 할 수 있다. 당신은 그 속에서 어떤 학교에서 배웠던 투자교육보다 더욱 많은 것을 배울 수 있다.

부지런한 버핏이 매년 버크셔사 주주에게 쓰는 편지는 20여 페이지에 달하며 심지어 더 많은 경우도 있다. 1977~2003년의 27년간의 27통의 편지만 해도 A4지로 800장이 넘게 프린트를 해야 한다. 만일 A5크기로 인쇄해 책을 만든다면 1600페이지가 넘는다. 여기에 버핏이 발표한 글, 강연, 탐방기까지 더한다면 400여 페이지를 더해야 하고, 이렇게 버핏이 말한 투자에 관한 자료만 해도 2000페이지가 넘는다.

한 사람의 투자자가 버핏이 쓴 2000여 페이지의 '버핏전집'을 마주한다면 분명 어찌할 바를 모르게 된다. 더구나 그 안의 내용은 모든 것을 총망라하고 있는데, 특히 많은 내용들이 회사 경영상황 회고, 회사관리, 재무회계제도, 합병 등 주식투자전략과 관계가 많지 않아서 대다수 투자자들은 오히려 투자전략에 대해 더 모호해지고 갈피를 못 잡을 수도 있다.

이 책은 투자자들이 단기간 내에 버핏 본인이 말한 투자전략을 심도있게 배울 수 있는 최선의 선택이다. 버핏이 투자전략에 대해 설명한 내용들을 분류 수집해 체계적으로 정리했다. 이 책에 6시간만 투자한다면 5과목의 '투자과목'을 끝낼 수 있다. 목표기업 선택, 시장가격 분석, 매입가 확정, 투자비율 배분, 보유기한 설정. 이 책은 버핏이 투자자들에게 어떻게 장기투자를 하면 생동감있고 즐거울 수 있는지 상세히 알려준다.

이 책은 간단하고 쉽게 이해할 수 있는 매우 유용한 투자상식과 버핏을 빛나게 하는 투자지혜를 포함하고 있다. 버핏은 "당신은 물고기에게 어떻게 하면 육지로 갈 수 있는지 설명할 수 있는가? 물고기의 입장에서 본다면 백 번 들어봐도 육지를 한 번 가는 것보다 못하다. 회사를 하루 동안 경영해본 경험은 그와 같은 가치를 갖고 있다"라고 말했다. 버핏이 가르쳐준 투자지혜는 실전을 통해 응용해야만 새로운 수확을 거둘 수 있고 버핏을 배운 다음 얻은 두터운 투자이윤은 그의 투자지혜를 더욱 이해하게 만든다. 또 투자자는 그의 사심없는 가르침에 더욱 감사하게 되리라 확신한다.

아마도 여러분들은 버핏의 투자전략에 대해 타인이 분석하고 설명한 것을 많이 봤을 수도 있다. 그럼 지금 당신에게 필요한 건 버핏 본인이 말하는 자신의 투자전략에 대한 분석과 설명이다. 100달러를 400억 달러로 만든 세계 두 번째 부호 버핏 본인이 가르쳐주는 투자전략을 살펴보자.

표 1 버크셔사 순자산 수익률과 S&P500지수 수익률과의 비교

연도	투자수익률			10,000달러 투자의 가치		
	버크셔사 주당 순자산	S&P500	차이	버크셔사 주당 순자산	S&P500	차이
1965	23.80	10.00	13.80	12 380	11 000	1 380
1966	20.30	−11.70	32.00	14 893	9 713	5 180
1967	11.00	30.90	−19.90	16 531	12 714	3 817
1968	19.00	11.00	8.00	19 672	14 113	5 559
1969	16.20	−8.40	24.60	22 859	12 927	9 932
1970	12.00	3.90	8.10	25 602	13 432	12 171
1971	16.40	14.60	1.80	29 801	15 393	14 409
1972	21.70	18.90	2.80	36 268	18 302	17 966
1973	4.70	−14.80	19.50	37 973	15 593	22 380
1974	5.50	−26.40	31.90	40 061	11 477	28 585
1975	21.90	37.20	−15.30	48 835	15 745	33 089
1976	59.30	23.60	35.70	77 793	19 462	58 332
1977	31.90	−7.40	39.30	102 609	18 022	84 588
1978	24.00	6.40	17.60	127 236	19 175	108 061
1979	35.70	18.20	17.50	172 659	22 665	149 994
1980	19.30	32.30	−13.00	205 982	29 986	175 996
1981	31.40	−5.00	36.40	270 660	28 486	242 174
1982	40.00	21.40	18.60	378 925	34 582	344 342
1983	32.30	22.40	9.90	501 317	42 329	458 988
1984	13.60	6.10	7.50	569 496	44 911	524 585
1985	48.20	31.60	16.60	843 993	59 103	784 891
1986	26.10	18.60	7.50	1 064 276	70 096	994 180
1987	19.50	5.10	14.40	1 271 810	73 671	1 198 139
1988	20.10	16.60	3.50	1 527 443	85 900	1 441 543
1989	44.40	31.70	12.70	2 205 628	113 131	2 092 497
1990	7.40	−3.10	10.50	2 368 845	109 624	2 259 221
1991	39.60	30.50	9.10	3 306 907	143 059	3 163 848
1992	20.30	7.60	12.70	3 978 209	153 931	3 824 278
1993	14.30	10.10	4.20	4 547 093	169 478	4 377 615
1994	13.90	1.30	12.60	5 179 139	171 681	5 007 458
1995	43.10	37.60	5.50	7 411 348	236 234	7 175 114
1996	31.80	23.00	8.80	9 768 157	290 567	9 477 589

1997	34.10	33.40	0.70	13 099 098	387 617	12 711 481
1998	48.30	28.60	19.70	19 425 962	498 475	18 927 487
1999	0.50	21.00	−20.50	19 523 092	603 155	18 919 937
2000	6.50	−9.10	15.60	20 792 093	548 268	20 243 825
2001	−6.20	−11.90	5.70	19 502 983	483 024	19 019 959
2002	10.00	−22.10	32.10	21 453 282	376 276	21 077 006
2003	21.00	28.70	−7.70	25 958 471	484 267	25 474 204
39년 평균 수익률	22.20	10.40	11.80			
39년 총 수익률	2 594.85	47.43	2 547.42			

자료 출처 : 버크셔사 2003년 연보

표 2 버크셔사 순자산 수익률과 S&P500지수 수익률과의 비교

연도	버크셔사 연말주가	버크셔사 주가상승폭(%)	S&P500 상승폭(%)	비교(%)
1966	$ 17.50	(8.0)	(11.7)	3.7
1967	20.50	15.7	30.9	(15.2)
1968	37	82.7	11.0	71.7
1969	42	13.5	(8.4)	21.9
1970	39	(7.1)	3.9	(11.0)
1971	70	79.5	14.6	64.9
1972	80	14.3	18.9	(4.6)
1973	71	(11.3)	(14.8)	3.5
1974	40	(43.7)	(26.4)	(17.3)
1975	38	(5.0)	37.2	(42.2)
1976	94	147.3	23.6	123.7
1977	138	46.8	(7.4)	54.2
1978	157	13.8	6.4	7.4

1979	320	102.5	18.2	84.3
1980	425	32.8	32.3	0.5
1981	560	31.8	(5.0)	36.8
1982	775	38.4	21.4	17.0
1983	1 310	69.0	22.4	46.6
1984	1 275	(2.7)	6.1	(8.8)
1985	2 470	93.7	31.6	62.1
1986	2 820	14.2	18.6	(4.4)
1987	2 950	4.6	5.1	(0.5)
1988	4 700	59.3	16.6	42.7
1989	8 675	84.6	31.7	52.9
1990	6 675	(23.1)	(3.1)	(20.0)
1991	9 050	35.6	30.5	5.1
1992	11 750	29.8	7.6	22.2
1993	16 325	38.9	10.1	28.8
1994	20 400	25.0	1.3	23.7
1995	32 100	57.4	37.6	19.8
1996	34 100	6.2	23.0	(16.8)
1997	46 000	34.9	33.4	1.5
1998	70 000	52.2	28.6	23.6
1999	56 100	(19.9)	21.0	(40.9)
2000	71 000	26.6	(9.1)	35.7
2001	75 600	6.5	(11.9)	18.4
2002	72 750	(3.8)	(22.1)	18.3
2003	75 300	3.5	11.9	(8.4)

자료 출처: Barron's August 11, 2003, Legg Mason, National Quotation Bureau, Bloomberg.

"우리는 항상 실적이 꾸준히 우수하며, 비범한 능력을 갖추고 주주를 위해 생각하는 경영진이 운영하는 대기업을 찾고 있다. 물론 이러한 회사들도 우리의 투자이윤을 충분히 보장할 수는 없다. 우리는 합리적인 가격으로 주식을 매입해야 하며 매입한 회사의 향후 실적도 우리의 예상과 맞아떨어져야 한다. 이러한 투자방법(초우량주 매입)이 우리에게 진정한 성공을 향한 유일한 기회를 가져다준다."

● 워렌 버핏

제1장

주식선택 원칙 _ 초우량주

초우량주를 찾아 투자하는 방법은
진정으로 성공할 수 있는 유일한 기회를 가져다준다.

● 워렌 버핏

일반투자자들이 주가가 낮은지에만 주목하는 것과 달리 버핏은 회사의 지속적 경쟁우위에 주목한다. 버핏은 1989년 연보에서 25년간 투자를 하면서 저질렀던 실수들을 뒤돌아보며 다음과 같은 결론을 얻었다고 했다. 보통 가격으로 좋은 회사를 매입하는 것이(지속적 경쟁우위의 가치투자전략을 기초로) 좋은 가격으로 보통 회사를 매입하는 것(그레이엄의 가치투자전략)보다 낫다.

"또다른 실수를 저지르기 전에 예전의 실수들을 반성해 보는 것도 좋은 방법이다. 그래서 25년간 내가 했던 실수들을 여기서 회고해 보려 한다."

"물론 내가 범했던 첫 번째 실수는 버크셔사의 소유권을 사들인 일이다. 회사의 섬유업무가 그다지 발전전망이 없다는 것을 잘 알고 있었지만 가격이 너무 낮았기 때문에 매입의 유혹을 견디지 못했다. 처음에는 이러한 주식을 샀기 때문에 큰 이윤을 안겨다 주었지만 버크셔를 매입하고 난 뒤인 1965년에야 나는 이러한 투자가 이상적이지 못하다는 것을 알았다."

"당신이 아주 낮은 가격으로 한 회사의 주식을 매입한다면 보통 그 회사의 경영은 일시적으로 다소 개선되고 설사 회사의 장기적인 전망이 밝지 않더라도 괜찮은 이윤을 내고 주식을 팔 기회가 생기게 된다. 나는 이를 '담배꽁초식 투자법'이라고 부른다. 길거리에서 한 모금 정도밖에 필 수 없을 정도로 짧은 담배꽁초를 주웠다면 아마 연기도 조금밖에 나지 않겠지만, 주식은 '염가구입' 방식으로 구입한 한 모금 남은 꽁초에서도 많은 이윤을 뽑아낼 수 있다. 마치 중독자가 한 모금밖에 안 남은 꽁초에서 천국과도 같은 느낌을 누릴 수 있는 것과 같은 이치이다."

"당신이 회계전문가가 아니라면 이러한 회사에 투자하는 것은 매우 어리석은 일이다. 첫 번째, 보기에 매우 저렴한 가격은 결국 한 푼의 값어치도 안 될 수 있다. 곤경에 처한 기업 중에는 하나의 문제를 해결하지 못하고 또다른 문제가 생겨날 수도 있다. 마치 주방에서 바퀴벌레 한 마리를 봤다면 절대 그 한 마리가 끝이 아닌 것과 같다. 두 번째, 당신이 최초에 매입할 당시의 저가우위는 기업의 낮은 투자수익률로 잠식당할 수 있다. 예를 들어 800만 달러에 판매가 또는 정산가 1000만 달러의 회사를 매입한다면 상당한 수익을 올릴 수 있다. 하지만 10년 후에 이 회사를 판다고 가정했을 때 10년 동안 이 회사의 이윤이 투자원금의 몇 퍼센트에 불과할 정도로 적다면 투자수익은 매우 실망스러워질 수밖에 없다. 시간은 우수기업에게는 친구이지만 평범한 기업에게는 적이 된다."

"당신은 아마도 이 이치가 매우 간단명료하다고 생각하겠지만 나는 뼈아픈 경험을 겪고서야 진정으로 깨달았다. 사실 나는 많은 경험에서 여러 번 배웠다. 버크셔사를 매입하고 얼마 후 나는 나중에 버크셔사에 합병된 다이버시파이드 리테일링Diversified Retailing사를 통해 볼티모어에 있는 호치스차일드 콘Hochschild Kohn이라는 백화

점을 매입했다. 낮은 장부가치보다 상당히 할인된 가격에 매입했고 직원들도 모두 우수했다. 더구나 이 거래에는 장부에는 나타나지 않은 부동산 가치와 후입선출LIFO 재고자산이 많이 포함되어 있었다. 내가 대체 무엇을 잘못했을까? 3년 후에 나는 매입원가 정도의 가격으로 이 회사를 처분했다. 버크셔사와 호치스차일드 콘사와의 관계를 정리하고 나서 어느 컨트리 송의 노랫말처럼 뼈아픈 경험을 했다.

"여러분에게 내가 저가의 주식을 샀던 어리석은 예를 더 많이 들어줄 수 있다. 하지만 이미 여러분들은 보통 가격으로 좋은 회사를 매입하는 것이 좋은 가격으로 보통 회사를 매입하는 것보다 낫다는 사실을 깨달았을 것이라 믿는다. 찰리는 오래 전에 이 이치를 깨달았지만 나는 반응이 매우 느린 학생이었다. 그러나 현재 우리가 회사나 주식을 매입할 때 우리는 일류회사를 찾을 뿐 아니라 동시에 그 일류회사에 일류직원이 있는지를 항상 살펴본다."

우수한 기업은 보통기업과 비교해 상당한 가치능력을 갖고 있기 때문에 합리적인 가격으로 대량의 주식을 매입할 수 있는 우수기업은 극히 드물다. 따라서 그레이엄이 보통 회사에 단기투자 및 분산투자하는 것과 달리 버핏은 산업평균보다 높은 수익능력을 보이는 우수기업의 주식에 집중투자해 장기보유함으로써 그레이엄보다 더욱 많은 투자수익을 올렸다.

그의 파트너 멍거의 영향으로 버핏은 그레이엄처럼 보통기업과 저가주에 국한되어 있던 것과는 반대로 우수기업에 투자하는 피셔의 투자사상을 받아들였다. 그리하여 버핏의 투자전략은 근본적인 비약을 이루게 되었다. 버핏은 루이스의 견해에 동의했다.

"그레이엄은 저가주를 선별하라고 가르쳤지만 멍거는 계속해서 저가주만 매입하지 말라고 충고했다. 이것이 나에게 가장 큰 영향을 끼쳤고 그레이엄의 관점에 국한되어 있던 나 자신을 탈출시켰다. 이것이 멍거 사상의 힘이며 그가 나의 시야를 넓혀주었다."

버핏은 자신의 많은 견해가 점점 멍거의 관점에 근접해 간다고 말했다.

"나는 진화하고 있다. 나는 놀라운 속도로 원숭이에서 인류로 진화하고 있다." 버핏은 간단하게 "만일 내가 그레이엄 한 사람의 사상만을 배웠다면 오늘날처럼 부유하지 못했을 것이다"라고 자신의 속내를 털어놓았다. 하지만 버핏은 많은 시간을 들여서 그레이엄과 멍거에게서 배운 것들을 스스로의 것으로 만들었으며 "나는 합리적인 가격으로 우수한 기업을 매입하는 데 흥미를 느끼기 시작했다"라고 말했다.

버핏은 다시 한 번 투자에서 투자자가 가장 주목해야 할 부분은 기업이지 시장이 아니며, 주식 선택의 본질은 회사를 선택하는 것이라고 강조했다.

"투자에서 우리는 스스로를 시장분석가나 거시경제분석가, 심지어 증권분석가도 아닌 기업분석가라고 생각해야 한다. 끝으로 우리의 투자성공은 우리가 보유하고 있는 회사의 흥망성쇠와 같이 한다. 우리가 그 회사의 전부를 소유하고 있든 일부를 소유하고 있든 말이다."

"투자자는 산업과 회사들을 잘 이해하고 있어야 한다. 그렇지 않으면 장기투자전략은 아무 소용이 없다."

버핏이 투자목표 기업을 선택하는 태도는 결혼상대를 고르는 것과 같다.

"버크셔사에서의 모든 투자에서 나와 찰리를 가장 흥분시킨 것은 우리가 좋아하고 믿을 수 있으며 존중하는 사람이 경영하고 훌륭한 경제전망을 갖춘 우수기업을 매입하는 일이다. 이러한 매입 기회는 극히 드물지만 우리는 항상 그 기회를 찾고 있다. 그 과정에서 우리가 갖는 태도는 인생의 반려자를 찾는 태도와 다를 바 없다. 적극적으로 행동하고 높은 관심과 개방적인 사고방식을 가져야 하며 급하게 서두르지 말아야 한다."

"투자는 사랑하는 사람을 고르는 것과 같다. 심사숙고하여 꿈에 그리던 그녀에 대해 좋은 점들을 나열해 본다. 그리고 찾고 찾다가 갑자기 마음속 이상형의 그녀를 만난다면 천생연분으로 맺어질 수 있다."

그럼 버핏은 어떻게 기업을 분석하고 초우량주를 찾을까?

1994년 버핏은 한 학생과 기업분석의 기본방법에 대해 대화를 나눴다.

"일정 기간 동안 나는 어떤 업종을 선택하고 그중에서 6~7개의 기업을 자세히 연구한다. 그 업종과 관련된 어떠한 빈말도 듣지 않고 스스로의 사고방식으로 답을 찾으려 노력한다. 예를 들어 내가 보험회사나 제지회사를 선택했다면 나는 스스로 상상 속에 잠겨본다. 내가 이 회사를 방금 상속받았고 우리 가족이 영원히 보유할 유일한 재산이라고 상상한다. 그럼 나는 이 회사를 어떻게 관리할까? 누가 나의 경쟁상대일까? 누가 나의 고객일까? 내가 사무실에서 고객과 이야기를 나눈다. 나는 얘기를 나누면서 다른 기업과 비교해 어떤 우위와 열세를 갖고 있는지 알게 된다. 당신이 이렇게 분석한다면 경영진보다 이 회사를 더 잘 이해할 수 있다."

버핏은 1999년 <포춘>지에 글을 기고하면서 주식선택의 핵심에 대한 생각을 피력했다.

"투자에 있어 핵심은 어떤 산업이 사회에 미치는 영향력의 크기나 산업이 얼마나 성장할지가 아니라 선택한 기업의 경쟁우위이다. 더욱 중요한 것은 이러한 우위에 대한 지속성 여부의 판단이다. 제공하는 상품이나 서비스가 강한 경쟁우위를 지닌 기업은 투자자에게 만족스러운 이윤을 가져다줄 수 있다."

버핏의 투자에 대한 설명과 주식선택 경험을 정리해 관련 연구 결과와 합쳐보면 다음과 같은 '버핏 주식선택의 3스텝'으로 결론지을 수 있다.

1스텝, 장기적으로 안정적인 산업을 선택하라.

2스텝, 산업 중에서 경쟁우위가 뛰어난 기업을 선택하라.

3스텝, 우수기업 중에서 가장 뛰어나고 경쟁우위가 장기적으로 지속될 수 있는 기업을 선택하라.

이렇게 기반이 튼튼하고 꾸준한 우수기업이야말로 버핏이 주식투자를 결정할 목표기업이다.

1.1 장기적으로 안정적인 산업을 찾아라

> "나는 별로 관리하지 않아도 많은 이윤을 가져다주는 업종을 좋아한다. 그것이 내가 자금을 투자하고 싶은 업종이다."
> — 워렌 버핏

모든 기업은 외부환경의 영향을 받으며 이러한 외부환경은 보통 두 가지로 나뉜다. 하나는 자연, 인구, 사회, 경제, 기술, 정치, 법률 등의 요인으로 구성된 거시환경이다. 또 하나는 산업내부의 경쟁상대, 공급업체, 구매자, 대체품 생산업체, 잠재적 진입자 등이 산업경쟁환경을 만든다. 거시환경은 기업의 경영에 직접적으로 영향을 미치지 않지만 산업경쟁환경을 통해 간접적으로 영향을 미친다. 따라서 산업구조는 기업의 경쟁우위 확보와 지속성에 강한 영향력을 행사한다.

이론적으로 보면 산업간의 꾸준한 경쟁은 투자자본 수익률을 투자자본이 요구하는 최저 평균수익률 수준으로 떨어뜨린다. 어떤 산업의 수익률이 투자자본이 요구한 최저수익률 수준일 경우, 투자자는 장기적으로 견디지 못하고 이 산업에서 손을 떼고 수익률이 높은 다른 산업에 투자를 하게 되고 이 산업의 경쟁력이 낮아지면 수익률 수준이 다시 상승한다. 어떤 산업의 수익률이 꾸준히 최저수익률보다 높은 수준일 경우 새로운 투자자본이 유입되고 이 산업 내에 경쟁이 치열해지면서 수익률은 떨어진다.

그 과정에서 일부 산업은 독특한 산업구조 때문에 진입장벽이 높아서 장기적으로 기타 산업의 평균이윤 수준을 넘어서는 높은 수익률을 유지한다. 이렇게 높은 수익률을 보이는 산업에서는(예를 들어 독점시장을 갖고 있는 신문, 광고, 방송 등의 분야) 보통기업에 투자한다 할지라도 높은 수익률을 올릴 수 있다. 수익률 수준이 아주 낮은 산업에 투자한다면 철강, 석유처럼 아주 우수한 산업이라 할지라도 낮은 수익률을 보일 수밖에 없다.

버핏의 투자경험을 정리하자면 그는 산업선택에서 두 가지를 주목했다.

첫 번째, 산업매력도_ 산업매력도는 산업의 평균이윤능력에 나타난다.

두 번째, 산업안정성_ 산업안정성은 주로 산업구조의 변화 정도에 나타난다.

1.1.1 산업매력도 비교

버핏은 그가 투자했던 소매업과 방송미디어산업에 대한 산업매력도를 비교했다.

"소매업은 경쟁이 치열한 업종이다. 개인적으로 투자를 하면서 많은 소매상들이 일시적으로 놀랄 만한 성장률을 보이고 엄청난 주식배당금을 지급했던 것을 봤다. 하지만 나중에는 갑자기 실적이 빠르게 하락하고 파산을 선언하는 일이 많았다. 제조업이나 서비스업과 비교해 찰나의 순간에 유성처럼 빛났던 소매업은 비일비재했다. 이들 소매상들은 반드시 동종업계보다 더욱 똑똑해야 한다. 하지만 아무리 똑똑해도 당신의 경쟁상대는 당신의 방법을 모방하려고 항상 준비하며 당신을 넘어서려고 한다. 동시에 새로운 소매상들이 각종 수단방법을 동원해 당신의 고객을 유혹한다. 소매업에서 회사 실적이 떨어지면 반드시 실패하게 된다. 이렇게 항상 총명해야 하는 산업에 비해 잠시 동안만 똑똑하면 되는 산업이 있다. 예를 들면 당신이 오래 전 현명하게 지방방송국을 매입하고 아주 게으르고 형편없는 조카에게 경영을 맡겼어도 그 사업은 십여 년이 지나도 여전히 잘 운영될 것이다. 물론 당신이 톰 머피(캐피털 시티즈 사장)에게 방송국 관리를 맡기고 아무런 간섭도 안 한다면 당신이 얻을 수익은 매우 높아진다. 하지만 소매업에서는 사람을 잘못 고용하면 파산관문으로 가는 티켓을 구입한 것과 마찬가지이다."

버핏의 투자경험에 따르면 산업매력도는 주식투자에서 산업을 선택하는 데 중요한 기준이 된다. 그럼 어떻게 산업매력도를 분석 비교할까?

산업경쟁을 연구한 하버드대학의 권위자 마이클 포터Michael Porter 교수는 산업매력도를 산업내부의 5가지 주요 경쟁요소에 따라 결정된다고 생각했다. 이 요소는 공통으로 해당 산업의 최종 이윤능력을 결정한다. 이러한 이윤능력은 장기투자 회수율을 결정한다. 해당 산업의 장기투자 회수율은 경쟁요소의 합이 변화함에 따라 근본적인 변화를 가져온다. 강철, 제지, 석유 등 경쟁요소가 강한 산업은 모든 기업들이 평균을 조금 상회하는 비교적 좋은 투자수익률을 보인다. 그러나 신문, 방송, 광고, 미용, 보석 등 경쟁요소가 상대적으로 낮은 산업들은 기업들이 보통 아주 높은 수익률을 보인다.

산업구조는 보통 산업내부의 모든 기업에 영향을 미친다. 이러한 영향력은 산업내부의 기초경제구조에서 비롯되며 단일 기업이 바꿀 수 없다. 만일 어떤 산업의 산업구조가 지속적으로 높은 매력도를 갖추고 동시에 꾸준히 높은 진입장벽을 유지한다면 해당 산업의 기업은 지속적 경쟁우위에 좋은 환경조건을 구축하게 된다.

산업구조 분석은 우리가 주식투자에서 이윤평균이 비교적 높고 장기적으로 안정적인 산업을 찾을 때 도움이 된다. 이러한 산업에서는 이윤이 높고 경쟁우위의 지속시간이 긴 우수기업을 더욱 쉽게 찾을 수 있다. 이것이 바로 버핏이 생각하는 가장 이상적인 투자 목표기업이다.

버핏 본인은 우리에게 산업매력도 분석모델에 대해 말하지 않았다. 우리는 관련 산업경쟁 연구성과에 따라 비교해 가장 대표적이고 효과적인 모델로 마이클 포터가 주장한 5가지 요인 모델5-Forces model과 리차드 코츠Richard Coates가 포터의 5가지 요인 모델을 기초로 주장한 산업·세분시장 매력도 행렬을 참고할 만하다.

산업매력도 분석모델 ❶ : 포터의 5가지 요인 모델

하버드대학의 마이클 포터 교수는 산업구조 분석에서 이론분석의 틀을 확립했다. 그 기본모델을 보통 5가지 요인 모델5-Forces model이라 부른다. 포터는 하나의 산업에 5가지 경쟁요소가 있다고 주장했다. 잠재적 진입자들의 위협, 기존 경쟁자간의 경쟁 정도, 대체 제품의 위협, 구매자들의 교섭력, 공급자들의 협상력이다. 5가지 요인의 강약은 투자자본 진입의 난이도, 산업경쟁의 강도 및 산업이윤율을 결정한다. 경쟁요인의 강약으로 형성된 산업의 심층구조는 산업경쟁 정도와 산업이윤율에 대해 장기적이고 지속적인 영향을 끼친다.

5가지 요인의 특징은 다음과 같다.

■ 잠재적 진입자들의 위협

어떤 업종의 이윤이 비교적 높고 진입장벽이 낮을 때 새로운 경쟁자가 시장에 진입하게 된다. 그리하여 산업 전체의 생산능력을 확장시키고 경쟁을 가열시켜 제품가격을 낮추거나 원가상승을 부추긴다. 포터는 진입 위협의 크기가 진입장벽을 결정하며, 잠재적 진입자들이 기존 세력들의 반격을 받을 수도 있다고 생각했다. 진입자들이 진입장벽을 극복하기 위해서는 반드시 상응하는 대가를 치뤄야 하고 산업내부의 기존 기업들에게서 보복을 당할 위험이 있다. 산업에는 7가지 진입 장벽이 있다. 그 7가지는 공급 측면의 규모 경제, 제품차별화, 수요 측면의 규모 경제, 교체비용, 유통 채널의 선점, 규모와 무관한 기존 사업자의 우위, 정부정책이다.

■ 기존 경쟁상대간의 치열한 정도

산업내부에 기존 경쟁상대간에는 주로 생산량, 품질, 가격과 광고 등의 방식을 통해 경쟁을 한다. 대다수 산업에서 각 기업들은 서로 의존하고 있기 때문에 한 기업의 경쟁행위는 경쟁상대에게 분명히 영향을 준다. 우리가 경쟁이 치열한 산업에 투자를 할 때에는 신중해야 한다. 산업내부 경쟁이 과열되는 주요 원인은 다음과 같다. 사람들이 많거나 막상막하의 경쟁상대, 산업성장둔화, 높은 고정원가 또는 높은 재고원가, 원가 차이 또는 교체 비용의 부족, 공급량의 증가, 다양한 경쟁상대, 고수의 전략, 높은 퇴출장벽 등이다.

■ 대체 제품의 위협

넓은 의미로 본다면 한 산업 내의 모든 기업은 모두 대체품의 생산기업과 경쟁을 한다. 대체품은 산업에서 기업의 제품가격 상한선과 잠재이윤 수준을 결정한다. 대체 제품을 식별하려면 본 산업 제품과 같은 기능을 갖춘 기타 상품을 찾는 방법을 선택한다. 어떤 산업에서 대체 제품이 기업의 현재 제품을 대체할 수도 있다. 하지만 일반적으로 대체품이 기존 제품을 완전하게 대체하지는 못할지라도 새로운 기술도입 또는 생산원가절감을 통해 산업이윤 수준을 떨어뜨리는 상황이 점차 보편적으로 이뤄지고 있다.

■ 구매자 교섭력

구매자 교섭력이 강하면 가격을 낮춰 더욱 유리한 거래조건을 요구함으로써 산업이윤을 감소시킬 수 있다. 다음 상황에서 구매자의 교섭력이 강하게 드러난다. 대량으로 집중구매할 때, 회사간에 제공하는 제품차이가 작을 때, 구매자의 교체 비용이 낮을 때, 구매자의 이윤이 낮을 때, 합병 가능성이 존재할 때, 회사판매 제품의 가격이 구매자의 원가에 큰 영향을 줄 때, 제품이 구매자 제품의 품질 및 서비스에 큰 영향을 주지 않을 때, 구매자가 충분한 정보를 갖고 있을 때 등이다.

■ 공급자 협상력

공급자는 가격을 올리거나 제품 또는 서비스의 품질을 떨어뜨려 기업의 생산원가에 비교적 큰 영향을 준다. 다음 상황에서 공급자는 비교적 강한 힘을 발휘한다. 선택가능한 공급자가 제한되어 있을 때, 공급자가 제공하는 제품의 대체품이 없을 때, 공급자가 제공하는 제품이 회사의 총원가 점유율이 클 때, 공급상품이 차별화되었거나 교체 비용을 형성했을 때, 공급자가 합병을 통해 회사와 동일한 제품을 생산할 수 있을 때 등이다.

산업매력도 분석모델 ❷ : 산업·세분시장 매력도 행렬

리차드 코츠는 포터의 5가지 요인 모델을 기초로 4가지 산업 또는 세분시장 매력도를 설명할 수 있는 산업·세분시장 매력도 행렬을 만들었다.

- ▶산업 또는 세분시장의 이윤율_ 보통은 사용자금의 회수율로 판단한다.
- ▶사용자금의 회수율 향후 추세_ 이는 향후 경쟁분포 이윤율과 매력도를 판단하는 중요한 지표가 된다.
- ▶시장성장률
- ▶현재 고객수요총량과 생산능력간의 균형_ 생산능력이 과도하게 정체되면 전체 산업의 매력도가 사라진다.

표 1-1 산업/세분시장 매력도 점수표

요 인	최저점수	최고점수
① 현재 산업 또는 세분시장의 수익률	0	40
② 사용자금의 회수율 추세	0	10
③ 시장성장률	0	10
④ 수요와 생산능력간의 균형	−20	0
⑤ 잠재적 진입 위협	0	10
⑥ 대체 제품의 위협	−20	0
⑦ 구매자의 교섭능력	0	20
⑧ 공급자의 협상능력	0	10

자료 출처: 리차드 코츠 〈기업전략〉

리차드 코츠는 산업경쟁상대간의 경쟁 정도가 이미 상기 지표에서 나타난다고 생각했다. 위의 4가지 요인과 포터가 주장한 잠재적 진입자들의 위협, 대체 제품의 위협, 구매자 교섭력, 공급자 협상력, 이 4가지 요인을 합쳐 총 8가지 요인에 대해 점수를 평가해 각 산업 또는 세분시장의 총점을 얻는다.
　산업·세분시장 행렬의 총득점은 −40에서 100점 사이여야 하며 득점의 높고 낮음은 산업매력도의 높고 낮음을 의미한다.

1.1.2 산업안정성 분석

　버핏의 투자전략을 조금이라도 이해하고 있는 투자자들로서는 그의 전략 중 가장 큰 특징으로 주식을 몇 년에서 십여 년 동안 보유한다는 사실을 알고 있다. 버핏이 이렇듯 대담하게 장기보유하는 원인은 그가 투자한 기업과 산업이 향후 장기간 동안 강한 안정성을 보일 것이라고 굳게 믿기 때문이다.
　"우리는 보통 향후 10년, 15년 또는 20년 후의 경영상황이 예측 가능한 기업을 중점적으로 찾아야 한다."
　"우리가 과거 자회사와 보통주식에 투자할 경우를 연구한 결과 큰 변화가 일어날 가능성이 없는 회사와 산업에 편중투자했다는 사실을 알게 되었다. 우리가 이렇게 선택한 이유는 대우 간단하다. 둘(자회사와 보통주식) 중에서 어떤 하나에 투자할 때 지금부터 10년 또는 20년 동안 강한 경쟁력을 유지할 거라 믿는 기업을 찾았기 때문이다. 경쟁환경이 빠르게 변하는 기업은 큰 성공기회가 있겠지만 우리가 찾는 확실성에서 제외된다."
　버핏이 자신의 산업분석경험을 정리해 보니 장기적으로 안정적인 기업이 이윤능력이 좋다는 결론을 얻었다.

"경험에 따르면 경영이윤능력이 가장 좋은 기업은 현재의 경영방식이 5년 전, 심지어 10년 전과 거의 비슷한 기업이다. 물론 경영진이 그렇다고 자만해선 안 된다. 기업은 항상 서비스, 제품라인, 생산기술 등을 더욱 개선할 기회가 주어지며 그 기회를 잘 잡아야 한다. 하지만 한 회사에 큰 변화가 잦다면 그 때문에 큰 실패를 가져올 수 있다. 확대시켜보면 항상 불안정한 경제토양 위에서 단단한 성곽 같은 경제특권을 구축할 수 없다. 하지만 이러한 경제특권이야말로 기업이 꾸준히 높은 이윤을 얻을 수 있는 핵심포인트이다."

한 회사가 장기적으로 안정적인 근본 원인은 해당 산업에서 장기적인 안정성을 갖추고 있기 때문이다. 하이테크산업과 신흥산업처럼 항상 빠르게 큰 변화가 생기는 산업에 대해 버핏은 산업 자체가 불안정성을 내재하고 있어 장기적인 전망을 예측하기가 쉽지 않다고 봤다. 따라서 버핏은 하이테크산업 등 쉽게 변화하는 불안정한 산업에는 투자하지 않는다.

"물론 찰리나 나도 이 회사의 업무가 펫락Pet rock(애완용 돌. 1975년 미국의 게리 달이 작은 돌멩이를 모아 상자에 팔기 시작해 히트상품이 되었다-옮긴이)인지 바비인형(1959년 미국 마텔사에서 만든 여자인형으로 아직까지도 히트상품이다-옮긴이)인지 확신할 수 없는 산업들이 많다. 심지어 우리가 많은 시간 동안 그 산업을 열심히 연구했음에도 이 문제를 해결하지 못한 경우도 있다. 때로는 산업의 특성 자체가 큰 장애가 되기도 한다. 항상 빠른 기술변화에 대응해야 하는 기업으로는 장기적인 경제전망을 내릴 수가 없다. 30년 전에 현재의 TV나 컴퓨터 산업의 변화를 예견할 수 있었는가? 물론 할 수 없었다(이 산업에 진입하고 싶어하는 대부분의 투자자나 기업CEO라 할지라도 예견하지 못했을 것이다). 그럼 찰리와 나는 빠르게 변화하는 산업전망을 예측할 수 있다고 생각하는가? 우리는 쉽게 예측할 수 있는 산업에만 집중하고 싶다."

버핏의 산업선택 경험에 따르면 산업의 장기적인 안정성을 결정하는 산업변화가 투자분석에 매우 중요하다고 한다. 산업변화는 산업매력도 및 산업의 평균투자 회수율에 큰 변화를 가져오고 산업변화에 따른 적절한 전략적 대응이 기업의 경쟁우의에 큰 변화를 발생시킨다.

우리는 여기서 포터가 1980년 주장한 산업변화의 기본분석을 선택하고 있다. 포터는 산업변화의 출발점을 산업구조 분석이라고 생각하고 있다. 산업변화가 만일 근본적으로 5가지 요인 모델에 영향을 준다면 이 산업변화는 장기성을 띠며 기업에 대해 근본적인 영향을 준다. 산업발전 초기의 산업구조는 일반적으로 산업발전 후의 구조와 큰 차이를 보인다. 바로 이 산업변화과정이 해당 산업을 잠재력 있는 산업구조로 발전시킨다. 동시에 기술의 개방, 혁신, 산업이나 해당 산업에 진입하려는 특정기업 및 기타 원인불명의 요인 등이 산업변화에 큰 영향을 미친다. 때문에 산업변화를 정확하게 예측하기가 힘들다.

산업변화 분석에서 다음을 중점적으로 주목해야 한다.
▶중요 산업의 변화과정 분석
▶변화 중인 중요한 경제관계 분석
▶산업상황을 응용해 합리적으로 예측

1.1.3 버핏의 산업분석 실패와 교훈

지혜로운 자는 생각하는 것이 많아서 실수할 때가 있다고 했다. 버핏이 비록 뛰어난 산업분석 능력을 지녔지만 미래는 아무도 정확하게 예측할 수 없으며 버핏도 예외가 아니었다. 그가 투자한 우수기업이 속한 산업에서 산업구조의 중대한 변화를 맞았고 이 변화는 각 기업들에 서로 다른 영향을 주었다. 버핏은 경제글로벌화와 기술혁신 시대에 이 변화가 신발업과 백과사전 출판업의 산업구조에 큰 영향을 미치리라고 생각하지 못했다. 그리하여 덱스터Dexter신발과 세계백과사전에 투자하여 큰 좌절을 맛봤다.

글로벌화로 경영위기에 빠진 덱스터

경제가 글로벌화된 지금 산업의 국제경쟁력은 날이 갈수록 큰 발전잠재력을 가지고 있기 때문에 기업은 지속적 경쟁우위를 위해 튼튼한 발전기초를 닦아야 한다. 국제경쟁력이 약한 기업은 다른 국가의 같은 산업체와의 국제경쟁에서도 열세를 면치 못하고 경쟁우위도 장기적으로 유지할 수 없다. 반대로 국제경쟁력이 강한 기업은 다른 국가의 같은 산업체와의 국제경쟁력에서 우위를 점하기 때문에 국제시장을 개척해 나감에 따라 경쟁우위를 계속 유지할 뿐 아니라 더욱 늘려갈 수 있다.

따라서 지속적 경쟁우위를 분석하는 데 있어 글로벌화에 대한 영향을 절대 간과해선 안 된다. 산업안정성을 분석할 때에는 글로벌화의 각도에서 산업의 국제경쟁력을 분석해야 한다.

글로벌화는 버핏이 투자한 코카콜라와 질레트 등의 회사에 큰 성공을 가져다주었다. 코카콜라의 첫 번째 외국인 CEO인 로베르토 고이주에타Roberto Goizueta의 취임 후 코카콜라는 전세계적으로 고속성장을 이뤄냈다. 1984년 코카콜라사의 국제시장 이윤은 총이윤의 52%만을 차지했지만 1987년에는 75% 이상으로 증가했다. 국제시장은 코카콜라에 엄청난 이윤을 가져왔다. 1984-1987년 코카콜라의 전세계 판매량은 34%가 증가했고 국제시장에서의 총이윤은 6.66억 달러에서 11.1억 달러로 늘어났다.

그러나 글로벌화는 버핏이 투자한 신발업에 대해서는 큰 손실을 안겨주었다. 그 주요 원인은 미국 신발업이 아시아보다 생산원가에서 큰 열세에 있었기 때문으로 국제경쟁력에서의 약세로 이어졌기 때문이다. 기업이 기존에 가지고 있던 경쟁우위가 사라지고 이윤은 대폭 하락하거나 심지어 손해를 보게 되었다. 버핏은 이에 어쩔 수 없이 스스로 글로벌 경쟁이 미국 신발업에 미치는 영향에 대한 예상이 부족했다고 인정했다.

"1999년 우리가 투자했던 기업은 제조, 판매, 서비스 분야에서 모두 우수한 실적을 보였지만 덱스터 신발만이 유일하게 예외였다. 그러나 이는 회사 관리상의 문제는 아니었다. 관리능력과 업무태도 등 덱스터 경영진은 다른 기업과 비교해도 전혀 손색이 없었다. 하지만 이 회사의 신발 대부분은 미국 본토에서 생산했고 미국 본토 제조업체와 외국업체의 경쟁은 매우 어려운 상황에 이르렀다. 1999년 미국 13억 켤레의 신발판매량 중에 약 93%가 수입제품이었으며 해외의 저렴한 노동력이 결정적인 요인이 되었다."

"2001년 우리의 신발업 경영의 세전손실액은 4,620만 달러로 H.H. 브라운H.H. Brown사는 약간의 이윤을 냈지만 저스틴Justin은 여전히 덱스터사 손실의 구렁텅이에서 헤어나지 못했다. 덱스터사는 우리가 매입하기 전(사실상 매입 후의 몇 년까지 포함해) 외국과의 저원가경쟁에서도 꿋꿋이 성장하고 있었다. 당시에 내가 내린 결론은 덱스터가 이 문제를 해결할 능력이 충분히 있다고 봤지만 나의 판단이 틀리고 말았다."

기술혁신이 버핏의 투자에 미친 영향 : 백과사전 투자에서 맛본 좌절

산업구조 및 기업의 경쟁우위를 바꿀 수 있는 모든 원인 중에 가장 큰 요인은 기술혁신이다. 기술혁신은 경쟁의 주요 원동력이 되며 기존 산업구조의 변화를 가져오고 신흥산업을 형성하기도 한다.

기술혁신은 종종 기업의 경쟁국면에 큰 변화를 가져온다. 기존의 산업 선두주자가 가졌던 경쟁우위는 기술혁신으로 빠르게 사라지거나 감소하고 다른 기업들이 새롭게 산업의 선두주자로 나서게 된다. 마이크로소프트, 인텔 등 현재 많은 대형기업들은 기술혁신의 기회를 잘 이용해 엄청난 성공을 이뤄냈다.

기술혁신은 양날의 칼과 같아서 산업의 매력도를 높일 수도 낮출 수도 있으며 기업의 경쟁우위를 강화시킬 수도 약화시킬 수도 있다. 하이테크는 기업수익을 보장할 수 없으며 심지어 많은 하이테크기업들은 과도한 경쟁으로 전통기업보다 적은 수익을 내기도 한다. 이는 베이징 중관촌의 많은 컴퓨터 제조업체들이 컴퓨터 부품을 판매하는 소매상들보다 돈을 못 버는 이치와 비슷하다. 그럼에도 기술은 자금과 마찬가지로 기업의 생명을 유지시켜주는 혈액처럼 모든 가치를 연결시키고 경쟁우위와 산업구조에 커다란 영향력을 행사한다. 산업에서 기술이 이미 완벽하다고 생각하는 것은 틀린 생각이다. 기술혁신은 많은 기업과 산업에 엄청난 변화를 가져다주며, 준비하지 않는 기업은 위기를 맞게 되고 준비한 기업만이 큰 성공을 거둘 수 있게 만든다.

버핏이 하이테크기업에 투자하는 것을 줄곧 반대한 이유는 이 산업이 기술혁신의 영향을 너무 크게 받기 때문이다. 변화가 일정치 않아 회사의 장기적 경쟁력에 기본적인 판단을 할 수 없다는 이유에서이다.

버핏은 기술혁신의 영향에 대한 예상이 부족해 기업의 지속적 경쟁우위 분석에 엄청난 실수를 초래했던 적이 있다. 기술의 발전은 기존에 두꺼웠던 백과사전의 모든 내용을 작은 CD 한 장에 저장할 수 있도록 만들었고 이로 인해 백과사전 산업구조가 완전히 바뀌었다. 그래서 버핏이 투자한 백과사전 출판사는 큰 좌절을 겪었다. 그러므로 우리가 산업구조의 안정성을 분석할 때에는 반드시 기술의 영향을 충분히 고려해야 한다.

"버크셔사에 가장 심각한 문제는 백과사전 출판사였다. 현재 백과사전은 시디롬과 온라인 컨텐츠 제공으로 치열하게 경쟁하고 있다. 사실 다른 백과사전 출판업자는 그렇게 말하지 못하겠지만 우리는 여전히 이윤을 유지할 수 있다. 하지만 판매수입과 이윤은 쭉 곤두박질치고 있다. 1995년 말 백과사전 출판사는 제품판매 루트를 대폭 변경해 전자제품 판매에 전력투구하기로 결정했으며 본사 관리원가를 대폭 낮췄다. 물론 이러한 조치의 효과는 좀더 관찰해봐야겠지만 분명히 우리의 생존력을 개선시킬 것이라 믿는다."

"하지만 백과사전 출판사로서는 경영상황의 호전이 쉬운 일이 아니다. 현재 유일하게 직접판매 방식으로 운영하는 회사이지만 판매량은 줄어들고 있다. 또한 출판사가 시디롬의 신제품에 대규모 투자를 결정했지만 효과는 최소한 IBM과의 합작이 정식으로 시작되어야만 나타날 수 있다. 이러한 요인들 때문에 판매루트를 변경하고 본사 운영원가와 고정원가를 대폭 낮추지 않는다면 백과사전 출판사의 이윤은 없어지게 된다. 그러나 어쨌든 이 회사는 인쇄와 전자출판 시장에서 장기적 경쟁우위를 확보하기 위해 엄청난 노력을 하고 있다."

1.2 경쟁우위를 찾아라

"마지막으로 우리의 경제적 운명은 우리가 보유하고 있는 회사의 경제적 운명과 같이 한다. 우리가 그 회사의 전부를 소유하고 있든 일부를 소유하고 있든 말이다."
― 워렌 버핏

매력있는 산업을 선택했다면 투자자는 그 산업의 많은 기업들 중에서 어떤 기업을 선택해야 할까?

버핏은 기업의 경쟁우위와 그 지속성을 분석하는 것이 관건이라고 봤다. 또한 투자자는 지속적 경쟁우위를 보유한 기업을 찾아 투자의 우선 목표로 삼아야 한다고 거듭 강조했다.

"투자를 하는 데 있어 관건은 어떤 산업이 사회에 미치는 영향력의 크기나 산업이 얼마나 성장할지가 아니라 선택한 기업의 경쟁우위이다. 더욱 중요한 것은 이러한 우위의 지속성 여부를 판단해야 한다."

2000년 4월 버크셔사 주주총회에서 버핏은 하버드대학 마이클 포터에 관한 질문에 다음과 같이 말했다.

"나는 포터를 잘 알고 있으며 우리의 생각이 비슷하다는 것도 알고 있다. 그는 자신의 책에서 장기적으로 지속적 경쟁우위는 모든 기업의 경영핵심이라고 했고 이 점은 내 생각과 완전히 일치한다. 투자의 핵심이기 때문이다. 이미 장기적으로 지속적 경쟁우위에 있는 기업들을 분석연구하는 일이 그 점을 이해하는 최선의 방법이다."

1989년 버핏은 자신의 25년간 투자생애를 뒤돌아보면서 "보통 가격으로 좋은 회사를 매입하는 것이 좋은 가격으로 보통 회사를 매입하는 것보다 낫다"라고 결론내렸다.

버핏이 지속적 경쟁우위를 가진 기업에 투자하라고 강조한 이유는 장기투자로 봤을 때 지속적 경쟁우위를 지닌 기업의 경제적 운명은 일반 기업보다 훨씬 강하고 더 큰 가치상승을 꾸준히 만들어내어 주주들에게 많은 부를 안겨주기 때문이다.

지속적 경쟁우위 분석은 두 단계로 나눠야 한다.

첫 번째는 기업에 진정한 경쟁우위가 있는가를 분석한다.

두 번째는 기업의 경쟁우위가 장기간 동안 꾸준히 유지되는가를 분석한다.

기업의 부가가치능력에서 본다면 회사의 경쟁우위는 회사가 고객에게 어떤 가치를 지닌 제품이나 서비스를 제공하는 과정에서 나타나는 다른 경쟁상대보다 우월한 우위를 말한다. 이 우위를 통해 해당 기업은 일정한 기간 동안 산업평균 수준을 상회하는 부가가치능력을 유지할 수 있다.

1.2.1 경쟁우위는 부가가치를 만들어낸다

'경쟁우위' 개념은 영국 챔벌린E. Chamberlin이 1939년 처음 내놓았고 호퍼Hofer와 쉰델Schendel이 이를 전략관리영역에 도입시켰다. 하지만 진정으로 경쟁우위를 체계화하고 깊이 연구한 사람은 하버드대학의 마이클 포터이다. 그는 80년대 중반에 <경쟁전략>과 <경

쟁우위>라는 책을 펴냈고, 경쟁우위의 연구가 전략관리학 연구의 핵심이 되었다. 이후 '경쟁우위'가 회사 경영관리에서 가장 빈번하게 사용되는 개념 중 하나가 되었다.

경쟁우위의 기본개념

부가가치란 기업이 만들어낸 가치와 투입원가 사이의 차액을 뜻한다. 모든 회사는 스스로의 자원을 충분히 이용해 처한 환경에서 생존하고 상대와 경쟁하도록 하며, 회사에 업계 경쟁자보다 더욱 큰 경쟁우위와 부가가치를 가져다 줄 수 있어야 한다. 이러한 부가가치는 이윤, 고객서비스의 방식 등으로 나타난다.

부가가치의 실현은 기업생존과 발전에 기초가 된다. 한 기업이 구매한 원자재나 반제품으로 부가가치를 만들어내지 못한다면 장기적으로 존재할 필요가 없다. 실질적으로 일부 회사들은 부가가치가 마이너스인 상황(손해)이 생기기도 한다. 그들이 생산한 제품의 최종가치는 모든 투자원금을 메울 수 없고 결국 파산에 이르게 된다.

포터는 회사의 경쟁우위란 한 마디로 기업이 고객(소비자)를 위해 창조한 원가를 넘어서는 가치라고 생각했다. 가치는 고객이 지불한 돈이며, 초과가치는 상대보다 낮은 가격으로 같은 효과를 거두거나 높은 가격으로 인해 남는 부분을 보상하기 위해 제공한 특별효과이다.

바니Barney. JB는 "한 기업이 어떤 가치창조적인 전략을 시행하고 다른 기존의 기업들이나 잠재적 경쟁자들은 그러지 못했을 경우 이 기업이 경쟁우위를 갖는다"라고 말했다.

산업경쟁시장에서 한 기업이 경쟁우위를 지니고 산업평균 수준을 넘어서는 이윤능력을 갖는다면 다른 기업들의 모방과 시장내 진입을 불러일으켜 시장경쟁이 치열해지고 이윤우위가 낮아지거나 없어진다. 한 기업이 긴 시간 동안 같은 산업 내의 다른 경쟁상대보다 높은 수익을 꾸준히 유지한다면 그 기업이 바로 지속적 경쟁우위를 가지고 있는 기업이다.

기업의 지속적 경쟁우위는 긴 시간 동안 경쟁자들이 모든 모방행위를 시도했음에도 여전히 그 우위를 지키고 있어야 한다. 경쟁우위의 지속여부와 지속기간은 기업의 경쟁우위 '장벽'에 달려 있다. 경쟁상대는 우수한 기업의 경쟁우위를 모방하려 하며 우위를 갖고 있는 기업의 보호체제를 극복하거나 혁신을 통해 피해야 한다. 하지만 그러기 위해서는 추가적인 생산원가 증가나 수익률을 떨어뜨려야 하는데, 그렇게 되면 모방과 진입의 원동력이 떨어지게 된다. 이러한 '장벽'은 경쟁우위를 장기적으로 지속시키며 꾸준한 초과이윤을 얻게 한다.

버핏은 경쟁우위 장벽을 '성호(성 주위를 둘러싸도록 판 연못)'라고 불렀다.

"제공하는 제품이나 서비스 주위에 넓은 성호를 만든 기업은 투자자에게 만족할 만한 수익을 가져다줄 수 있다."

"우리는 이러한 기업 성호를 좋아한다. 넓은 성호가 있고 이 성호가 상어와 악어로 가득 차 있다면 외부침입자를 충분히 막아낼 수 있다."

부가가치를 창조하는 경쟁우위의 3대 원동력

기업 경쟁우위의 차별성은 고객이 기업제품이나 서비스에 대한 선호도의 차별로 나타난다. 혹은 고객에게 무언가 다른 가치를 가져다주는 차이를 말한다. 경쟁우위를 갖고 있는 기업은 경쟁상대와 비교했을 때 보통 더 높은 이윤능력을 보이며 더 많은 이윤을 얻는다.

우리는 마이크로경제학 방정식으로 경쟁우위를 간단히 분석할 수 있다.

이윤 = 판매량×(판매가−생산원가)
　　 = 시장점유율×시장 총판매량×판매수익률
　　 = 시장점유율×시장 총판매량×(판매가−생산원가)

경쟁우위를 가지고 있는 기업은 일반적으로 경쟁상대보다 더욱 많은 이윤을 남긴다. 이러한 이윤은 3가지를 통해 실현된다. 더 많은 시장점유율(시장 총판매량이 상대적으로 안정적일 때), 더 낮은 생산원가, 더 높은 판매가이다. 이 3가지 요인이 바로 경쟁우위의 가치를 창조하는 원동력이다.

이상의 분석에 따라 경쟁우위는 두 가지 기본형식으로 나타난다.

(1) **시장점유율 우위** 제품판매 수익률이 비슷할 때 시장 측면에서 보면 시장점유율이 더 큰 쪽에서 경쟁우위가 나타난다.

(2) **제품 우위** 시장점유율은 더욱 낮은 생산원가나 높은 판매가격에 따라 증가된다. 더 낮은 생산원가는 기업이 더 낮은 가격으로 판매를 해 시장점유율을 늘릴 수 있게 한다. 제품이 차별화되어 더

욱 높은 가격에 판매한다면 판매량이 변하지 않는다 해도 시장점유율은 늘어나게 된다.

제품이나 서비스 측면에서 보면 경쟁우위는 더욱 낮은 원가 또는 더욱 높은 판매가로 귀납시킬 수 있다. 따라서 제품의 경쟁우위를 원가우위와 차별화우위의 두 가지 기본유형으로 나눌 수 있다.

1.2.2 시장점유율 우위

일반적으로 경쟁우위를 판단하는 가장 효과적이고 객관적인 기준은 상대적 시장점유율과 상대수익률이다.

상대수익률과 비교한다면 상대적 시장점유율이 더욱 적절한 기준이다. 보통 세분시장의 선두주자가 그 위치를 꾸준히 유지할 수 있다는 것은 곧 경쟁우위를 갖고 있다는 의미이다.

상대적 시장점유율은 때론 상대수익률과 관련이 있다. 세분시장의 선두주자는 상대적으로 경쟁상대보다 높은 수익률을 보인다. 보스턴 컨설팅그룹의 설립자 헨더슨Bruce Henderson은 "수익을 결정하는 것은 경쟁하고 있는 전략시장 점유율이지 회사의 규모가 아니다"라고 말했다.

회사의 상대적 시장점유율 우위분석은 다음과 같은 단계로 진행된다.

▶회사의 업계경쟁시장을 세분화한다.
▶세분시장의 선두주자를 확인한다.
▶세분시장구조의 안정성을 분석한다.

경쟁시장 세분화

경쟁우위를 평가하려면 기업의 상대적 시장점유율을 알아야 한다. 시장점유율을 알려면 시장을 먼저 세분화해야 한다. 정확하게 조사회사의 업무범위(즉 어떤 경쟁분야의 경쟁우위 조사)를 알아야만 정확하게 경쟁우위의 형성기초를 분석할 수 있다. 여기서의 시장 세분화와 마케팅에서의 시장 세분화는 같은 의미이다. 또한 경쟁우위 분석에서의 시장 세분화는 주로 서로 다른 경쟁상대를 겨냥해 시장을 세분화한다. 더욱 정확하게 말하면 '업무시장 세분화' 혹은 '경쟁시장 세분화'라고 할 수 있다. 이 개념은 헨더슨이 주장한 '전략적 국지시장'과 비슷하다.

"전략적 사업단위는 기업이 경쟁우위를 갖고 더욱 이용할 수 있는 부분시장을 말한다. 전략적 사업단위는 전적으로 경쟁성의 차별화에 따라 구분된다. 전략성 사업단위 분석은 경쟁 정도에 따라 이윤의 최대화를 실현한다."

리차드 코츠는 두 가지 경쟁시장 세분화의 원칙을 다음과 같이 주장했다.

▶당신이 다른 업무범위 내에서(제품, 고객, 유통 루트 국가, 기술 혹은 해당 회사의 관련 업무와 구분될 수 있는 수단) 서로 다른 경쟁상대와 마주치게 된다. 그럼 이 두 영역은 서로 다른 경쟁 세분시장이다.

▶회사가 두 영역에서 같은 상대와 경쟁하더라도 두 시장에서 회사와 경쟁상대가 차지하는 시장지위에 큰 차이가 있다면 이는 두 개의 다른 경쟁 세분시장이다.

전문화 핵심경영기업

'다원화'와 '전문화'의 논쟁은 오랫동안 지속되어왔으며 각 회사들은 각자의 상황에 맞춰 선택을 하고 있다. 하지만 대다수 지속적 경쟁우위를 갖고 있는 기업들은 모두 고도로 전문화되어 한 가지 세분시장에 집중해 그 핵심업무에 있어 월등히 앞서 있다.

전문화된 회사는 모든 것을 단순하게 유지한다. 단순한 경영전략, 단순한 제품 또는 서비스 가치사슬, 단순한 조직구조 등 이렇게 단순하면서 전문화된 회사는 버핏이 주식을 선택할 때 가장 선호하는 회사유형이다.

미국의 유명한 마케팅전문가 알 리스Al Ries는 현재의 경영추세는 바로 글로벌화라고 말했다. 또한 글로벌화는 전문화를 더욱 촉진시킨다고 했다.

"시장이 커지면 전문화되어 간다. 시장이 작으면 전문화되는 정도가 약해지고 회사의 경영도 다원화된다. 글로벌 경제발전으로 회사도 더욱 전문화되어야 한다. 전세계에서 자유무역이 이뤄졌을 때 회사가 살아남기 위해서는 반드시 전문화의 길을 걸어야 한다."

전문화 생산이 기업에게 장기적이고 지속적인 경쟁우위를 가져다주는 근본적인 요인이라는 연구결과가 쏟아지고 있다. 따라서 우리는 고도로 전문화된 기업들 중에서 지속적 경쟁우위 기업들을 찾아야 한다.

크리스 주크Chiris Zook와 제임스 앨런James Allen은 과거 20년 동안 세계 기업의 90%가 지속적인 수익 증가를 실현하지 못했다는 연구결과를 발표했다. 그들은 미국, 호주, 영국, 프랑스, 독일, 이탈리아, 일본 7개국의 1996년 매출액이 5억 달러 이상인 1854개 상장기업들에 대해 1988~1998년의 10년간 데이터를 분석했다. 그 결과 13%의 기업만이 10년간 지속적으로 이윤을 냈다. 즉 5.5% 이상의 실수익증가율과 주주 총수익(주식가치상승과 배당금 재투자 포함)이 자본원가(평균 10년의 회수자본원가)를 꾸준히 유지한다는 의미이다. 그들은 지속적으로 수익을 내는 많은 기업들이 대부분 핵심업무에 집중하고 있는 전문화기업이라는 사실을 발견했다. 또한 갈수록 다원화경영에서 앞서 가며 핵심업무에 있어 확실한 경쟁자가 없다는 것을 알았다.

군터 롬멜Gunter Rommel은 39개 독일 중형기업을 연구해 이윤이 높은 회사들이 모두 전문화되어 있다는 공통점을 발견했다. 바로 적은 제품, 적은 고객, 적은 공급자이다.

칼챠 그룹Kalcha Group 고문들은 미국, 영국과 관련되어 있는 700개 기업을 조사해 1~2가지 업무만 하는 집중형 회사들이 비집중형 회사들보다 훨씬 좋은 경영상태를 보인 사실을 알아냈다. 집중형 회사의 주당 평균수익 증가율은 18%였으며 비집중형 회사들은 11%에 불과했다.

콘스탄티노스 마르키데스Constantinos C. Markides는 80년대에 미국기업들이 진행시킨 핵심화의 범위와 영향에 대해 연구했다. 그는 핵심화란 핵심업무에 집중해 경영활동을 감소시키는 범위라고 정의했다. 그의 연구에 따르면 80년대 미국에서 가장 우수한 기업들 중 20%는 60년대에 단 1%에 그쳤던 핵심화의 과정을 다시 거쳤다. 미국 100대기업이 1981~1987년 동안 발생한 거래에서 65%이상이 모두 핵심화 업무와 관련이 있었다.

마이클 포터는 1987년의 <하버드 비즈니스리뷰>에서 분산화가 기업실적에 주는 영향에 대한 연구결과를 발표했다. 그는 33개 미국 대기업들이 1950-1986년 동안 분산화해온 역사를 조사했다. 기업이 새로운 업종에 투자하는 분산화율이 50%가 넘었으며, 완전히 새로운 영역은 60%가 넘었다.

라마크리슈난Ramakrishnan과 토마스Thomas는 이윤의 구성이 기업에 미치는 작용에 대해 연구했다. 그들은 수익의 구성 요소에 따라 지속성이 틀려지며, 수익의 지속성은 구성 요소의 평균 지속성값이라고 생각했다. 그들은 수익의 구성 요소를 3가지로 분류했다. 첫 번째는 영구형으로 무한정 지속가능하다. 두 번째는 일시형으로 일시적인 수익에만 영향을 미친다. 세 번째는 가격 무관형으로 지속성은 0이다. 그중에서 주 영업수익은 기업이윤의 핵심이며 영구적인 지속성을 지닌 것이 가장 안정적으로 예상가능한 수익이다.

레브Lev, B와 티아카라잔S.R. Thiagarajan은 연구결과를 통해 이윤의 질과 지속성은 뚜렷한 정비례관계를 보인다고 발표했다. 또한 영업이윤 비율은 기업 이윤의 질과 이윤창출 능력을 결정한다고 말했다.

보스턴 컨설팅그룹의 '34법칙'

우리가 경쟁시장을 세분화하면서 상대적 시장점유율이 가장 큰 시장 선두주자를 발견했을 경우 어떤 경쟁시장 구조가 비교적 안정적일까?

보스턴 컨설팅그룹의 설립자 헨더슨은 1976년 '34법칙'을 주장했다.

"안정적인 경쟁시장에서 영향력을 가진 경쟁자는 절대 3명을 넘지 않는다. 그중에서 최대 경쟁자의 시장점유율은 최소 경쟁자의 4배를 넘지 못한다. 이러한 법칙은 다음 두 가지 조건으로 결정된다. 어떤 두 경쟁자 사이에서 2:1 정도의 시장점유율이 바로 균형점이다. 시장점유율이 최대 경쟁자의 4분의 1에 못미친다면 효과적으로 경쟁에 참여할 수 없다. 34법칙은 하나의 가설에 불과하며 그다지 많은 검증을 거치지도 않았다. 하지만 증기기관차, 자동차, 유아식품, 음료와 비행기제조 등 특성이 완전히 다른 산업에서도 이 법칙과 결과는 상당부분 부합한다."

코카콜라, 워싱턴포스트와 같이 버핏이 투자한 기업들을 분석해 보면 그 기업들은 경쟁 세분시장에서 모두 절대적인 시장 선두주자였다. 또한 경쟁상대와 좋은 경쟁관계를 형성하여 안정적인 시장구조를 만들려고 노력했다. 예를 들어 코카콜라의 경우 미국 음료업계 데이터리서치 회사가 2002년 발표한 보고에 따르면, 미국 탄산음료 시장에서 2002년 시장점유율은 44.3%였고 판매량은 29억 갤런이었다. 그리고 펩시의 시장점유율은 31.4%, 판매량은 20억 갤런이었다. 두 회사는 80%가까운 시장점유율을 점하고 있으며 기타 음료업체의 시장점유율은 20% 정도로 코카콜라와 펩시의 4분의 1정도로 80대 20 법칙에 부합한다.

1.2.3 원가우위와 차별화우위

시장점유율을 기초로 한 경쟁우위 평가는 기업전체의 우위를 비교하는 것이며 기업 경쟁우위의 본질적 특징을 알기 위해서는 제품 측면에서 좀더 자세한 평가가 필요하다. 기업의 경쟁우위는 여러 가지 형식으로 나타난다. 하지만 제품이든 서비스의 측면에서든 모두 두 가지 기본적인 형식으로 귀납할 수 있다. 그것은 경쟁상대가 장기간 동안 따라올 수 없는 원가우위와 차별화우위이다.

포터는 유명한 <경쟁우위>에서 "경쟁우위에는 두 가지 기본형식이 있다. 원가우위와 차별화우위이다"라고 했다. 비록 상대적으로 경쟁상대보다 큰 우위나 열세를 갖고 있다 하더라도 기업은 두 가지 경쟁우위를 보유해야 한다. 저원가와 차별화이다. 한 기업이 갖고 있는 우위나 열세의 두드러짐은 결국 기업이 어느 정도 원가와 차별화에 대해 노력하는지 여하에 달려 있다.

"실적이 좋은 기업들은 이 중에 하나 혹은 두 가지 우위를 가지고 있다. 즉 뛰어난 수익능력은 논리적으로 볼 때 저원가와 차별화 사이에서 생기는 높은 부가가치에서 획득된다."

원가우위 선점

포터는 원가우위에 대해 기업은 동일 산업에서의 저원가 생산업체라는 말로 정의했다. 한 기업이 원가에서 우세한 위치를 선점하고 유지할 수 있다면 가격을 산업평균이나 평균과 비슷한 수준으로 조절하는 것으로 평균 이상의 경영실적을 올릴 수 있다. 원가우위는 기업원가가 산업평균보다 낮다는 의미일 뿐 아니라 기업 생산원가가 산업평균보다 크게 낮다는 뜻이다. 따라서 해당 기업이 가격을 산업평균이나 평균에 비슷한 가격으로 조절하는 것으로도 산업평균보다 높은 이윤을 얻을 수 있다.

원가우위는 기업원가가 산업평균보다 두드러지게 낮음으로써 실현된다. 하지만 이러한 원가우위 선점은 경쟁상대 제품과의 차별화를 기초로 동등하거나 비슷한 고객가치를 창조해야만 높은 이윤을 얻을 수 있다.

일반적으로 원가우위는 3가지 상황에서 나타난다.

① 경쟁상대와 동일한 고객가치 제품을 제공하지만 생산원가는 경쟁상대보다 크게 낮다.

② 경쟁상대와 비슷한 고객가치 제품을 제공하지만 원가우위가 경쟁상대와의 가격차이보다 크면 고객가치와 이윤을 동시에 높일 수 있다.

③ 고객가치에서 경쟁상대와 차별화된 제품을 제공하고 제품의 고객가치와 생산원가가 모두 경쟁상대보다 낮을 경우이다.

하지만 원가차이가 고객가치 차이보다 크면 회사는 제품을 새롭게 정의해 경쟁우위를 얻을 수 있다. 전형적인 원가우위 업체들은 표준제품을 생산판매하며 모든 면에서 규모 경제나 절대원가우위를 획득해야 한다고 거듭 강조한다.

차별화우위

포터는 한 기업이 고객에게 특별하게 대하고 고객입장에서 그 가치가 단지 저렴한 가격의 제품이나 서비스 이상으로 느꼈을 때, 이 기업은 경쟁상대와 다른 차별성을 가지고 있다고 본다. 이러한 차별화는 기업이 제품 프리미엄을 컨트롤할 수 있으며 고객을 확보할 수 있도록 해준다. 또한 기업이 일정한 시장가격 수준에서 더욱 많은 제품이나 서비스를 판매할 수 있으며, 더욱 높은 가격으로 동일한 판매량을 보였을 때 얻을 수 있는 수익이 더 높아진다. 기업이 경영차별성을 위해 투입한 원가와 비용보다 더욱 큰 프리미엄을 얻을 경우, 이 차별화우위는 기업에 훌륭한 실적을 가져다 줄 수 있다. 차별화우위의 전제는 고객이 제품이나 서비스의 특별함에서 얻은 가치차이가 그들이 지불한 원가차이보다 커야 한다는 점이다.

차별화우위는 주로 다음 형식으로 나타난다.

① 경쟁자와 생산원가가 비슷한 제품을 제공하지만 고객에게 더욱 많은 가치를 제공한다.

② 제공하는 생산원가가 경쟁상대보다 조금 높지만 품질은 경쟁상대의 제품보다 훨씬 좋다.

③ 생산원가가 경쟁상대보다 높은 제품을 제공하지만 고객에게 더욱 큰 가치를 창조한다. 즉 가치차이가 원가차이보다 훨씬 크다.

경쟁우위의 핵심은 차별화이다. 즉 경쟁상대와의 차별화는 한 기업이 경쟁상대와 다른 제품이나 서비스를 제공함으로써 시장 대다수 고객들이 이 기업 제품이나 서비스를 선호하도록 만든다. 이러한 차별화가 경쟁우위의 근원이다.

보스턴 컨설팅그룹 설립자 헨더슨은 "경쟁상대와 차이를 만드는 것은 경쟁에서 생존할 수 있는 전제조건이다. 이러한 차이가 뚜렷하지 않을 수 있지만 동일한 시간과 장소에서 다른 방식으로 살아가는 경쟁자들 사이에서는 안정적으로 유지하기 힘들다. 어떤 경쟁환경에서 이 차이는 한 경쟁자에게 다른 상대의 우위를 누를 수 있다. 이러한 차이의 가치는 어떤 경쟁자의 미래 호황도와 생존전망을 가늠하는 척도가 된다"라고 말했다.

포터는 "차별화우위는 주로 기업의 가치사슬에서 나오며, 기업이 진행하고 있는 여러 구체적인 전략과 그 전략이 고객에게 영향을 주는 방식에서 생긴다"고 생각했다. 이런 특별한 전략은 기업의 제품이나 서비스에 특별함을 부여하며 그 특별함은 고객을 위한 가치를 만들어주고 경쟁상대가 제공할 수 없도록 만든다.

"기업 경영차별화의 근원은 고객에게 가치가 있으며 경쟁상대가 쉽게 모방할 수 없어야 한다. 그렇지 않으면 장기적인 프리미엄이 생기지 않는다. 따라서 기업은 각종 장벽의 보호를 받으며 경쟁상대가 모방할 수 없는 영구적인 특별함을 찾아야 한다."

포터는 기업이 어떤 가치활동에서 특별함은 일련의 기본적인 요인으로 결정된다고 생각했다. 이는 어떤 가치활동이 특별함을 갖는 근본적인 원인이 된다. 이러한 요인은 앞서 말한 원가영향 요인과 비슷하다. 이 요인들을 아는 것은 기업의 차별화우위를 분석하는 데 도움이 된다. 특별함의 주요 영향요인은 다음과 같다.

정책선택_ 기업이 어떤 활동으로 어떤 정책을 선택하느냐가 가장 보편적이고 단일한 영향 요인이 된다.

연관성_ 특별함은 가치사슬 내부의 연관성 또는 기업과 공급업체 및 판매루트를 연결시켜준다.

시기선택_ 가치활동의 시작과 동시에 특별함이 형성된다. 때론 한 기업이 선구자로서 시장을 선점해 다른 업체의 진입을 막기도 한다. 하지만 후발주자는 최신 기술을 선택함으로써 후발주자의 우위를 선점하기도 한다.

상호관계_ 어떤 활동의 특별함은 기업 내부의 협력업무 간의 합작을 만들어낸다.

학습과 과도한 모방_ 어떤 활동의 특별함은 학습을 통해 잘 발전시켰는지에 대한 결과이다.

통합_ 가치활동의 수직통합 정도는 그 특별함에 영향을 준다.

규모_ 대규모 생산은 소량생산에 없는 특징을 갖는다.

제도적 요인_ 정부법규, 노조, 세법 등 제도적인 요인이 특별함에 비교적 큰 영향을 미친다.

1.3 지속적 경쟁우위를 찾아라

> 코카콜라와 질레트와 같은 회사는 '필연적인 기업The Inevitables' 이라는 라벨이 붙게 된다. 어떤 현명한 사람이나 심지어 이들 회사의 가장 강력한 경쟁자도 코카콜라와 질레트가 향후에도 이처럼 지속적으로 세계로 퍼져나가 주도적인 지위를 확보할 수 있을지에 대해 의심을 품지 않는다.
> — 워렌 버핏

버핏은 장기투자로 유명해졌다. 그는 보통 수년에서 수십 년간 장기투자했다. 그는 투자분석을 할 때마다 스스로 10년 이상 보유할 것이라 가정한다.

"스스로 10년 동안 외딴 곳으로 떠나기로 마음먹고 그 전에 한 곳에 투자를 한다고 가정해 보자. 그리고 떠나 있는 10년 동안 당신은 지금 알고 있는 것만큼만 알 수 있으며, 떠난 후 생기는 일을 바꿀 수 없다고 한다면 이때 어떤 생각을 하겠는가?"

버핏이 가장 성공한 투자는 경쟁우위가 장기적으로 지속된 '필연적인' 위대한 기업들에 대한 투자였다.

"위대한 기업의 정의는 다음과 같다. 25년, 30년이 지나도 여전히 위대한 기업의 지위와 위치를 지키고 있는 기업이다."

"코카콜라와 질레트와 같은 회사는 '필연적인 기업'이라는 라벨이 붙게 된다. 전문가들이 이 회사들의 향후 10년, 20년 동안 음료 생산량과 면도기 생산량에 대해 하는 예측은 어느 정도 차이가 있을 수 있다. 우리가 '필연적'이라 말한다고 해서 이 회사들의 생산, 판매, 포장과 제품혁신 등의 분야에서 지속적으로 노력하고 있는지를 알아보지 않아도 된다는 의미는 아니다. 하지만 이 회사를 성실히 평가한 후 어떤 현명한 사람이나 심지어 이들 회사의 가장 강력한 경쟁자도 코카콜라와 질레트가 향후에도 이처럼 지속적으로 세계로 퍼져나가 주도적인 지위를 확보할 수 있을지에 대해 의심을 품지 않는다. 실제로 그들의 주도적인 지위는 더욱 강해질 것이다. 과거 10년 동안 두 회사는 기존의 시장점유율을 크게 높여왔으며, 다음 10년 동안 더욱 좋은 실적을 올릴 조짐이 뚜렷하다."

버핏 자신의 투자분석 경험에 따르면 몇몇 기업만이 장기적이며 지속적인 경쟁우위를 갖고 있다.

"물론 찰리와 나는 일생 동안 찾아왔지만 경쟁우위가 지속적이며 '필연적인' 회사는 몇 개밖에 보지 못했다. 경영진의 능력 자체로는 필연적인 결과를 예상하지 못한다. 몇 년 전 제너럴 모터스, IBM과 시어스 백화점이 겪었던 일을 보자. 이 회사들은 외견상 모두 긴 시간 동안 승승장구하던 시기가 있었다. 일부 업계나 회사의 경영자가 실제로 대단한 우위를 갖고 있었고 그로 인해 업계에서 성공할 수 있었다. 물론 대다수 회사는 여기까지 오지도 못한다. '필연적인' 회사임이 확인되면 수없이 많은 모방 브랜드회사들이 생겨난다. 이 회사들은 일순간 발전하겠지만 경쟁이라는 공격으로 타격을 받게 된다. '필연적인' 회사가 되기가 얼마나 어려운지 알기 때문에 찰리와 나는 우리가 발견할 수 있는 '필연적인' 회사의 수가 니프티50Nifty Fifty(1967-1973년 미국 증권시장을 주도했던 최상위 50종목을 일컫는 말-옮긴이)를 따라가지 못한다는 것을 인식했다. 그래서 우리는 투자 포트폴리오에 '필연적인 회사' 외에 '가능성이 높은 회사'를 넣는다."

버핏은 경쟁우위를 장기적으로 지속하는 '필연적인' 위대한 기업을 '악어가 득실대는 성호가 있는 기업경제 성곽'이라고 비유했다. 버핏은 그가 코카콜라와 질레트에 장기투자한 것이 바로 이러한 경제성곽의 모범적 사례라고 생각했다.

버핏은 기업이 경쟁에서 장기적인 우위를 지속할 수 있는 근본적인 원인으로 '경제특권Economic franchise'을 들었다.

"경제특권은 다음 특징을 갖고 있는 제품이나 서비스로부터 형성된다. (1)제품 또는 서비스가 고객이 필요로 하거나 얻기를 희망할 때 (2)고객이 다른 비슷한 대체제품을 찾을 수 없을 때 (3)가격에 제한을 받지 않을 때, 이상 세 가지 특징을 갖고 있는 회사는 제공하는 제품이나 서비스에 대해 주동적으로 가격을 인상할 수 있으며 그로 인해 더욱 높은 자본수익률을 올릴 수 있다. 이뿐만 아니라 더욱 중요한 것은 경제특권이 제대로 관리되지 못하거나 무능한 사장이 이윤능력을 떨어뜨리더라도 치명적인 손실을 입히지는 못한다는 점이다."

"<포춘>지가 1998년 출간한 투자수첩에 따르면 미국 500대 제조업과 500대 서비스업에서 6개 회사만이 과거 10년 주주수익률에서 30%를 넘겼으며 최고인 기업도 40.2%에 불과했다고 한다. 1977~1986년 동안 1000개 기업 중에서 25개 기업만이 우수실적의 두 가지 기준(연속 10년간 평균 주주수익률이 20%에 달하며 15%이하로 떨어진 해가 없음)을 만족시켰다. 이러한 스타기업은 주식시장에서도 초우량주여서 25개 기업 중에 24개가 S&P500 지수를 넘어섰다. <포춘>지가 선정한 이들 일류기업들의 두 가지 특징 때문에 당신은 크게 놀랄 것이다. 첫 번째, 그중 대기업은 이자지불능력에 비춰봤을 때 아주 적은 대출을 받고 있다. 진정으로 좋은 기업은 대출이 필요없을 때가 있다. 두 번째, 하나의 하이테크기업과 몇몇 제약회사를 제외하고 대다수 회사의 업무는 매우 평범했다. 그들은 대부분 10년 전과 기본적으로 같은 제품을 판매하고 있으며 그것은 특별히 사람들의 주목을 끄는 제품도 아니다. 하지만 현재 매출액은 더욱 늘어나거나 판매가가 높아지거나 혹은 두 가지 모두인 경우이다. 이 25개 스타기업의 경영실적은 경제특권을 계속 강화하거나 월등히 앞서 있는 핵심업무에 더욱 집중하는 것이 뛰어난 경쟁우위를 형성하는 근본원인이라는 사실을 다시 한 번 증명해준다."

　기업경쟁의 문헌연구를 통해 우리는 버핏이 말한 경제특권과 핵심경쟁력의 개념이 일치한다고 생각한다.

　기업들이 외부산업환경에서 시장기회를 잡을 수 있는지 여부에 따라 경쟁우위가 나타난다. 또한 저원가의 동일제품 또는 차별화된 제품을 제공하면서 산업경쟁의 경쟁우위가 직접적으로 반영된다. 물론 산업경쟁환경이 기업의 경쟁우위에 큰 영향을 미치지만 상대적으로 볼 때 기업 자체적으로 내부요인이 더욱 중요하다. 기업의 근본적인 기초는 기업이 보유하고 있거나 통제하고 있는 자원과 능력이다. 기업의 내부자원과 능력은 기업이 산업경쟁에서 무엇을 할 수 있는지를 결정하며 기업이 경쟁할 수 있는 기초가 된다. 하지만 외부의 산업시장기회와 내부의 자원은 바로 경쟁우위가 있는 위치로 올라서지 않으며 일정한 중간과정과 순서를 거치게 된다. 이는 기업 외부의 산업시장기회와 기업 내부의 특별한 자원을 결합시켜 지속적 경쟁우위를 형성하는 중요한 요인이며 기업의 핵심경쟁력이 된다.

세계 500대 기업을 분석해보면 기술, 혁신능력, 관리모델, 시장네트워크, 브랜드 이미지, 고객서비스 등에서 핵심경쟁력이 없는 기업은 거의 없다. 이 회사들의 성공은 핵심경쟁력을 키우고 발전시켜 지속적 경쟁우위를 얻는 과정을 모두 거쳤다.

이렇게 핵심경쟁력을 갖고 장기적으로 지속적 경쟁우위를 점하는 기업은 매우 적다. 이런 핵심경쟁력에 대한 판단은 진귀한 보물에 대한 판단과 같기에 과학이면서 예술이라 할 수 있다. 이 때문에 버핏처럼 훌륭한 판단능력을 지닌 사람만이 주식시장에서 큰 투자수익을 올릴 수 있었다.

기업들이 전략을 연구하면서 내부적으로 핵심경쟁력을 분석하는 것과 달리 우리는 투자자의 입장에서 외부분석의 각도에서 기업이 핵심경쟁력이 있는지를 판단한다. 일반적으로 다음 3단계로 분석한다.

1단계 핵심경쟁력을 모든 면에서 바라보고 정의, 유형, 매개체, 역할을 분석한다.

2단계 외부에 드러나는 핵심경쟁력의 기본특징을 분석한다.

3단계 이러한 특징에 따라 핵심경쟁력에 대해 외부분석판단을 한다.

1.3.1 핵심경쟁력의 기본정의

프라할라드C.K. Prahalad와 해멀G. Hamel은 1990년 〈회사의 핵심경쟁력〉에서 핵심경쟁력에 대해 '조직에서의 집단성(누적성) 학습은 특히 어떻게 하면 서로 다른 생산 기술들을 잘 조절해 여러 기술지식과 유기적으로 통합하느냐가 중요하다' 라고 말했다(The collective learning in the organization, especially how to coordinate diverse production skills and integrate multiple streams of technologies).

주의해야 할 점은 두 개의 핵심용어를 번역할 때 여러가지 의미를 지닌다는 점이다. 'collective'는 '집단적인'과 '누적된'의 뜻을 갖고 있다. 'learning'은 어떤 시기에 형성된 학습상태를 말하며 동적인 학습과정을 말한다.

프라할라드와 해멀은 핵심경쟁력의 본질은 능력이라고 생각했다. 그러나 평범한 능력이 아닌 보통을 능가하거나 더 높은 레벨의 기술을 지닌 능력을 말한다. 핵심경쟁력은 한 기업의 기술과 능력의 집합체이며 관련 기술에서 얻은 여러 기술지식과 조직지식의 집합체이다. 단순히 하나의 기능이나 기술과 조직지식이 결합된 것이 아니다. 또한 핵심경쟁력과 핵심제품 또는 핵심능력을 혼동해선 안 된다. 핵심경쟁력은 기업가치 체인의 개별적인 핵심우위에 중점을 두기 때문에 핵심능력과는 다르다. 핵심경쟁력은 기업이 고객에게 부가가치를 제공해주는 특별한 기능이자 기술이다.

맥킨지 컨설팅의 케빈 코인Kevin P.Coyne, 스티븐 홀Stephen J.D Hall, 패트리샤 클리포드Patricia Gorman Clifford는 핵심경쟁력이란 한 기업 구조에서 경쟁우위의 존재여부에 상관없이 소수의 기술이나 지식 분야에서 출중하다면 성공할 수 있음을 의미한다고 봤다.

"핵심경쟁력은 무리나 단체에서 뿌리가 견고하고 서로 보완가능한 기술과 지식의 결합이다. 이 능력을 통해 세계 일류수준을 실현하고 여러 핵심공정을 시행할 수 있다. 특허, 브랜드 제품과 기술은 핵심경쟁력이라고 할 수 없다. 전략계획, 임기응변과 단체협동 등 광범위한 의미로 관리능력도 핵심경쟁력이 될 수 없다. 품질, 생산율, 고객만족도 등도 핵심경쟁력이 될 수 없다."

요컨대 핵심경쟁력의 본질은 기업의 지속적 경쟁우위의 원천이며 가장 핵심적인 경쟁력이다.

해멀은 핵심경쟁력을 3가지 기본유형으로 나눴다.

① 시장루트 능력:기업을 소비자나 시장에 더욱 가까이 다가가도록 만드는 능력이다. 주로 브랜드 확장관리, 시장마케팅, 판매루트, AS와 기술지원 등의 능력을 포함한다.

② 통합 능력:기업이 더욱 빠르고 융통성있게 우수한 제품이나 서비스를 고객에게 제공하도록 만드는 능력이다.

③ 기능성 능력:기업이 제공한 차별성을 가진 제품 또는 서비스 제공을 통해 소비자에게 차별가치를 가져다주는 능력이다.

맥킨지 컨설팅은 핵심경쟁력에 두 가지 능력이 있다고 말했다.

"(1)통찰력과 예지력. 이 능력은 기업이 한발 먼저 우위를 발견하고 선점하는 데 도움이 된다. (2)업무 일선의 시행 능력. 일선 책임자들의 업무차이에 따라 마지막으로 생산되는 제품이나 서비스에서 큰 차이를 보이기 때문에 시행 능력은 중요하다. 업무 일선의 시행 능력은 제품이나 서비스에 특별함을 부여하며 이상적인 제반 조건 하에서 최고 수준의 제품이나 서비스로 끌어올릴 수 있는 능력이라 정의할 수 있다."

프라할라드와 해멀은 큰 나무의 여러 부분으로 기업의 핵심경쟁력과 핵심 제품 및 최종 제품과의 관계를 비유했다.

"기업은 한 그루의 큰 나무와 같다. 나무의 줄기와 가지는 핵심 제품이고 작은 나뭇가지는 전략사업단위Strategic business unit, SBU이다. 나뭇잎, 꽃과 열매는 최종 제품이다. 나무 전체에 영양분을 주고 나무를 지탱하여 안정적으로 뿌리를 유지시키는 것이 바로 핵심경쟁력이다."

핵심 제품이란 물질적인 형태의 제품으로써 기업 핵심경쟁력의 물질매개체 혹은 물질형식이며, 하나 또는 여러 핵심경쟁력이 물질과 시장에서 구현된 것을 말한다. 핵심 제품은 기업 최종 제품의 중요한 구성부분으로 핵심경쟁력과 최종 제품을 이어주는 고리이며 중간 제품이나 서비스를 연결시켜준다.

프라할라드와 해멀은 미래 시장경쟁에서 승리하기 위해서는 분명히 다르지만 서로 중첩되는 3단계를 거쳐야 한다고 했다.

(1) 산업예측:기업이 향후 추세를 판단하고 그 능력을 이용해 산업경계를 바꾸고 새로운 경쟁공간을 만들어낸다.
(2) 발전루트:기업들간에 경쟁하는 제품 생산이나 서비스 제공에 있어 필수적인 능력, 제품이나 서비스 개념의 합리성, 생산에 필요한 기초적인 구조 등이 있다.
(3) 제품의 시장지위와 시장점유율:시장경쟁의 마지막 단계로 기업간 주요 경쟁제품의 기능, 품질, 원가와 가격 등 외재적 속성이다.

프라할라드와 해멀은 시장경쟁의 3단계를 여성의 출산과 연계시켜 임신기, 수태기, 분만기의 3단계로 비유했다. 기존 전략관리 이론의 결함은 일반적으로 마지막 단계만을 중시하고 앞의 두 단계의 기초성과 중요성을 무시하는 데 있었다. 앞의 두 단계를 정확하게 분석해야만 최종 제품단계에서의 경쟁에서 이길 수 있다. 프라할라드와 해멀은 핵심경쟁력의 각도에서 시장경쟁의 3단계를 다시 4부분으로 나눴다. 경쟁력의 기능과 기술 개발, 핵심경쟁력 통합, 핵심 제품 확대, 확대한 최종 제품의 시장점유율이다.

1.3.2 핵심경쟁력의 특징

핵심경쟁력의 본질적인 특징은 기업의 지속적 경쟁우위의 원천이 된다. 핵심경쟁력을 식별할 수 있는 관건은 기업의 지속적 경쟁우위가 형성되고 어떻게 발전하느냐에 달려 있다.

가치성

핵심경쟁력은 한 기업이 경쟁상대를 뛰어넘을 수 있는 이유이자 지속적 경쟁우위의 원천이다. 따라서 핵심경쟁력은 기업의 차별화된 경쟁우위 형성에 중요한 역할을 한다. 핵심경쟁력의 가치특성은 다음 세 방면으로 나타난다.

(1) **소비자가치 창조**_ 핵심경쟁력은 시장의 요구에 부합하는 제품을 만들어내 고객이 중요시하는 가치창조를 실현하며, 고객에게 경쟁상대보다 더 많은 가치를 제공한다. 이 능력이 중요한 이유는 기업의 가치사슬에서 개별적인 핵심 우위를 형성하고 고객이 특히 중요시하는 가치를 실현시킬 수 있기 때문이다.

(2) **기업가치 창조**_ 핵심경쟁력은 기업가치 창조와 원가 차이에서 중요한 역할을 하며 기업의 이윤능력을 높일 수 있다. 핵심경쟁력은 기업이 경쟁상대보다 더욱 낮은 원가로 고객의 요구를 만족시키거나 동일한 원가로 고객을 더욱 만족시킨다. 동시에 핵심경쟁

력은 그 우위를 회사에 전달해 더욱 많은 부가가치를 창조할 수 있도록 해야 하며 최대한 경쟁자, 공급업체가 그 가치를 얻지 못하도록 해야 한다.

(3) 기회의 이용과 위협에 대한 저항_ 핵심경쟁력의 가치는 기업이 동일한 환경에서 경쟁상대보다 기회를 더욱 적절히 이용하고 위협요소에 저항할 수 있도록 하는 것에 있는데, 이것이 일종의 종합적이며 동적인 경쟁력이다. 그 가치는 핵심경쟁력과 다른 능력의 결합 및 시장수요와 상호 영향을 미치는 과정에서 시간에 따라 변화한다.

핵심성

핵심경쟁력을 핵심이라 부르는 것은 기업에 가장 중요한 영향을 미치는 요인이기 때문이다. 최종 제품이나 서비스의 가치에 대해 가장 중요한 역할을 한다. 핵심경쟁력은 여러 최종 제품 및 서비스를 지원할 수 있으며 여러 업무의 기초를 서로 연결시켜주며 새로운 업무확장의 엔진이 되어 기업이 다른 시장으로 진입할 수 있는 잠재력을 갖게 만든다. 동시에 하나의 핵심경쟁력은 더 높은 단계의 핵심경쟁력의 구성부분이 될 수 있으며 더욱 효율성있는 새로운 핵심경쟁력을 형성할 수 있다.

사람들은 종종 어떤 한 방면에서 가장 강한 핵심경쟁력을 가지고 있다면 다른 열세를 만회할 수 있으며 회사 전체가 경쟁우위를 가질 수 있다고 잘못 생각하고 있다. 사실 한두 가지 경쟁력에만 집중하는 것으로 광범위한 열세를 만회하거나 다른 영역의 부족함을 메워줄 수는 없다. 핵심경쟁력을 통해 전략적인 성공을 거두려면 해당 핵심경쟁력은 반드시 해당 업종의 모든 전략적인 요소에서 더욱 중요한 위치에 있어야 한다. 예를 들면 구조적인 우위나 저가로 자원을 획득하는 능력들이 이러한 핵심경쟁력에 속한다.

독특성과 희소성

핵심경쟁력은 독보적인 것이며 평범하지 않은 경쟁력이다. 이러한 경쟁력은 상대적으로 경쟁상대보다 뛰어난 우수성을 보인다. 핵심경쟁력은 경쟁상대를 훨씬 뛰어넘어선다. 핵심경쟁력의 차이가 곧 기업의 경영효율을 결정한다. 이러한 독특성은 동시에 핵심경쟁력이 희소적이며 쉽게 형성되지 않고, 형성된 후에는 경쟁상대가 쉽게 모방할 수 없음을 의미한다. 핵심경쟁력의 독특성은 다른 일반적인 능력으로 대체될 수 없으며, 기업이 기존과 다르게 전략적으로 경쟁우위를 갖도록 지원한다. 하지만 희소적이지도 않고 모방할 수 있는 대체 경쟁력이 있다면 기존의 경쟁상대와 잠재적 경쟁상대들은 비슷한 전략을 선택하게 되고 기업의 경쟁우위는 빠르게 약해지거나 사라진다.

모방의 어려움

핵심경쟁력이 경쟁우위를 가지려면 절대 쉽게 모방되어서는 안 된다. 기업가치를 창조하는 핵심경쟁력을 가질 수 있느냐의 여부는 그 능력의 모방의 난이도에 달려 있다. 다른 경쟁상대가 기업의 핵심경쟁력을 모방하려고 할 때 원가열세에 직면하게 되는데 이것이 지속적 경쟁우위를 갖도록 해준다. 핵심경쟁력이 모방하기 힘든 이유는 핵심경쟁력과 경쟁우위의 관계 및 상호작용 때문에 경쟁상대들은 물론 일정한 우위를 점하고 있는 기업조차도 완전히 파악하기 힘들기 때문이다.

■ 지식의 모호성

핵심경쟁력에는 많은 방법론적인 지식을 포함하고 있다. 여기에는 기업의 독특한 기술, 조작 기술, 비결 등도 있고 조직관리, 기업문서 등과 같이 언어, 문자, 부호로 직접적인 묘사가 쉽지 않은 내용도 있다. 이러한 지식은 외부나 심지어 기업 자체에도 모호한 부분이 있어서 기업의 관리체제, 기업문화, 기업기술공정에 숨겨져 있으며 다른 업무 부서나 개인에게 분산되어 있다.

■ 경로의 의존성

핵심경쟁력은 기업이 장기적으로 경영을 하면서 경험이 누적되어 형성된 것으로 기업 발전과정에서 특정한 조건과 환경에 의존하게 된다. 경로의 의존성을 쉽게 말하면 '과거는 현재를 결정하고, 현재는 과거로부터 존재한다'라고 할 수 있다. 이러한 경로의 의존성은 핵심경쟁력이 거래를 통해 얻어지거나 경쟁상대가 따라하지 않도록 만들어준다.

■ 사회복잡성

한 기업이 어떤 방면에서 경쟁상대보다 우위를 점하는지 알 수는 있지만, 왜 그 우위를 지속하고 있는지는 알기가 쉽지 않다. 핵심경쟁력은 명예, 신용, 우의 등 많은 사회관계와 관련되어 있기 때문에 이를 완전히 이해하고 모방하기 힘들다.

■ 완전한 기술이전 불가

기업간에 기술이전을 하기 힘들며 더군다나 경쟁상대는 쉽게 얻을 수 없다. 그리고 다른 기업은 기존의 가치창조 능력을 똑같이 가질 수 없기 때문에 기업의 경쟁우위가 지속될 수 있다. 핵심경쟁력의 기술이전이 완전하게 이뤄지기 힘든 이유는 지리적 요건, 불안전한 정보, 독점성, 단단한 조직능력 등의 제한요소로 인한 관련 시장의 불완전한 경쟁성 때문이다. 따라서 경쟁상대는 공개된 시장에서 동일한 자원을 구매하면서 동일한 능력을 만들어내기 힘들다. 핵심경쟁력은 특수성이 있어서 완전한 기술이전이 불가능하기 때문에 핵심경쟁력의 투자는 강하고 두터운 진입장벽을 만들어준다.

■ 자산독점성

자산독점성은 어떤 자산이 특정 용도에서는 최대의 효과를 낼 수 있지만 다른 용도에서는 상대적으로 효과가 미미한 것을 일컫는다. 기업의 독점적 자산 중에서 특히 기업의 전용기술, 지식의 획득은 장기간 경험이 쌓여야 하며 공개시장에서 공개적으로 거래를 통해 얻을 수 있는 것이 아니다. 독점성을 갖고 있는 자산이 다른 기업으로 이전될 경우, 그 가치는 크게 떨어지거나 아예 없어진다. 따라서 기존 기업의 자산사용자와 분리되기 힘들다.

1.3.3 주식투자에서 핵심경쟁력의 외부식별

핵심경쟁력은 위와 같은 특징을 가지고 있기 때문에 식별하기 매우 힘들다. 대다수 검증된 기업사례들은 보통 사후에 확인되는 특징이 있다. 즉 기업의 성공이란 이미 성공했기 때문에 그렇게 부르는 것이며 한 기업이 핵심경쟁력을 갖고 있다는 것은 곧 경쟁우위를 이미 갖고 있다는 것을 의미한다. 우리가 투자과정에서 해야 할 일은 기업의 성장과정에서부터(즉 '성장 전'과 '성장하고 있는 중'의 관점에서) 핵심경쟁력을 효과적으로 식별할 수 있는 방법을 찾는 일이다. 이로써 핵심경쟁력이 있어 지속적인 경쟁우위를 갖고 있는 우수한 기업을 장기가치투자의 타깃으로 삼는다.

일반적으로 핵심경쟁력을 식별하는 기본적인 방법에는 두 가지가 있다. 하나는 활동을 기초로 하고 다른 하나는 기능을 기초로 한다. 이 두 가지 방법은 기업이 내부에서부터 자신의 중요활동과 핵심기능을 식별하는 데 도움이 된다. 하지만 여기에는 아주 큰 결함이 있다. 기업이 만든 전략적 각도에서 보면 기업 내부의 대량 정보가 필요하다는 전제조건이 있는데 이는 투자과정에서 달성하기 힘든 조건이다. 그래서 가치투자 과정에서 핵심경쟁력의 식별은 외부정보에서 시작할 수밖에 없으며 이는 기업이 내부적으로 전략을 세워 핵심경쟁력을 식별하는 것과 큰 차이가 있다.

우리는 투자를 하면서 외부로부터 분석을 하기 때문에 기업의 핵심경쟁력이 앞서 정리한 기본특징(가치성, 핵심성, 독특성, 모방의 어려움)에 진정으로 부합하는지 중점적으로 분석해야 한다.

핵심경쟁력이 고객가치와 기업가치를 창조할 수 있을까?

핵심경쟁력은 지속적 경쟁우위의 원천이기 때문에 부가가치를 만들어내는 데 중요한 공헌을 한다. 우리는 부가가치 창출로써 회사의 핵심경쟁력을 판단할 수 있다.

■ 핵심경쟁력은 고객에게 특별한 가치를 창조해주는가?

외부 고객의 관점에서 시작한다면 우선 자신의 소비경험에 비춰 기업이 고객을 위해 중요한 가치 혹은 최대의 부가가치를 만들어내는지 분석해 본다. 핵심경쟁력을 식별하려면 다음 몇 가지를 분명히 알아둬야 한다. 고객이 돈을 지불하고 바꾸려고 하는 것은 무엇인가? 고객은 왜 어떤 제품이나 서비스에 더욱 많은 돈을 지불하려고 할까? 어떤 가치요인이 고객에게 가장 중요하며 실제 판매가에 가장 많이 반영될까? 이와 같은 분석을 통해 진정으로 고객의 마음을 움직일 수 있는 핵심경쟁력이 무엇인지 식별할 수 있다.

■ 핵심경쟁력이 기업에게 특별한 가치를 창조해주는가?

기업의 장기적인 경영실적을 분석하면 우리는 핵심경쟁력이 기업으로 하여금 같은 조건에서 경쟁상대보다 기회를 더욱 잘 이용해 리스크에 대처할 수 있게 하는지를 알 수 있다. 또한 기업의 가치차이와 원가차이를 만들어냄에 있어 어떤 공헌을 했는지와 기업의 이윤능력을 제고시킬 수 있는지를 분석할 수 있다.

핵심경쟁력이 기업가치 창조에서 가장 중요한 작용을 할까?

핵심경쟁력의 핵심지위는 우선 제품의 가치창조 과정의 핵심포인트에서 드러나야 한다. 핵심경쟁력은 반드시 기업에 있어 가장 중요한 원동력이 되어야 하며 기업의 가치사슬에서 핵심고리 역할로써 고객을 위해 특별한 가치를 창조해야 한다.

그 다음 핵심경쟁력의 지위는 회사 전체 가치의 핵심지위를 나타내며, 반드시 업계와 관련된 모든 전략적인 요인보다 중요해야 한다. 그것이 회사 전체 경쟁우위의 핵심요인이 된다.

핵심경쟁력이 독특성과 희소성을 가졌는가?

핵심경쟁력은 하나밖에 없는 특별한 경쟁력이며 상대의 경쟁력을 훨씬 뛰어넘는다. 핵심경쟁력이라면 거의 모든 경쟁상대를 이길 수 있어야 한다. 가장 간단한 검증방법은 '기업의 경쟁력이 선두를 달리고 있는 기존의 경쟁상대를 뛰어넘어섰는가?'이다. 투자자는 외부 독립기관의 예상결과에 근거해 자신의 연구와 경험을 결합시켜 기술, 고객의견, 업계대비 등의 방면에서 기업 경쟁력이 평범함을 넘어서는지 여부를 판단해야 한다.

일반적으로 핵심경쟁력으로 만들어진 제품이 초과 수요와 희소성을 띤다면 이것은 지속적으로 경쟁우위를 만들어낸다고 판단할 수 있다.

핵심경쟁력이 어느 정도 희소성을 가져야만 기업에 경쟁우위를 만들어낼 수 있느냐는 정확하게 판단하기 힘든 문제이다. 업계에서 비슷한 핵심경쟁력을 갖고 있는 기업을 찾기 힘들수록 기업의 핵심경쟁력은 더욱 희소성을 갖는다는 점을 알 수 있다.

가장 강력한 경쟁상대가 모방에 성공하려면 어느 정도의 대가와 시간이 필요한가?

핵심경쟁력은 반드시 쉽게 모방되어서는 안 된다. 그렇지 않으면 경쟁상대가 빠르게 복제해 비슷한 경쟁력을 만들어내고 기업은 경쟁우위를 상실하게 된다. 모방하기가 어려울수록 핵심경쟁력은 더욱 긴 시간 동안 유지될 수 있다. 모방의 난이도는 기업 경쟁우위 지속기간을 결정한다.

모방의 난이도를 측정하기 위한 가장 효과적인 방법은 다음 문제에 대해 대답하는 것이다. 동종 업계에서 가장 강력한 경쟁상대가 모방에 성공하려면 어느 정도의 대가와 시간이 필요한가? 모방의 난이도가 높을수록 핵심경쟁력의 희소가치를 설명해주며 경쟁우위의 지속성도 강해진다.

모방의 난이도 판단에 있어서 보통 다음 3가지를 중요시한다.

■ 핵심경쟁력의 복잡도

복잡한 핵심경쟁력은 때로는 장기적으로 형성되기도 한다. 뿌리가 깊고 단단한 문화전통은 장기간 조직 안에서 여러 분야가 협조와 노력을 통해 이뤄지며 많은 업무량이나 직원의 암묵적 지식을 내포하고 있다. 이러한 경쟁력의 복제는 많은 시간을 필요로 할뿐더러 난이도도 높아서 쉽게 모방하기 어렵다.

■ 핵심경쟁력의 모호성

핵심경쟁력에 포함되어 있는 조직요인과 지식요인이 많을수록 모호성은 강해지고 모방이 어려워진다. 소수의 몇 가지 조직요인과 지식요인만을 포함한 핵심경쟁력은 쉽게 모방이 가능하지만 각종 요인들로 조합된 핵심경쟁력은 모방이 어렵다. 모호성의 경쟁력은 심지어 회사 자체에서도 핵심경쟁력의 특징이 무엇인지 알기 힘들 수도 있다. 따라서 상대는 더욱 이해하기 어렵고 모방이 힘들다.

■ 회사의 무형자산

유형자산은 쉽게 복제가 가능하지만 무형자산은 매우 어렵다. 핵심경쟁력은 대부분 무형자산에 숨어 있기 때문에 기업의 핵심경쟁력을 식별하는 지름길은 기업의 무형자산, 특히 브랜드, 문화, 제도와 프로그램 등의 분석에서부터 시작해야 한다. 이러한 요인들은 기업의 장기투자, 학습 등으로 누적되어 이뤄진 결과이기 때문에 쉽게 모방, 복제하기 어려운 특징을 갖고 있다.

그레이엄의 가르침을 따라 찰리와 나는 우리가 가지고 있는 주식이 회사의 경영성과를 통해 우리의 투자가 성공했는지를 알 수 있다. 시장은 일시적으로 회사의 성공을 무시할 수는 있겠지만 결국에는 반드시 주가로 그것을 인정한다. 그레이엄이 말한 것처럼 주식시장은 "단기적으로는 어떤 주식이 인기 있는지 집계하는 투표기 역할을 하지만, 장기적으로는 기업의 내재가치를 측정하는 정교한 저울"과 같다. 회사의 내재가치가 만족할 만한 속도로 성장하면 회사의 성공을 시장이 언제 알아주느냐는 그리 중요치 않다. 오히려 상대적으로 회사의 성공에 대한 시장의 공통된 인식이 늦는다면 유리한 요인이 될 수도 있다. 우리가 저렴한 가격에 좋은 주식을 더 많이 매입할 수 있는 기회를 줄 수 있기 때문이다.

● 워렌 버핏

제2장
시장 원칙 _ 이성투자

가격파동에 대한 정확한 인식은 모든 성공한 주식투자의 시금석이다.
● 그레이엄

투자는 반드시 이성적이어야 한다. 그것을 이해하지 못한다면 투자를 하지 말아야 한다.
● 워렌 버핏

투자자가 주식시장에서 이성적인 결정을 내리는 것은 매우 어려운 일이다. 주식시장의 영향력이 아주 강하기 때문이다. 그레이엄은 한 일화를 예로 들면서 투자자가 주식시장의 큰 영향력을 받을 때의 맹목적 태도를 묘사했다.

한 석유사업가가 천당으로 들어가려할 때 세인트 피터가 그를 막아서며 아주 나쁜 소식을 전해줬다.

"당신은 천당에 갈 자격이 충분하지만 석유업자에게 줄 공간이 이미 꽉 차서 더 이상 들여보내줄 수 없네요."

석유사업가는 이 말을 듣고 잠시 생각한 다음 세인트 피터에게 한 가지 부탁을 했다.

"천당에 사는 사람들에게 한 마디만 해도 될까요?"

세인트 피터는 대수롭지 않게 여겨 그의 부탁을 들어줬다. 이 석유사업가는 손을 모아 큰소리로 외쳤다.

"지옥에서 석유가 발견됐다!"

말이 떨어지자마자 문이 열리면서 천당에 있던 석유업자들은 모두 지옥으로 달려갔다. 세인트 피터는 이 광경을 보고 매우 놀라 그 석유사업가를 천당으로 들여보내주었다. 하지만 이 석유사업가는 잠시 머뭇거리더니 "아니야, 차라리 그 사람들과 같이 지옥으로 가는 게 낫겠어. 소문이 사실일 수도 있잖아!"라고 말했다.

2.1 시장은 단기적으로는 투표기이고 장기적으로는 정교한 저울이다

모든 투자자는 주가가 항상 유동적이란 사실을 잘 알고 있다. 그럼 주가파동의 법칙은 무엇일까?

버핏은 그의 은사 그레이엄에게서 주식시장 파동에 대한 영구불변의 법칙을 배웠으며, 1987년 버크셔 연보에서 "주식시장은 단기적으로는 어떤 주식이 인기 있는지 집계하는 투표기 역할을 하지만, 장기적으로는 기업의 내재가치를 측정하는 정교한 저울이다"라고 말했다.

"오래 전에 내 친구와 은사인 벤자민 그레이엄은 시장파동에 대처하는 자세에 대해 얘기한 적이 있다. 이런 자세와 마음가짐은 투자의 성공에 매우 중요한 의미를 갖고 있다고 생각한다. 시장가격은 타인을 도와주기 좋아하는 '미스터 마켓'이라는 친구로부터 나오며 당신의 기업파트너라고 상상해야 한다. 미스터 마켓은 매일 어김없이 모습을 나타내며 자신의 관심 품목을 당신에게 팔거나 당신의 관심 품목을 자신에게 팔 가격을 부른다. 당신의 합작기업이 매우 안정적이어도 미스터 마켓의 가격은 항상 이와 동떨어져 있다. 왜냐하면 불행하게도 미스터 마켓은 치료 불가능한 고질병이 있기 때문이다. 때론 기분이 좋아서 회사발전에 유리한 요인만 보곤 한다. 그러한 심리상태에서 미스터 마켓은 우리가 자신의 주식을 사들여 자신이 얻을 이윤을 빼앗아갈까 두려워 아주 높은 매매가를 부른다. 어떤 때엔 의기소침해서 회사를 비롯해 전체 시장을 절망적으로 바라볼 때도 있다. 이때에는 우리가 주식을 모두 팔아치울까봐 매우 낮은 가격을 제시한다. 미스터 마켓은 사랑스러운 면도 있는데 남들로부터 무시당해도 별로 개의치 않는다. 만일 오늘 그의 가격이 당신의 흥미를 끌지 못했다면 내일 새로운 가격을 갖고 찾아온다. 하지만 거래를 하고말고는 전적으로 당신의 선택에 달려 있다. 이러한 상황에서 미스터 마켓이 참을성이 없거나 우울해할수록 당신에게 더욱 유리해진다.”

그레이엄과 토드는 <증권분석>에서 다음과 같이 말했다.

"증권분석가는 가치가 저평가되거나 고평가된 증권을 찾을 때엔 시장가격에 더욱 관심을 갖는다. 그들은 반드시 증권의 시장가격에 근거해 최종판단을 내려야 하기 때문이다. 이러한 분석작업은 다음 두 가지가 전제되어야 한다. 첫째, 시장가격은 항상 증권의 실제 가치와 동떨어져 있다. 둘째, 이 경우 시장에서는 스스로 시정하는 추세가 나타날 수 있다.”

그레이엄은 주가에 영향을 주는 두 가지 중요한 요인 중 하나는 내재가치이고 다른 하나는 투기요인이라고 생각했다. 가치요인과 투기요인의 상호작용으로 주가는 주식의 내재가치를 둘러싸고 끊임없이 파동친다. 가치요인의 일부는 시장가격에 영향을 미친다. 가치요인은 회사경영의 객관적인 상황에 따라 결정되며 시장이나 거래자에게 직접적으로 발견되지 않고 많은 분석을 통해서만 근사치에 가깝게 예상할 수 있다. 또한 투자자의 감각과 결정을 통해 간접적으로 시장가격에 영향을 미치기도 한다. 따라서 시장가격은 항상 내재가치와 떨어져 있다.

그레이엄은 1949년 출판된 <현명한 투자자>에서 주식시장을 다음과 같이 설명했다.

"주식시장 자체는 과학적인 생각을 할 시간이 없다. 정확한 가치평가방법이 없지만 주식시장은 반드시 가치를 확립시키고 나서 그 근거를 찾아야 한다. 따라서 주가는 정확하게 계산된 결과가 아니라 여러 투자자들이 반응해 나타난 효과이다. 실제 데이터에 대해 직접적인 반응을 보이지 않으며 이 데이터들이 매매결정에 영향을 미칠 때에만 반응을 한다."

50여 년 동안 주식시장에 대한 방대한 연구에 따르면 그레이엄의 주식시장은 단기적으로는 어떤 주식이 인기 있는지 집계하는 투표기 역할을 하지만, 장기적으로는 기업의 내재가치를 측정하는 정교한 거울이라고 생각한 것이 정확하다는 사실이 드러났다. 주식시장이 단기적으로는 극심한 파동이 일겠지만 장기적으로는 본연의 가치로 돌아가게 된다. 유진 파머Eugene Fama와 케네스 프렌치Kenneth French, 제임스 포터바James Poterba와 로렌스 서머스Lawrence Summers, 워너 드봉Werner De Bondt과 리차드 샐러Richard Thaler의 실증연구는 모두 이 결론을 지지하고 있다. 주식수익은 하루나 일주일 등 단기적으로는 플러스 관계를 보일 가능성이 있다. 하지만 2년 이상의 장기적으로는 마이너스 관계를 보인다. 간단히 말하자면 2년 이상이 지나면 원래 올랐던 주식은 하락하고 하락했던 주식은 오르게 된다.

미국 주식시장 200년과 100년 파동에 대한 연구결과를 보자.

▶시걸의 연구에 따르면 1802~1997년의 200년간 주식투자 수익률은 장기적인 평균 수준과는 항상 동떨어져 있었다. 하지만 장

기주식의 실제 연평균 투자수익률은 약 7%로 매우 안정적이었다.
- ▶ 버핏은 1899~1998년의 100년간 상세 데이터를 가지고 미국 주식시장 추세가 왜 GNP추세와 항상 같지 않았는지를 설명했다. 그는 미국 주식시장에서 20년간 전체 평균 실투자수익률은 6~7% 정도이지만 단기투자 수익률은 금리, 예상투자수익률, 심리요인의 복합적인 작용으로 끊임없이 요동친 것이라고 말했다.

2.1.1 미국 주식시장 200년간 투자수익률에 대한 시걸의 실증연구

역사학자들은 90년대의 금융역사를 기록할 때 <주식투자 바이블>의 출판을 하나의 획기적인 사건으로 보고 있다. 이 획기적인 의미를 지닌 책에서 워튼스쿨의 제레미 시걸은 1802년 이래의 시장상황에 대해 장기투자의 안정성 및 필요성이 주식시장에 있어서 현재까지도 가장 완전하고 반박할 수 없는 사실이라고 상세히 설명하고 있다.

시걸의 연구를 보면 미국 장기주식의 평균 연투자수익률은 약 7%였다. 1802~1870년에는 연평균 7.0%, 1871~1925년에는 연평균 6.6%였지만 1926~1997년에는 연평균 7.2%였다. 미국에서 과거 200년간 통화팽창률이 가장 심했던 2차 세계대전 후기라 할지라도 주식의 실제 평균수익률은 여전히 매년 7.5% 정도르, 앞선 125년 동안 그러한 통화팽창이 없었음에도 거의 비슷한 수준이었다. 장기 실제수익의 뛰어난 안정성은 평균치 회귀의 특징을 갖고 있다. 즉 하나의 변수로 단기파동의 영향을 상쇄시켜서 더욱 안정적인 장기수익을 얻게 된다. 산업혁명, 정보기술혁명 등이 일어나 주주

표 2-1 1802~1997년 미국 주식의 실제 연평균 투자수익

요 인	실제 연평균 투자수익률(%)		
	연간 복합수익률	산술 연평균 수익률	산술 연평균 수익률의 표준차
주요시기			
1802-1997	7.0	8.5	18.1
1871-1997	7.0	8.7	18.9
주요 2차시기			
1802-1870	7.0	8.3	16.9
1871-1925	6.6	7.9	16.8
1926-1997	7.2	9.2	20.4
세계대전 후 시기			
1946-1997	7.5	90	17.3
1966-1981	-0.4	1.4	18.7
1966-1997	6.0	7.5	17.1
1982-1997	12.8	13.6	13.2

자료 출처: 제레미 시걸 〈주식투자 바이블〉

들의 부에 큰 변화를 일으켰지만 주식투자수익률은 놀랍도록 안정적이었다.

시걸의 연구에 따르면 미국 주식의 과거 2세기 연평균 투자수익률 상황은 위의 표와 같다.

2.1.2 미국 주식시장 100년간 주가파동에 대한 버핏의 실증연구

버핏은 1999년 11월 22일의 <포춘>지에 게재된 글에서 주가와 내재가치의 차이가 크기 때문에 미국 투자자들은 주식폭등에 이성을 잃지 말아야 한다고 지적했다. 그는 미국 주식시장이 머지않

아 크게 하락하였다가 다시 가치본연으로 돌아갈 것이라 예상했다. 과연 2001년 네트워크 거품이 사라지면서 나스닥은 50% 가까이 폭락했다.

그는 2년 후인 2001년 11월 10일의 <포춘>지에 게재된 글에서 자신의 주식에 대한 견해를 밝혔다. 그는 주식시장은 장기적으로 미국 경제 전체 성장과 관련있다고 거듭 말하면서 과도하게 높아진 주가는 시간이 흐르면 자연히 내재가치로 돌아간다고 설명했다.

1964~1998년 동안 미국 주식추세와 GNP추세가 완전히 다른 이유는?

미국 주식시장의 다우존스 지수는 1964-1998년 동안 처음 17년(1964-1981)과 두 번째 17년(1981-1998)의 추세가 완전히 달랐다.

첫 번째 17년_ 1964년 말 다우존스 지수는 874.12포인트였고 1981년 말에는 875.00포인트로 17년 동안 0.1포인트 증가했다. 첫 17년간 주식시장은 거의 증가하지 않았다.

두 번째 17년_ 1981년 말 다우존스 지수는 875.00포인트였고 1998년 말에는 9181.43포인트로 17년 동안 10배나 증가했다. 이 17년간은 믿기 힘들 정도로 강세였다.

미국 주식시장에서 같은 17년간이었지만 완전히 다른 성장률을 보인 이유는 무엇일까?

대다수 사람들은 '주식시장은 국민경제의 척도'라는 말에서 국민총생산(GNP)의 파동이 주식시장에 영향을 준다고 생각할 수 있다. 하지만 사실은 그와 같지 않아서 이 현상은 단순하게 미국 국민경제의 파동으로 해석할 수 없다. 1964-1998년 동안 미국 주식시장

추세와 GNP추세는 완전히 달랐다. 주식시장이 침체기였던 첫 번째 17년 동안의 GNP증가율은 373%였지만 활황기였던 두 번째 17년간 GNP증가율은 177%로 1배 정도가 차이난다.

미국 주식시장과 미국 GNP추세가 완전히 상반된 것은 과거 34년뿐만 아니라 20세기 전체 동안 항상 그래왔다.

20세기는 사실상 미국의 시대였다. 자동차를 비롯해 비행기, 녹음기, TV, 컴퓨터 등 여러 분야에서 크게 두각을 나타냈으며 GNP(통화팽창률 영향 제외)에서도 기록적인 702%의 성장률을 보였다. 그중 1929~1933년의 대공황이 있었지만 10년을 한 단계로 비교해볼 때 모든 단계에서 실제 GNP가 지속적으로 증가했음을 알 수 있다. 어떤 사람들은 안정적인 경제성장은 주식시장에서도 안정적인 주가지수 증가로 나타나야 한다고 생각하기도 한다. 하지만 사실은 그렇지 않다.

1900~1920년 미국인의 평균 GNP(1996년 달러가치로 계산)는 4073달러에서 5444달러로 33.7% 증가했다. 하지만 같은 기간 동안 주식시장에는 큰 움직임이 없었다. 1899년 말 다우존스 지수는 66.08포인트였고 1920년 말에 71.95포인트로 20년 동안 0.4%의 연증가율에 불과했다. 이러한 대비는 1964~1981년 상황과 비슷했다.

하지만 이어지는 1920~1930년의 10년 동안 주식시장은 하늘을 찌를 듯 폭등했다. 1929년 9월 주식시장은 381포인트까지 올라 430%가 증가했다.

1930~1948년의 19년 동안 주식시장은 거의 절반 정도 폭락해 1948년 다우존스 지수는 177포인트에 불과했다. 하지만 같은 시기

의 GNP는 50%가 증가했다.

결과적으로 1948-1964년의 17년간 주식시장은 5배가 넘게 커졌다. 그 후에는 앞서 말한 것처럼 1964-1998년의 상반된 두 번의 17년 기간이 있었다. 주식시장은 차가웠다가 뜨거워졌으며 놀라울 정도의 강세장으로 이 눈부신 세기를 마감했다.

우리가 다른 시간분석법을 사용한다면 과거 100년 동안 3번의 강세장이 있었던 44년간 다우존스 지수는 11000포인트가 상승했음을 알 수 있다. 동시에 3번의 약세장이 있었던 56년간에는 미국 경제가 크게 성장했지만 다우존스 지수는 292포인트 하락했다.

그럼 도대체 주식시장을 이렇게 비정상적으로 만든 원인이 무엇일까?

주식시장 파동에 영향을 주는 3대 경제적 요인

버핏은 주식시장의 이러한 비정상적인 현상을 금리, 예상 투자수익률이라는 두 가지 경제적 요인과 심리적 요인, 이 세가지로 설명했다.

주식시장에 영향을 미치는 첫 번째 경제적 요인은 금리이다. 버핏은 '투자'의 정확한 정의를 오늘 투입한 자금으로 내일 더욱 많은 자금을 회수하는 것이라 강조했다. 경제학에서 금리는 자연계의 만유인력과 같다. 언제 어디서나 금리의 아주 작은 파동은 전세계 모든 자산가치에 영향을 미친다. 가장 확실한 예는 채권이며 이는 농장이나 유전 등의 자산과 주식 같은 금융자산에도 동일하게 적용된다. 오늘의 시장금리가 7%라면 당신의 1달러에 대한 투자수익 가치는 시장수익이 4%일 때의 가치와 커다란 차이가 있다.

과거 34년 동안 장기채권 금리의 변화를 분석해보면 우리는 처음 17년 동안의 금리가 1964년 말의 4.20%에서 1981년의 13.65%로 대폭 상승했고 이는 투자자에게는 유리하지 않다는 점을 알 수 있다. 하지만 후의 17년 동안 금리는 1981년 13.65%에서 1998년에는 5.09%로 크게 떨어져 투자자들에게 기쁜 소식을 안겨주었다.

주식시장에 영향을 미치는 두 번째 경제적 요인은 투자수익률에 대한 예상이다. 처음 17년 동안에는 회사의 이윤전망이 좋지 못해서 투자자의 예상도 뚜렷하게 하향조정됐다. 그러나 1980년대 초 폴 볼커Paul Volcker가 미국 연방준비위원회 의장으로 취임하면서 경제성장을 촉진시켰고 기업수익 수준도 1930년 이래 가장 높은 수치를 보였다.

1964~1981년의 첫 번째 17년 동안 두 가지 불리한 요인 때문에 투자자들은 미국 경제에 믿음을 잃게 되었다. 하나는 과거 기업의 이윤실적이 나쁘고, 다른 하나는 금리가 높아서 투자자들의 기업에 대한 수익 예상치가 크게 낮아졌기 때문이다. 두 가지 요인의 종합적인 작용으로 인해 1964~1981년 동안 GNP는 크게 증가했지만 미국 주식시장은 성장하지 못했다.

하지만 이 요인들은 1981~1998년의 두 번째 17년 동안에는 정반대의 상황이 되었다. 기업 수익률이 크게 증가하고 금리가 계속 낮아져 투자자들은 기업의 수익예상을 더욱 높게 잡았다. 이 두 가지 요인은 강세장에 커다란 상승원동력을 제공하며 GNP가 하락함과 동시에 주식시장은 폭발하는 이상현상이 일어났다.

마지막으로 세 번째 요인은 심리적 요인이다. 주식시장이 상승세를 타면 투기성 거래가 많아지고 위험한 비극을 낳는 결과를 초래

한다.

주식시장이 과열 혹은 과냉인지 판단하는 정량분석 지표

버핏은 과거 1세기 동안의 증시를 돌아보면서 주식시장의 큰 파동은 언제나 국민경제와 상반되었다고 분석했고 이렇게 극단적인 비이성적 행위가 주기적으로 발생한다고 봤다. 이러한 현상을 인식하는 것은 투자자에게 중요한 의미를 갖는다. 주식시장에서 더 좋은 수익을 올리려면 주식시장의 비이성적 행위에 어떻게 대처하는지를 배워야 한다.

버핏은 주식시장의 비이성적인 파동 속에서 이성을 유지해야 한다고 생각했다. 그중 가장 중요한 방법은 정량분석을 배우는 것이며 이를 통해 주식시장이 과열인지 과냉인지 정확하게 판단할 수 있다고 했다. 투자자가 정량분석을 할 수 있다면 뛰어난 수준까지 분석능력을 끌어올릴 수는 없겠지만 최소한 주식시장의 분위기에 휩쓸려 비이성적으로 잘못된 결정을 내리는 것은 피할 수 있다. 투자자가 정량분석에 따라 주식시장이 과열되었다고 판단하면 이성적으로 결정해 주식시장을 좇아가지 않고 기회를 틈타 높은 가격에 손해 보지 않고 물러날 수 있다. 투자자가 정량분석을 하여 과냉되었다고 판단되면 이성적으로 적당한 저가주식을 매입할 수 있다.

버핏이 우리에게 추천하는 가장 간단하고 실용적인 주식 정량분석 지표는 '모든 상장회사의 총시장가치가 GNP에서 차지하는 비율'이다.

"모든 상장회사의 총시장가치가 GNP에서 차지하는 비율은 투자자들에게 제한된 정보만을 알려줄 뿐이지만, 그것은 언제라도 회사가치가 합리적이고 이상적인지 판단할 수 있는 단일지표이다. 80년 이후 이 비율은 1999년에 최고치를 기록했고 이는 분명히 중요한 경고신호였다. 투자자의 재산증가 속도가 미국 전체 경제성장 속도보다 높다면 그 비율도 반드시 증가해야 하지만 사실상 이는 불가능하다."

버핏은 이 비율이 70~80%일 때 주식을 매입하면 장기적으로는 투자자들에게 상당히 좋은 수익을 가져다줄 수 있다고 말한다. 하지만 이 비율이 1999~2000년처럼 200%에 달한다면 주식 매입은 마치 불장난처럼 매우 위험한 일이다. 버핏의 분석처럼 2001년 말 이 비율은 133%정도로 다시 떨어졌고, 이 후 몇 년간 계속해서 하락했다.

증시파동예측 : 단기파동은 예측 불가능이지만 장기파동은 예측 가능
버핏은 증시의 단기파동은 예측할 수 없다고 생각했다.
"난 증시의 단기파동 예측에는 재주가 없는 것 같다. 향후 6개월, 1년 심지어 2년 내의 주식시장 전망에 대해서는 정확히 알 수 없다."

반대로 버핏은 증시의 장기파동에 대해서는 매우 안정적인 추세를 볼 수 있으며 쉽게 예측할 수 있다고 했다.
"주식시장의 장기파동을 예측하기란 매우 쉽다. 그레이엄이 예전에 그 이유를 알려준 적이 있다. '주식시장은 단기적으로는 어떤 주식이 인기 있는지 집계하는 투표기 역할을 하지만, 장기적으로는 기업의 내재가치를 측정하는 정교한 저울이다.' 탐욕과 두려움은 투표할 때에는 어느 정도 영향을 미치지만 무게를 잴 때엔 아무런 작용을 하지 못한다. 20년간 9.5% 금리의 채권에 투자하는 것은 평균 수익률 13%의 다우존스 지수라 불리는 '준채권'에 투자하는 것보다 못하다. 다우존스 지수를 준채권으로 부른 이유는 다음과 같다. 첫째로 채권이란 일정 기한과 이자(쿠폰)를 갖고 있다. 채권 금리가 6%라면 6개월마다 3%의 이자를 지불한다. 주식은 특정 기업의 향후 수익에 대해 분배권리를 갖는 금융도구이다. 배당금 분배, 지분회수, 주식권리 매도 등은 사실상 모두 일종의 이자와 같다. 이자를 받은 소유주는 주주의 변화에 따라 달라지지만 주주들은 전체적인 투자수익으로 이 이자를 언제 얼마나 지불할 것인지를 결정한다. 투자분석의 주목적은 이 이자의 구체적인 수치를 예상하는 데 있다. 물론 개별 주식의 이자가 얼마인지 예상하기는 매우 어렵지만 모든 주식의 이자 총합을 예상한다면 쉬워진다. 1978년 다우존스 지수에 따라 주당 순자산가액 850달러로 계산한 투자수익률은 13%였다. 물론 13%는 단지 평균 수준일 뿐이며 기본 수준이 아니다. 1978년에 주식투자를 했다면 사실상 채권을 사들인 것과 같으며 그 원금은 약 891달러이며 연이율은 13%였을 것이다.

1999년 버핏은 대담하게도 향후 10년에서 20년 내에 미국 투자자들의 주식투자수익률(주식배당 및 2%로 예상되는 통화팽창률 포함)은 7% 정도이며 수수료 등의 거래원가를 제외하고 순투자수익률은 약 6%라고 예상했다.

버핏이 예상한 대로 2년 후인 2001년 미국 경제성장은 여전했고 주식시장은 크게 폭락했다.

버핏이 원가제외 후 순투자수익률을 7%로 예상한 것은 시걸이 통계분석을 통해 미국증시 200년간 장기 투자수익률이 7%였다는 결론과 일치한다는 사실을 알 수 있다. 버핏이 시걸의 그 책을 봤다면 아마도 보는 눈이 똑같다고 생각했을지도 모른다.

2.1.3 시장파동규칙의 해석 및 투자자에 대한 조언

과거 200년간 미국 주식의 연간 복합투자수익률은 7%에 가까웠으며 상당히 안정적인 모습을 보였다. 다른 주요 국가의 주식수익률도 미국의 상황과 비슷했다. 주식투자수익률이 이렇게 장기적으로 안정성을 보이는 원인에 대해 현재까지도 확실한 해석을 내리지 못하고 있다.

시걸은 다음과 같이 말했다.

"주식투자수익률은 경제성장, 생산력과 리스크의 수익에 달려있다. 하지만 가치창조 능력 역시 뛰어난 경영자, 재산권 안정을 존중하는 정치시스템 및 경쟁환경에서 소비자에게 가치를 제공하고자 하는 마음으로부터 나온다. 정치적, 경제적 위기는 주식시장을 장기적인 발전방향에서 벗어나게 만들지만 시장시스템이 활기를 띠면 다시금 장기적인 추세로 돌아올 수 있도록 해준다. 이것이 주식수익이 과거 2세기 동안 전세계의 정치, 경제, 사회적 변화의 영향을 뛰어넘어 안정적으로 유지할 수 있었던 원인이다."

사실 아무도 주식시장이 장기적으로 봤을 때 본연의 가치로 돌아가는 근본적인 원인을 설명하지 못한다. 그게 바로 주식시장의 오묘한 특징이다.

1929년 미국 국회는 미래에 생길지도 모르는 시장붕괴의 불안감으로 청문회를 열었다. 당시 월스트리트의 투자대가인 그레이엄이 그 청문회에 참석했다.

상원 은행위원회 의장인 윌리엄 브라이트는 그레이엄에게 물었다.

"끝으로 당신이 특수한 상황이란 것을 알아채고 10달러로 30달러 가치의 주식을 사들이기로 결정했다고 합시다. 하지만 당신은 많은 사람들이 30달러 가치라고 확신할 때에야만 그 이윤을 얻을 수 있습니다. 이 과정은 어떻게 생깁니까? 광고를 통해서입니까? 아니면 다른 방법을 통해서입니까? 어떤 이유가 저가주식에서 가치를 발견할 수 있도록 만듭니까?"

그레이엄은 "그게 바로 이 업계의 신비한 점입니다. 나와 모든 사람들에게도 마찬가지입니다. 그러나 경험에 따르면 결국 시장은 주가를 자신의 가치로 만드는 것을 알게 됩니다"라고 답했다.

버핏은 뉴먼사에서 일할 때 그의 사장인 그레이엄에게 물었다.

"투자자는 어떻게 해야 주식의 가치가 저평가될 때 그 가치가 올라갈 수 있다고 확신할 수 있습니까?"

그레이엄은 어깨를 으쓱하며 "시장은 결국 그렇게 된다"라고 말했다.

"경험에 따르면 현명한 투자자는 사람 마음을 위로하고 격려해 준다는 사실을 알 수 있다. 긴 시간이 지나면 증권은 가치수준에 근접한 수준에서 매매하게 되고 그 내재가치에 가까워지게 된다. 그 시간은 확실하지 않지만 어떤 상황에서는 몇 년이 더 늦어질 수 있다. 내 기록에 따르면 가치가 저평가된 주식의 주가가 수정되는 데 필요한 시간은 보통 반 년에서 2년 반 정도이다."

시장의 파동규칙을 인식하는 것은 투자자가 시장에서 승리하는 데 매우 큰 의미를 갖는다.

그레이엄은 주가파동이 투자자에게 좋은 투자기회를 준다고 생각했다.

"근본적으로 본다면 가격파동은 진정한 투자자에게 하나의 중요한 의미를 갖는다. 가격이 폭락하면 투자자에게 저가로 매입할 기회를, 가격이 대폭 상승하면 투자자에게 고가로 매도할 기회를 준다."

"주식시장은 언제나 가치가 저평가된 주식에 투자한 투자자를 좋아한다. 우선 주식시장은 투자자에게 선택권을 준다. 그리고 그 주식은 주목받지 못한 채 투자자가 예상한 가치와 반대 방향으로 긴 시간 동안 인내와 끈기를 시험한 후, 가격을 본연의 가치에 부합하게 만든다. 투자자는 오히려 기회와 이윤을 가져다주기 때문에 주식시장의 일시적인 이상현상을 원망하지 않는다."

이러한 시장파동은 버핏이 장기투자전략을 선택하는 믿음의 근원이다.

"우리 버크셔사는 코카콜라사와 질레트사 주식의 소유자로서 스스로를 두 기업의 비경영 합작파트너로 생각한다. 두 회사의 단기적인 주가등락이 아닌 장기발전에 따라 우리의 투자실적이 결정된다. 설사 향후 몇 년 내에 회사 주식이 아무런 거래가 없어도 괜찮다. 우리에게 장기투자 기대치가 있다면 단기적인 가격파동은 저가로 더욱 많은 주식을 보유할 수 있다는 것 외에는 아무런 의미가 없다."

"우리가 좋아하는 회사를 찾았다면 주가의 높고 낮음은 우리의 투자결정에 별 영향을 미치지 못한다. 우리는 회사의 경영상황을 통해 투자여부를 결정하게 된다."

2.2 비효율적 시장이론으로 효율적 시장이론에 도전하라

> 주식시장이 항상 효율적이라면 내가 할 수 있는 일은 없다.
> – 워렌 버핏

현대자본시장이론에서 주도적 지위를 차지하고 있는 효율적 시장가설은 시장이 항상 효율적이며 주가는 항상 모든 정보를 반영하고 아무도 시장에서 계속 승리할 수 없다고 말한다. 하지만 최근의 많은 증시 단기파동 연구에 따르면 단기적으로 시장은 항상 비효율적이며 효율적 시장이론이 제기한 약형, 준강형, 강형의 세 가지 효율적 시장형식이 성립하지 않는다는 점이 증명되었다. 버핏은 그레이엄의 추종자들이 가치투자전략으로 우수한 실적을 올리고 지속적으로 시장에서 승리할 수 있다는 점은 분명한 사실이라며 효율적 시장이론에 대해 반박했다.

2.2.1 효율적 시장가설

효율적 시장가설Efficient Market Hypothesis은 시장가격이 형성한 불확실성에 대한 연구와 조사에서 비롯되며 처음에는 1900년의 상품가격 연구에서부터 시작되었다. 1970년 파머Fama는 논문 <효율적 자본시장:실증연구 회고>에서 과거 효율적 시장가설과 관련된 연구를 체계적으로 정리했고 완벽한 이론적 틀을 제시했다. 그 후 효율적 시장가설의 연구는 활발히 진행되었으며 점차 현대 금융이론의 버팀목 중 하나가 되었다.

효율적 시장가설에 따르면 증권자산의 가격은 언제나 모든 관련 정보를 반영하며 기존 정보를 이용해 더 높은 수익률을 올릴 수 있다는 거래전략의 가능성을 배제한다. 그 주요한 추론에 따르면 어떠한 투자자라도 시장에서의 지속적인 승리를 위한 노력은 헛수고라고 한다. 공개 및 비공개 정보를 포함해 가능한 모든 정보가 주가에 반영되므로 주가 정보에 빠르게 반응한다고 해서 엄청난 수익을 올릴 수 있는 기회는 없다.

효율적 시장가설은 현대금융에 깊은 영향을 끼쳤다. 이 이론이 성립된다면 투자자들이 주식분석과 주식선택에 쏟은 노력은 모두 낭비이며 어느 누구도 시장에서 지속적으로 승리할 수 없다.

버핏이 지속적으로 승리한 투자실적은 효율적 시장이론에 대한 강력한 도전이 되었다. 그의 성공은 효율적 시장이론의 지지자들의 입장에서는 이해할 수 없었으며 노벨 경제학상을 받은 교수들도 버핏은 매우 예외적인 경우라면서 효율적 시장이론이 여전히 옳은 것이라고 생각하고 있다. 스탠포드대학의 윌리엄 샤프는 버핏은 단지 3Σ사건으로써 통계학적으로 보면 아주 작은 확률이며 무시해도 된다고 생각했다.

효율적 시장의 기본정의, 세 가지 형식, 기본가정

효율적 시장이론의 확립은 미국 시카고대학 교수 파머Fama가 1970년 발표한 <효율적 자본시장:이론과 실증작업에 대한 평가>에서 비롯되었으며, 파머는 보편적인 효율적 시장의 정의를 제시했다. 그에 따르면 모든 주가가 모든 관련 정보를 반영하면 주식시장은 효율적인 상태에 다다른다. 파머는 효율적 시장에서 투자자들은 얻을 수 있는 정보를 이용해 더욱 높은 수익을 올리려한다고 말한다. 주가의 새로운 시장정보에 대한 반응은 빠르고 정확하며 주가는 모든 정보를 반영한다. 시장경쟁은 주가를 균형적으로 맞춰주지만 새로운 정보에 상응하는 가격변동은 서로 독립적이거나 무작위적(랜덤)Random으로 쉽게 알기 힘들다. 그래서 효율적 시장 이론은 랜덤워크Random walk이론으로 불린다. 파머는 자산가격과 관련된 3가지 정보에 근거해 효율적 시장가설의 약형, 준강형, 강형 세 가지 형식을 제시했다.

(1) 약弱형 효율적 시장_ 약형 효율적 시장에서는 자산가격과 그것과 관련된 역대 가격, 거래량, 수익률 등 모든 과거 정보를 즉각 반영한다. 따라서 어느 투자자라도 과거 주가에 포함되어 있던 정보를 이용해 초과이윤을 얻을 수 없다. 약형 효율적 시장은 시장가격의 역대 추세를 분석해 향후 전망을 예상하는 기술적인 분석이 아무런 효과가 없으며 초과이윤을 얻을 수 없다는 것을 의미한다.

(2) 준강准强형 효율적 시장_ 준강형 효율적 시장에서 주가는 모든 현재 정보를 반영한다. 정보가 발표되면 즉시 주가에 영향을 미치기 때문에 투자자는 과거정보에서 초과수익을 얻을 수 없을 뿐 아니라 현재 공개된 정보를 분석해도 초과수익을 얻을 수 없다. 준강형 효율적 시장은 회사의 공개된 정보를 분석해 회사가치를 확정하고 주가의 향후 전망을 예상하는 기초분석이 아무런 효과가 없으며 초과수익을 얻을 수 없다는 것을 의미한다.

(3) 강强형 효율적 시장_ 강형 효율적 시장에서의 관련 정보는 공

개된 정보뿐 아니라 미공개된 정보도 포함한다. 강형 효율적 시장 가설에서는 모든 자산가격과 관련된 모든 과거정보, 공개정보, 미공개 내부정보 등의 정보들이 주가에 반영된다고 보고 있다. 강형 효율적 시장은 내부거래가 아무런 효과가 없으며 투자가가 내부정보를 갖고 있다 할지라도 초과수익을 얻을 수 없다는 것을 의미한다.

2.2.2 시장은 단기적으로는 언제나 비효율적이다

효율적 시장이론은 큰 도전에 직면하게 되었다. 연구에 따르면 주식시장은 효율적 시장가설이 얘기한 것처럼 항상 균형적인 예상수익을 올리지 못하며 시장은 언제나 비효율적이며 수익이상현상이 많이 존재한다고 했다. 이러한 현상은 효율적 시장이론으로는 해석하기 힘들기 때문에 '이상현상anomalies'이라고 부른다. 이상현상에 대한 연구가 이뤄지면서 사람들은 효율적 시장가설을 다시 돌아보기 시작했다.

과잉반응

드봉De Bondt과 샐러Thaler가 주장한 금융자산가격의 과잉반응현상은 약형 효율적 시장이론에 강력한 도전장을 내미는 형국이 되었다. 그들은 자산 포트폴리오로 만들어낸 3년간의 실적에 따라 조합된 주식을 프리미엄과 폭락주식으로 나누고, 그 두 주식의 향후 5년간 실적을 비교하는 방법을 택했다. 그 결과 기존의 폭락주식들은 매우 높은 수익률을 올린 반면 프리미엄 주식은 아주 낮은 수익률을 보였다. 또한 이러한 현상은 폭락주식의 리스크로 인한 것이라 해석하기 힘들다. 그들은 금융자산가격에 과잉반응 현상이 존재했다는 비교적 합리적인 해석을 내놓았다. 폭락주식은 가격이 너무 낮았기 때문에 5년 동안 가격상승 공간이 있었지만, 프리미엄 주식의 경우 가격이 너무 높아서 가격이 하락하게 되었다. 이러한 해석은 심리학적인 해석과 일치한다. 폭락주식은 일반적으로 몇 년간 주식시장에 악재정보를 흘리면서 투자자들은 과거와 현재의 상황을 미래까지 확대해석하기 때문에 이 주식을 저평가하게 된다. 프리미엄 주식에 대해서는 이와 반대로 투자자들이 주가를 높게 평가한다.

승자·패자 포트폴리오

드봉과 샐러는 주식을 주가상황에 따라 두 종류로 분류했다. 3년 동안 누적수익률이 상위권인 회사를 승자 포트폴리오winner portfolio로 누적수익률이 하위권인 회사를 패자 포트폴리오loser portfolio로 분류하고, 1933~1985년 동안 두 포트폴리오 형성 후 5년간의 누적수익률을 비교했다. 그 결과 패자 포트폴리오는 아주 높은 수익률을 보였다. 시장 전체적으로 본다면 패자 포트폴리오가 형성되고 5년 내의 누적수익률은 약 30% 정도였고 승자 포트폴리오는 -10%였다.

초프라Chopra, 래코니쇼크Lakonishok와 리터Ritter의 1992년 연구에 따르면 긴 시간 동안 상황이 좋지 못했던 주식들은 일정 기간 동안 무서운 기세로 큰 상승폭을 보였다. 그와 반대로 상황이 좋았던 주식들은 일정 기간 동안 폭락했다. 쉽게 말하면 주식투자수익률은 장기간 동안 반전을 거듭한다고 보면 된다.

이 연구를 통해 증시의 약형 효율적 시장은 성립되지 않음이 증명되었으며 주식의 미래수익률은 예측이 가능하며 과거의 주가와 수익률은 향후 예측에 중요한 작용을 한다는 사실이 밝혀졌다. 투자자들이 과거 주가와 수익률에 근거해 투자 포트폴리오를 선정한다면 좋은 결과를 낳을 수 있다.

저가주 효과

저가주 효과란 저가주가 고가주보다 수익률이 높음을 뜻하며 롤프 반즈Rolf Banz가 처음 이 효과에 대해 연구했다. 그는 뉴욕 증권거래소의 모든 상장회사를 1926년부터 1980년까지 시장가치에 따라 배열한 결과, 총수익률과 리스크 조정 후의 수익률이 모두 회사의 상대규모(현재 순자산가치에 대한 시장가치로 표시)의 확장에 따라 하락하는 추세를 발견했다. 그는 뉴욕 증권거래소의 모든 상장주식을 회사 규모에 따라 5개의 포트폴리오로 나눠 관찰했다. 그 결과 규모가 가장 작은 포트폴리오의 평균 연수익률이 최대 규모의 포트폴리오보다 3.3%가 높았다. 이 현상을 학자들은 '규모효과' 혹은 '저가주 효과'라고 부른다.

마크 레인가눔Marc Reinganum은 1963~1980년 뉴욕 증권거래소를 비롯 미국 증권거래소의 모든 상장주식의 투자수익률과 시장가치의 관계를 연구했다. 그의 연구를 통해 회사 규모가 가장 작은 보통주의 평균 수익률이 자본자산가격모델CAPM에 따라 예측한 이론적 수익률보다 18%가 높은 것으로 조사되었다.

파머Fama와 프렌치French는 시장가치가 투자수익에 주는 영향에 대해 연구를 진행했다. 그들은 1963~1990년 동안 뉴욕 증권거래소와 미국 증권거래소 및 나스닥의 상장주식에 대해 시장가치에 따라 포트폴리오를 나눠 각 포트폴리오 주식의 다음 해 평균수익을 계산했다. 그 결과 시장가치가 가장 작은 10%의 주식 포트폴리오가 가장 큰 10%의 주식 포트폴리오보다 평균 투자수익이 매월 0.74% 정도 더 높았다.

시겔Siegel의 연구에 따르면 1926~1996년 동안 뉴욕 증권거래소의 시장가치가 가장 큰 10%주식의 연간 복합수익률은 9.84%였고, 가장 작은 10%주식의 연간 복합수익률은 13.83%로 연수익률이 평균 4%정도 더 높았다.

금융학자들이 주요 선진국의 증시에 대해 광범위하게 검증을 했는데 일본, 캐나다, 스페인, 벨기에 등의 국가에도 저가주 효과가 존재한다는 사실을 알아냈다. 또한 저가주 효과는 대부분 1월에 집중되는 것으로 나타났다. 표준 리스크 측정방법으로는 저가주가 1월에 리스크가 더욱 높은 것을 설명하기 힘들다. 회사 규모와 1월이라는 시기는 이미 알고 있는 정보이기 때문에 이러한 현상은 준강형 효율적 시장 가설을 뒤집는다.

주가 순자산비율PBR 효과

최근 연구에 따르면 주가 순자산비율(주가를 주당 순자산가치로 나눈 비율)로 수익률을 예측할 수 있다. 주가 순자산비율이 높은 주식은 성장주로 인식되고, 주가 순자산비율이 낮은 주식은 가치주로 인식된다. 가치주가 성장주보다 더욱 우위에 있다고 연구보고되었다.

로저 이봇슨Roger Ibbotson은 주가 순자산비율과 투자수익의 관계

표 2-2 뉴욕 증권거래소, 미국 증권거래소와 나스닥의 상장기업
주가 순자산비율에 따른 수익대비

| 시장가치 포트폴리오 | 주가 순자산비율에 따라 나눈 포트폴리오 ||||||||||
| | 최고 주가 순자산비율 ||||||||| 최저 주가 순자산비율 |
	1	2	3	4	5	6	7	8	9	10
1(소시장)	8.4%	13.7%	14.4%	17.2%	18.7%	18.1%	20.4%	20.5%	21.8%	23.0%
2	5.2	12.6	11.5	14.3	16.0	14.3	19.0	15.4	17.2	21.5
3	6.7	10.6	14.8	11.4	16.3	15.6	15.6	16.8	18.5	19.2
4	4.7	8.6	12.7	16.3	13.6	14.5	16.1	19.1	18.1	17.6
5	10.6	7.8	13.0	17.6	13.6	17.2	17.3	15.1	18.2	17.9
6	8.4	11.8	13.7	14.8	11.3	15.2	14.3	14.3	14.9	18.0
7	11.4	12.0	11.9	10.0	11.9	13.6	11.9	13.9	13.2	17.6
8	7.9	13.6	10.9	11.4	11.9	12.1	13.8	12.6	15.5	18.6
9	5.3	10.7	11.0	12.0	12.6	11.2	9.8	13.3	12.5	14.6
10(대시장)	11.2	10.6	10.1	8.5	9.5	10.0	9.7	11.5	11.6	14.2
모든기업	7.7	11.8	12.7	14.0	14.9	15.1	16.7	16.8	18.0	19.6

자료출처: Fama, E. F. and K. R. French, 1992, *The Cross-Section of Expected Returns*. Journal of Finance, v47, 427~466

에 대해 검증을 실시했다. 뉴욕 증권거래소의 모든 상장주식을 매년 연말 주가 순자산비율에 따라 배열해 동일한 수량의 10개의 주식투자 포트폴리오를 구성했다. 그리고 매 포트폴리오의 18년 동안(1966년 12월 31일-1984년 12월 31일) 연간 복합수익률을 계산했다. 그 결과 18년간 낮은 주가 순자산비율의 주식이 높은 주가 순자산비율 주식보다 뛰어난 수익률을 보였다. 최저 주가 순자산비율 포트폴리오의 연간 복합수익률은 14.36%로 뉴욕 증권거래소 지수 수익률인 8.6%보다 뚜렷하게 높았다.

파머와 프렌치는 주가 순자산비율이 투자수익에 미치는 영향에 대해 연구했다. 1963-1990년 동안 뉴욕 증권거래소와 미국 증권거래소 및 나스닥에 상장된 비금융기업의 주식을 연구대상으로 했다. 모든 주식을 주가 순자산비율에 따라 10개의 투자 포트폴리오로 나눴고, 각 투자 포트폴리오는 시장가치 규모에 따라 다시 10개로 나눴다. 그 투자수익 상황은 다음과 같다.

연구에 따르면 최저 주가 순자산비율 투자 포트폴리오에서 주식 투자 수익이 가장 높았고, 같은 시장가치 규모의 포트폴리오에서 주가 순자산비율이 낮은 주식의 투자수익이 가장 높았다.

이 외에 회귀분석을 통해 베타계수, 시장가치, 주가 순자산비율, 주가수익률의 네 가지 지표의 향후 투자수익 예측능력을 비교했는데 주가 순자산비율이 가장 효과적인 지표라는 사실이 입증되었다.

또한 높은 주가 순자산비율의 주식리스크가 더욱 크고, 특히 주가 폭락이나 경제위기시에 실적이 매우 안 좋았다. 주가 순자산비율과 수익률의 뚜렷한 상반관계는 준강형 효율적 시장가설에 강력하게 도전하고 있다. 이미 알고 있는 정보는 수익률 예측에 큰 도움이 되기 때문이다.

정보가 없을 때에도 가격은 반응한다

1987년 10월 19일 미국 증시의 다우존스 공업지수가 평균 22.6% 하락했다. 사상 가장 큰 폭으로 떨어진 날이었다. 하지만 주식시장이 붕괴되기 전에 어떠한 확실한 정보도 없었다. 주식시장 붕괴의 원인을 찾기 위해 많은 연구가 이뤄졌지만 설득력있는 증거를 찾을 수 없었다.

커틀러Cutler 등은 제2차 세계대전 이후 미국 주식시장의 최대 주가파동 상황에 대해 연구했다. 그 결과 대부분 시장을 뒤흔들었던 폭락장세에는 중요한 정보가 발표되지 않았다는 점을 알아냈다. 이로써 정보 이외에도 다른 힘이 주가를 움직인다는 것이 증명되었다.

미국 S&P500지수는 전국 500대 기업의 주식을 포함하고 있으며, 매년 소수 회사들이 합병으로 지수에서 사라지고 새로운 회사가 그 자리를 대신한다. 한 회사를 지수에 가입시킨다고 해서 회사의 가치가 늘어나는 것은 아니기 때문에 가치있는 정보를 전달하지 않는다. 하지만 한 기업이 지수에 가입하면 지수펀드는 주식의 수요량을 증가시킨다. 이 외에 펀드매니저들은 자신의 자산 포트폴리오를 지수와 비슷하게 만들기 위해 이러한 주식의 수요량을 증가시킨다. 버글러Wurgler와 주라브스카야Zhuravskaya는 1976~1996년 동안 S&P500지수에 선정되는 것 자체로 기업들의 주가는 평균 3.5%정도 상승했으며 그 상승폭도 안정적으로 유지되고 있다고 발표했다.

이러한 현상들은 수요의 변화가 자산가격을 변화시키고 선물시장의 존재가 가격 편차를 없애지 않는다는 사실을 증명하고 있다.

2.2.3 효율적 시장이론에 대한 버핏의 비난

효율적 시장이론의 무효성을 풍자한 에피소드가 있다. 효율적 시장이론을 신봉하던 두 경제학 교수들이 시카고대학에서 산책을 하면서 10달러로 보이는 지폐가 떨어진 것을 보았다. 그 중 한 교수가 주우려고 할 때 다른 교수가 막으면서 "그러지 말게, 저게 정말 10달러라면 벌써 다른 사람이 가져갔겠지"라고 말했다. 두 사람이 말하는 동안 한 학생이 뛰어와 지폐를 주웠다. 그는 옆에 있는 맥도날드에 들어가 빅맥과 콜라를 사먹으며 아직도 말다툼하고 있는 교수들을 보며 즐거워했다.

버핏은 주식시장이 매우 침체되어 있을 때 저가로 다른 사람들이 살 생각도 하지 않은 초우량주들을 샀으며 효율적 시장이론을 연구하는 교수들도 해석할 수 없는 월스트리트 주식의 신이 되었다.

버핏 본인은 효율적 시장이론에 대한 연구가 범람하는 것에 대해 일고의 가치가 없다고 생각했다.

"주식시장이 항상 효율적이라면 내가 할 수 있는 일은 없다."

버핏은 시장이 항상 효율적인 것이 아니라 항상 비효율적이라고 생각한다. 그리고 그가 시장에서 꾸준히 승리할 수 있었던 원인은 매입하려는 회사에 대해 시장보다 더욱 잘 이해하고 정확히 평가하는 데 있었다. 그로 인해 시장가격과 내재가치의 차이를 이용해 이윤을 냈다.

"70년대 효율적 시장이론은 학술계에서 매우 유행해서 신성한 교리처럼 받들었다. 이 이론을 개괄해 보면 주식에 대해 공개된 정보는 모두 주가에 반영되기 때문에 주식분석은 아무런 소용이 없다라는 관점에 도달하게 된다. 간단히 말해서 시장은 모르는 것이 없다. 따라서 효율적 시장이론을 가르치는 교수들은 한 사람이 주식목록에 다트를 던져 선택한 주식으로 만든 투자 포트폴리오와 가장 똑똑하고 부지런한 증권분석가가 선택한 주식투자 포트폴리오를 비교했을 때 그 예상수익률이 일치한다고 말한다. 놀라운 것은 학계 인사들뿐 아니라 심지어 많은 투자자들과 회사경영자들도 효율적 시장이론을 신봉하고 있다는 사실이다. 그들이 관찰한 대로 시장은 대부분 효율적이지만 그 때문에 시장이 영원히 효율적이라는 결론은 완전히 틀린 것이다. 그레이엄의 뉴먼사, 버핏컴퍼니, 버크셔사가 60년 동안 얻은 수익경험(이미 입증된 부분이 많다)은 효율적 시장이론이 얼마나 황당무계한 것인지 설명해준다."

버핏은 효율적 시장이론을 배울 필요가 없다고 생각한다.

"성공적인 투자를 위해 베타값, 효율적 시장, 현대투자 포트폴리오 이론, 옵션 또는 신흥시장을 알 필요는 없다. 사실 이러한 것에 대해 전혀 모르는 것이 낫다. 물론 이러한 내 견해는 대다수 주류와는 근본적으로 다르다. 투자를 배우는 학생들은 두 가지 과정만을 배우면 된다고 생각한다. 하나는 기업가치를 평가하는 방법이고 다른 하나는 시장가격을 어떻게 볼 것인가 하는 점이다."

1984년 콜롬비아대학은 그레이엄과 토드가 공동집필한 <증권분석> 발행 50주년을 기념해 견해가 다른 양측을 초청해 논쟁이 정점에 다다르게 했다.

로제스터대학의 마이클 루센은 효율적 시장이론을 지지하는 학술계 대표로 나섰고, 버핏은 그레이엄과 토드의 가치투자를 대표해 발언에 나섰다. 루센은 효율적 시장이론의 신봉자로 "경제학에서 효율적 시장보다 경험적인 증거가 많은 이론은 없다"라고 말했다. 그러나 무대 아래에 있던 그레이엄과 토드의 뛰어난 제자들을 보면서 루센은 이 훌륭한 투자자들이 정말 뛰어난지는 말하기 어렵다고 단언했다. 그 이유로 유명한 '선택의 성향 문제'를 들었다.

"뛰어나지 않은 분석가가 동전을 던져서 어떻게 투자결정을 하는지 조사해보면 어떤 사람은 2번 심지어 10번이나 앞면이 나올 것이라고 말할 수 있다."

그의 관점은 여러 번 증명되고 반복적으로 인용된 현상에서 비롯된다. 그러나 대다수 투자매니저의 실적은 동전을 던져 임의로 선택한 실적과 비교할 수 없을 정도로 좋다.

버핏은 효율적 시장이론에 대해 반박했다. 그는 그레이엄의 추종자들이 선택한 가치투자전략이 시장에서 꾸준히 승리를 거둬왔으며 시장의 비효율성을 증명했고 투자업계에 매우 큰 영향력을 미치고 있다고 정리했다. 버핏은 강연에서 루센의 '동전 던지기'의 예를 들었다.

"동전 던지기 전국대회가 열린다고 해보죠. 미국 2.25억 인구가 매일 아침에 일어나서 모두 1달러 동전을 던져서 앞면인지 뒷면인지 맞춰야 한다고 가정해봅시다. 맞춘다면 틀린 사람에게서 1달러를 얻고, 매일 진 사람은 탈락하는 방식으로 한다면 상금은 계속 누적될 것입니다. 10일 동안 10번의 동전 던지기가 끝나면 10번 연속으로 맞춘 사람이 약 2.2만 명이 생겨나고 각각 1000달러가 넘는 상금을 얻게 됩니다."

동전 맞추기 게임을 계속한다고 할 때 다시 10일의 아침이 지나면 약 215명의 행운아들은 20번 연속으로 그 결과를 맞추고 게임에 진 사람들이 낸 2.25억 달러를 각각 100만 달러쓰 상금으로 가져가게 된다.

이긴 사람들은 의심스런 태도를 갖고 효율적 시장이론 교수에게 "만일 그게 불가능한 일이라면 어떻게 우리 215명이 존재합니까?"라고 말할 수 있다. 그러면 모 경영대학 교수는 만일 오늘 2.25억 마리의 원숭이가 똑같이 경기에 참가했어도 215마리만이 연속 20번을 이길 수 있다고 거칠게 말할지도 모른다. 버핏은 만일 그 중

40마리 원숭이가 오마하의 동물원에서 왔다면 여기에는 분명히 이상한 점이 있다고 지적했다. 당신이 성공사례에서 비정상적으로 어느 한 곳에 집중된 현상을 발견한다면 그것이 성공의 중요한 요인인지 아닌지를 반드시 판단하길 바란다.

'그레이엄-토드 그룹' 슈퍼투자자의 공통특징

버핏은 사람들이 투자영역에서 절대 다수의 '동전 던지기 승자들' 모두가 아주 작은 인텔리 집단에서 나온 것을 알 수 있다며 그 집단을 '그레이엄-토드 그룹'이라고 불렀다. 이 특수 인텔리 집단 안에는 지속적으로 시장에서 승리한 투자자들이 많이 모여 있으며, 그렇게 집중된 현상은 절대 우연이라고 말할 수 없다.

"우리가 고려해야 할 이 성공투자자들 속에는 '그레이엄'이라는 공통된 리더가 있다. 하지만 이들은 인텔리 집단을 떠난 후에도 서로 다른 방법으로 자신의 동전을 맞춘다. 그들은 모두 다른 지역에 살면서 다른 주식과 기업을 거래하지만 그들이 보여주는 전체 실적은 임의적인 요인으로 절대 해석하기 힘들다. 그들이 똑같이 정확한 예측을 했다고 해도 리더가 어떤 지시를 내린 것이 아니기 때문에 이런 방식으로도 그들의 성과를 설명할 수 없다. 리더는 동전을 예상할 수 있는 이론만을 제시하며 학생들 스스로 이 이론을 어떻게 운용할지 결정해야 한다."

"그레이엄-토드 그룹 투자자들이 공통적으로 갖고 있는 지능구조를 보면, 그들은 기업의 가치와 해당 기업의 시장가격 사이에서 차이를 찾는다. 그리고 양자간의 차이를 이용해 투자를 하지만 효율적 시장이론가들이 관심을 갖는 문제(주식을 월요일이나 화요일에 매입하거나 1월 또는 7월에 매입해야 하는 등의 문제)에 대해서는 전혀 개의치 않는다. 이처럼 기업가들이 모 회사의 주식을 사들이는 것은 그레이엄-토드 그룹 투자자들의 유통주 매입방식과 같다. 얼마나 많은 사람들이 의식적으로 특정 달이나 요일에 거래를 할지가 의문시되긴 하지만 기업의 거래가 어느 요일에 성사되느냐는 아무런 차이가 없다. 따라서 학계인사들이 그토록 많은 힘과 시간을 들여 기업의 일부 주식거래가 일어난 시기의 차이를 연구하는 이유를 이해할 수 없다. 더 말할 필요도 없이 그레이엄-토드 그룹 투자자들은 베타값, 자본자산 가격모델, 증권분석 수익률 편차들에 대해 연구 토론하지 않는다. 이것들은 모두 학자들이 관심을 갖고 있는 문제이며 사실상 그들은 이러한 학술용어를 분별하기 힘들다. 그들은 단 두 가지 변수만을 생각한다. 바로 가치와 가격이다."

버핏은 연설에서 그레이엄-토드 그룹 9명의 투자머니저가 장기적으로 시장지수를 뛰어넘는 실적을 보였다며 소개했다.

"그들의 투자스타일이 각기 달랐지만 투자에 임하는 태도는 모두 같았다. 매입한 것은 기업이지 기업의 주식이 아니었다. 그들 중 일부는 회사 전체를 사들이기도 했지만 대부분 기업의 일부 주식만을 매입했다. 그들의 보유주식량에 상관없이 그들이 견지하고 있는 태도는 똑같았다. 투자 포트폴리오에서 어떤 이는 10여 종의 주식을 보유하고 일부는 소수의 몇몇 주식에만 집중투자했다. 그러나 이들의 투자실적은 모두 기업의 주가와 그에 내포되어 있는 가치와의 차이를 이용해 얻은 것이다."

버핏은 1984년 콜롬비아대학의 강연에서 시장에는 많은 비효율적인 현상들이 존재한다고 말했다. 월스트리트 주식투자자들의 정서 변화는 주가에 영향을 미친다. 이들이 감정에 치우치고 탐욕적이거나 우울해져서 만들어진 주가는 이성의 산물이라고 말하기 힘들다. 사실상 시장은 대부분의 경우 불합리적이다. 버핏은 그레이엄-토드 그룹 투자자들이 성공하게 된 근본적인 원인은 그들이 비효율적 시장으로 만들어진 가격과 가치간의 틈새를 이용했기 때문이라고 분석했다.

버핏은 강연에서 효율적 시장이론의 오류를 지적하면서 가치투자의 수익과 리스크는 정비례가 아닌 반비례라고 했다. 60센트로 1달러 지폐를 산다면 리스크는 40센트로 1달러 지폐를 사는 것보다 크다. 하지만 후자의 수익기대치가 더 높으며 가치를 우선으로 하는 투자 포트폴리오에서 수익률의 잠재력이 클수록 리스크는 낮아진다.

버핏은 버크셔 1993년 연보에서 리스크를 가치손실의 가능성이라고 정의했다. 또한 효율적 시장이론에 대해 리스크를 시장지수의 가격파동성이라고 정의하며 반박했다.

"난 리스크를 사전적인 의미로 '손실 또는 손상의 가능성'이라고 정의내렸다. 그러나 학자들은 다른 의미의 투자 '리스크'를 좋아한다. 단언컨대 리스크는 주식이나 주식투자 포트폴리오의 상대적인 파동 정도로써 다른 주식에 대한 파동을 뜻한다. 회사 오너로서 이런 리스크에 대한 학술적인 정의는 핵심을 완전히 빗겨간 것으로 황당함마저 느껴진다. 예를 들어, 베타이론에서 시장지수가 폭락한 주식(1973년 우리가 매입한 워싱턴포스트처럼)이 저가일 때가 고가일 때보다 상대적으로 리스크가 더 크다. 그럼 이는 커다란 디스카운트로 회사 전체를 매입할 수 있는 사람에게 어떤 의미가 있을까?"

"리스크를 정의내릴 때 베타값의 순수주의자들은 회사제품, 회사경쟁상대의 움직임이나 회사의 대출액수 등의 배경 자료조사를 무시한다. 심지어 회사이름을 아는 것도 싫어한다. 그들이 중요시하는 것은 회사의 주가 추이뿐이다. 이와 반대로 우리는 무의식적으로 주가 추이를 알게 되었지만, 회사업무의 모든 정보를 알기 위해서 더욱 노력해야 한다."

"우리의 관점에 따르면 투자할 때 반드시 염두에 두어야 할 리스크는 예상 보유기간 동안 투자에서 얻은 총 세후수익이 초기투자의 이자를 포함해 원래 자금을 보장해줄 수 있는지 여부이다."

2.3 자신의 어리석음을 인식해야 시장의 어리석음을 이용할 수 있다

> 시장은 우리를 이끌어 주기 위해서가 아니라, 우리가 이용하기 위해 존재하는 것이다(시장은 안내자가 아니라 하인이다).
> – 워렌 버핏
>
> 다른 사람이 원할 때 멈추고 남들이 멈췄을 때 공략하라.
> – 워렌 버핏

버핏은 투자자들이 이성적이어야만 항상 비이성적인 시장에서 이길 수 있다고 강조했다.

"투자는 반드시 이성적이어야 한다. 이를 이해하지 못한다면 하지 말아라."

사람은 생활의 태도가 모든 것을 결정한다고 생각한다. 사실 투자에서도 태도가 모든 것을 결정한다. 그레이엄은 "가격파동을 대하는 분명한 태도가 모든 주식투자의 시금석이 된다"라고 했다. 최근 유행하는 행동금융학 연구에 따르면 손해를 본 투자자들은 시장파동으로부터 쉽게 영향을 받으며 행동인식에 있어 종종 편차를 보인다. 현실에서 투자자들은 효율적 시장이론에서 가정한 것처럼 완전히 이성적이지 않으며, 몇몇 이성적인 투자자들도 자신의 행위에 대해 제대로 인식하지 못한다. 이로 인해 비합리적 투자로 주식을 매매하면 주식 내재가치 기준을 이성적으로 판단하지 못해 장기적으로 반드시 손해를 입는다.

버핏의 투자경험과 행동금융학의 연구결과에 따르면 투자자가 시장을 이기는 기본전제는 이성적인 투자태도를 지녔느냐 하는 점이다. 이러한 이성은 주로 투자자가 자신의 어리석음과 시장의 어리석음을 어떻게 대하는지에 잘 나타난다.

첫째, 시장의 어리석음을 인식한다. 최대한 시장의 감정적인 영향을 피하고 이성을 유지해야 한다.

둘째, 자신의 능력을 인식하고 능력 범위 밖에서의 어리석은 투자결정을 피한다.

셋째, 시장의 어리석음을 이용한다. 당신의 회사를 시장보다 더욱 잘 이해하고 정확하게 회사가치를 평가해야만 시장의 단기 저가매입을 통해 장기적으로 본연의 가치로 돌아가도록 만들 수 있다. 이로 인해 큰 수익을 얻는다.

간단히 말해 버핏은 어리석은 일이나 도박을 하지 않는 것이 시장을 대하는 가장 좋은 전략이라고 말한다. 자신의 능력범위 안에서 이성적으로 투자한다면 자신의 이성으로 시장의 어리석은 실수를 이용할 수 있다.

2.3.1 시장의 어리석음을 인식하고 이성적인 태도를 유지해라

버핏은 투자를 하면서 투자자의 비이성적인 태도에 대해 깊은 깨달음을 얻었다.

"사실 사람이 탐욕, 공포와 어리석음으로 가득 차 있다는 것은 예상할 수 있다. 하지만 그런 마음으로 생기는 결과는 예상할 수 없다."

중국처럼 완전히 시장화되지 않은 주식시장에서는 소문만을 듣고 남을 따라하는 비이성적인 투자가 가장 보편적인 투자방법으로 자리잡고 있다. 많은 사람들은 상장회사에 대해 가장 기본적인 분석조차 하지 않고 소문을 듣기만 하면 미친듯이 매매를 한다. 이런 일은 대부분의 투자자들에게서 매일 일어나는 일이다. 재미있는 점은 그래도 많은 신문과 간행물에 실린 연구의 데이터분석에 따르면 중국시장에선 이것이 여전히 적용된다는 점이다. 외국에서는 일부학자들이 이 사실을 직시하기 시작했고 가설이 아닌 실제를 토대로 증권시장 투자자들의 행동에 대해 연구하고 있다. 이러한 연구의 영향력은 점점 커져서 행동금융학이라는 새로운 금융이론을 만들었다. 행동금융이론은 사람의 의사결정 심리에 대한 연구결과를 토대로 하고 인간의 실제 의사결정 심리를 출발점으로 해 투자자의 비이성적인 투자결정이 증권가격 변화에 어떤 영향을 미치는지를 설명하는 이론이다.

행동금융학 연구에 따르면 현실에서 투자자들은 버핏의 말처럼 탐욕, 공포와 어리석음으로 가득 차 있고 효율적 시장이론에서 가정한 것처럼 완전히 이성적이지 못해 많은 행동인식에 차이를 보인다. 이런 점은 가격을 가치로부터 동떨어지도록 만든다. 이러한 연구는 그레이엄과 버핏의 '주식시장은 단기적으로는 투표기다' 라는 말을 증명해주며 버핏이 시장에서 승리하는 투자전략에 이론적 기반을 제공한다. 투자자가 시장에서 이기려면 반드시 비이성적인 실수를 하지 않아야 다른 투자자들의 실수에서 이득을 볼 수 있다. 만일 자신이 비이성적인 투자를 하면서 자신보다 더욱 바보 같은 사람이 나타나길 기대한다면 결국 자신이 가장 어리석다는 것을 깨닫게 될 것이다.

버핏의 말을 기억해라.

"투자는 반드시 이성적이어야 한다. 그것을 이해하지 못한다면 투자를 하지 말아야 한다."

투자자들에게서 보여지는 인지와 행동의 편차

행동금융학은 투자자들에게는 이성이 부족하기 때문에 투자결정 과정에서 여러 심리적 요인의 영향을 받아 인지와 행동에 큰 편차가 생긴다고 말한다. 쉽게 말하면 IQ도 정상이고 교육도 잘 받은 사람들이 가끔 멍청한 짓을 하게 된다.

■ 과도한 자신감

심리학 연구에 따르면 사람은 자신의 지식과 능력에 과도하게 자신감을 보이며 이러한 자신감은 모든 인류의 가장 뿌리깊은 심리적 특징 중 하나이다. 투자자는 자신의 판단능력에 대해 과도한 자신감Over confidence을 가지며 성공기회를 높이 평가하고 자신이 시장을 장악할 수 있다고 믿는다. 그래서 성공을 자신의 능력 때문이라 여기며 운과 기회가 작용한 부분에 대해서는 낮게 평가한다. 특히 각 분야의 전문가들은 보통사람보다 더욱 과도한 자신감을 보이는데, 금융계 전문가(증권분석가, 기관투자자)들 역시 마찬가지다. 과도한 자신감은 심리학적인 기초로 만들어지며, 증시의 커다란 불확실성은 투자자로 하여금 적절한 균형을 잡지 못하고 행동과 인지의 편차가 발생하도록 만든다. 과도한 자신감은 행동금융학에서 가장 많이 연구하는 부분이다. 시장에서의 많은 이상현상은 모두 투자자의 과도한 자신감으로 인해 만들어지는 것으로, 가장 전형적인 투자자 행위는 과도한 거래와 거래량 증가로 거래원가가 높아져 투자자 재산에 불필요한 손실을 입는 경우이다.

■ 과잉반응과 반응부족

주식시장 파동률 연구에서 드봉Bondt과 샐러Thaler는 금융자산가의 과잉반응over-reaction현상을 제기했다. 자산 포트폴리오로 만들어낸 3년간의 실적에 따라 조합된 주식을 프리미엄과 폭락주식으로 나누고, 그 두 종류의 주식의 향후 5년간 실적을 비교하는 방법을 택했다. 그 결과 기존의 폭락주식들은 매우 높은 수익률을 올린 반면 프리미엄 주식은 아주 낮은 수익률을 보였다. 그들은 금융자산 가격에 과잉반응 현상이 존재했다는 비교적 논리적인 해석을 내놓았다.

과잉반응은 투자자가 최근의 회사정보에 과도하게 편향되어 추세에 대한 판단이 장기적인 평균치에서 많이 벗어난 것을 뜻한다. 투자자가 새로운 정보를 너무 중시해 장기적으로 더욱 의미가 있는 과거정보를 무시하기도 한다. 때문에 투자자는 항상 나쁜 소식에 비관해 주가를 과도하게 상승시키고 좋은 소식에 너무 낙관적인 입장을 보여 주가가 과도하게 하락하도록 만든다.

우리가 과잉반응 현상을 보이면 시장에 다음 두 가지 현상이 발생한다는 사실을 알 수 있다. ① 주가의 이상파동은 뒤따르는 가격의 반대방향으로 움직인다. 즉 주가가 오른 주식은 내려가고 폭락한 주식은 상승한다. ② 주가의 이상파동폭이 클수록 이후 반대방향으로 반영되는 조정폭도 커진다. 이 두 가지 현상은 많은 연구 결과를 통해 입증되었고 동시에 과잉반응의 존재 또한 증명되었다.

반응부족은 투자자가 새로운 정보에 대해 반응이 부족함을 말한다. 특히 증권분석가 같은 전문가들은 어려움에 빠졌었던 회사에 대해 선입견을 보이기도 하는데, 회사의 최근 성장에 따라 기존 수익예상을 수정하지 않아 가치를 저평가하고 좋은 투자기회를 놓치곤 한다.

두 가지 현상의 존재는 효율적 시장이론에 반박할 수 있는 근거가 된다. 다른 시장에서 전문 투자자들이 이러한 현상들을 이용해 초과 리스크를 부담하지 않고서 초과이윤을 얻을 수 있기 때문이다.

■ 손실회피

손실회피loss aversion는 똑같은 이윤과 손실을 입었을 때, 손실이 이윤보다 투자자에게 정서적인 영향을 크게 미친다는 뜻이다. 카네먼Kahneman과 트베르스키Tversky는 같은 손실이 갖는 마이너스 효과는 같은 이윤의 플러스 효과보다 2.5배가 크다는 사실을 알아냈다.

손실회피는 투자자가 어떤 자산을 얻음으로써 맛보는 즐거움보다 포기함으로써 드는 상실감이 더 커서 현재 상황을 유지하려고 하며 보유하고 있는 자산을 포기하지 않도록 만드는 데, 이러한 현상을 '소유효과'라고 한다. 소유효과는 투자에서 매매가의 불합리한 가격차이에 나타난다.

손실회피는 투자자에게 단기 투자손실을 과도하게 강조해서 주식을 장기보유하기보다 안정적인 채권에 투자하도록 만들어 장기적으로 큰 수익을 낼 수 있는 기회를 놓치게 만든다.

■ 후회회피

사람은 잘못된 결정을 내린 후에는 후회를 하게 되는데, 자신의 행위로 인해 발생한 손실에 대해 책임을 느끼기 때문에 손실회피보다 더욱 힘들어한다. 이러한 현상을 '후회회피'라고 한다. 후회하지 않기 위해서 투자자는 불필요한 정보를 기다리느라 결정을 늦추는 등의 비이성적인 행동을 하기도 한다.

■ 기분효과

너무 일찍 주식을 팔아치우거나 손실종목을 너무 오래 보유하는 현상인 손실회피와 후회회피를 통해 기분효과를 더욱 잘 설명할 수 있다. 이는 이윤을 낼 때 투자자는 가격하락으로 인한 후회를 하지 않으려고 하며, 손실을 입었을 때 투자자는 실제 손실에 대해 고통받기를 싫어하기 때문에 발생한다.

■ 심리계좌

투자자는 자산의 출처, 자산의 소재 및 자산의 용도 등의 요인에 따라 자산을 분류하는데 이러한 현상을 '심리계좌'라고 한다. 투자자는 임의로 서로 다른 심리계좌에 이들을 분류해 집어넣는다. 그리고 각각의 심리계좌에 따라 다른 방식으로 투자결정을 내린다. 예를 들어 같은 돈이지만 사람들은 도박장에서 번 돈은 한번에 다 써버리지만 열심히 일한 임금은 신중히 사용하는 것과 같은 이치이다.

■ 고정

고정은 사람들이 앞으로의 평가와 과거의 기존 평가를 서로 연결시키는 경향을 말한다. 특히 주가를 판단할 때 심리적으로 주의력을 최근 시점에 집중시키고 장기적인 가격변화를 무시하기도 한다. 증권분석가들은 항상 자신의 생각을 고정시킨 채 투자제안을 한다. 자신의 과거 수익에 대한 평가에 대해 과도한 자신감을 갖고 있기 때문에 그 상황에 안주하며 새로운 정보에 대해 신경쓰지 않는다.

■ 집단행동

집단행동은 동물들이 떼를 지어 이동하고 숙식하는 것을 말했다. 후에 이 개념은 인류사회 현상을 설명하는 데 인용되어 대다수 사람들이 같은 사고, 감각, 행동으로 함께 유지해 나가는 것을 의미한다. 집단효과의 개념은 금융학자들이 금융시장에서 비이성적인 행동을 설명하는 데 사용한다. 곧 투자자들이 자신의 가치있는 개인정보를 무시하고 시장의 대다수 사람들의 결정방식을 따라가는 것을 뜻한다. 집단행동은 어떤 시기에 많은 투자자들이 같은 투자전략이나 특정 자산에 대해 똑같은 관심을 보일 때 나타난다.

금융경제학자는 증시에서의 집단효과에 대한 연구에서 많은 성과를 남겼다. 샤프스타인Scharfstein의 연구에 따르면 펀드매니저간에는 뚜렷한 집단효과가 있다고 밝혀졌다. 그린블라트Grinblatt는 공동펀드 투자의 집단행동을 발견했다. 트루먼Trueman과 웰치Welch는 금융분석가를 연구대상으로 그들 사이에 뚜렷한 집단효과가 있다는 사실을 입증했다.

■ 대표성편차

대표성편차Representativeness는 일종의 인지편향을 뜻한다. 사람들은 사물을 전형적인 몇 가지로 분류하기를 좋아한다. 그리고 나서 사건에 대한 확률을 예상할 때 이 분류의 중요성을 과도하게 강조하고 잠재되어 있는 다른 가능성은 보지 않으려 한다. 선택성편차의 결과는 사람들로 하여금 임의의 데이터에서 어떤 모델을 선정해 시스템적인 예상편차를 만들어내도록 한다. 이러한 인지편차는 투자자가 '좋은 회사'의 주식을 '좋은 주식'으로 혼동해서 발생한다. 사실 좋은 회사의 주가가 과도하게 높을 때 '나쁜 주식'을 만들어

내고, 좋지 않은 회사의 주가가 과도하게 낮을 때 '좋은 주식'을 만들어낸다.

■ 보수주의

에드워드Edward는 1968년 보수주의Conservatism에 대해 정의를 내렸다. 보수주의는 한 개체가 새로운 사물에 대해 기존의 관점을 수정하는 속도가 비교적 느린 것을 의미한다. 베이스의 정리Bayes theorem(조건부 확률에 관한 정리-옮긴이)는 투자자의 결정과정에서 중요한 도구 중 하나이다. 보수주의는 투자자가 불확실한 사건이 발생할 확률을 수정하는 방식에 있어 베이스의 정리와 같지만, 수정 정도는 그보다 약한 편이다.

■ 자기공헌

자기공헌Self-contribution은 사람이 항상 과거의 성과를 자신의 공으로 돌리고 실패는 외부요인 때문이라고 생각하는 심리적 특징이다. 투자자들은 보통 투자성공을 자신의 능력으로 보지만 투자실패는 외부의 불리한 요인 때문이라고 여긴다. 이렇게 투자자의 자신감은 공개된 정보와 자신의 정보가 일치한다면 더욱 높아진다.

■ 뚜렷한 사고

뚜렷한 사고Saliency는 어떤 사건의 발생확률이 아주 작더라도 일단 발생하면 그 영향력이 매우 커서 사람들의 주목을 받는 것을 말한다. 일반적으로 사람들은 이러한 사건에 대해 그 발생확률을 높게 예상한다.

자본시장에서 이러한 현상은 단독으로 일어나지 않고 여러 사건과 연결되어 발생한다. 인식의 차이가 발생하는 원인은 대뇌의 본질적인 기능이 사람과 사람의 관계를 처리하는 것이지 통계계산이 아니기 때문이다. 대뇌의 시각형상 처리 기능은 논리수학 처리 기능보다 월등히 뛰어나다. 따라서 인식의 차이는 일상생활에서 인식과정의 일부분이며 증권투자에서 결정과정의 일부분이라고 말할 수 있다.

이심단李心丹 등은 심리학실험을 통해 중국 투자자들에게서 흔히 보이는 인지편차현상을 연구했다. 두 번에 걸쳐 테스트를 했는데 첫 번째는 문화수준이 높은 투자자를, 두 번째는 보통 주식투자자를 대상으로 실시했다. 연구에 따르면 리스크성 선택에 대해 두 실험그룹은 뚜렷한 확정사고, 손실회피심리, 과도한 자신감, 고정심리 등에서 비슷한 편차를 보였다.

정확한 이성적 투자태도를 유지하는 것이 핵심

행동금융학이 연구한 투자과정에서의 인지편차는 우리가 정확한 투자태도를 유지하는 데 중요한 본보기가 된다. 투자자가 시장을 이길 수 있는 전제는 이성을 유지하고 인지편차의 행동을 가능한 줄여야 한다는 점이다.

따라서 버핏은 투자에서 IQ보다 EQ가 더욱 중요하다고 생각했다.

"로켓 전문가가 될 필요는 없다. 투자는 IQ 160인 사람이 IQ 130인 사람을 이길 수 있는 게임이 아니다."

"관건은 '머니브레인'이 있어야 하는데 이는 IQ가 아니다. 반드시 그에 맞는 성격을 갖춰야 한다."

그레이엄은 "가격파동을 대하는 정확한 태도는 모든 성공적인 주식투자의 시금석이다"라고 했다. 그레이엄은 성공한 투자자는 성격이 안정적인 사람이 많으며, 투자자에게 가장 큰 적은 주식시장이 아니라 자기 자신이라고 말했다. 투자자가 수학, 재무, 회계 방면에서 높은 능력을 갖고 있다 할지라도 자신의 감정을 컨트롤하지 못한다면 투자수익을 올리기 어렵다. 버핏은 그레이엄의 정수를 "성격과 지혜를 적절히 결합해야 이성적인 투자행동을 할 수 있다"라고 요약했다.

버핏은 버크셔 1987년 연보에서 "투자자는 뛰어난 회사분석능력과 동시에 자신의 생각과 행동을 시장에서 일어나기 쉬운 감정적인 동요와 분리시켜야만 성공을 거둘 수 있다. 자신과 시장을 정서적으로 단절시키려는 노력을 하면서 그레이엄의 '미스터 마켓' 이야기를 기억해둔다면 매우 유용할 것이다"라고 말했다.

2.3.2 능력범위 내에서만 투자하라

오스카 와일드Oscar Wilde는 "먼저 자신을 사랑해야 낭만적인 일생을 시작할 수 있다"고 말했다. 투자도 마찬가지이다. 먼저 자신의 능력을 알고 나서 투자를 시작해야 한다.

버핏은 버크셔 1996년 연보에서 투자자에게 가장 중요한 원칙에 대해 다음과 같이 말했다.

"투자자가 갖춰야 할 것은 선택한 기업을 정확하게 평가하는 능력이다. 여기서 '선택한'이라는 단어를 주의해야 한다. 당신은 모든 회사를 다 알거나 많은 회사의 전문가가 될 필요가 없다. 당신의 능력범위 내에 있는 몇몇 회사만을 평가할 수 있으면 된다. 능력범위의 크기는 중요치 않다. 중요한 것은 자신의 능력범위를 아는 일이다."

"사람들은 저마다 잘 알고 있는 업종이 틀리다. 가장 중요한 것은 스스로 어떤 업종을 잘 알고 있으며 당신의 능력범위 내에서 움직일 수 있는가이다."

찰리 멍거는 투자자에게 "스스로의 장점을 찾은 다음 자신의 우위를 이용해야 한다. 가장 뒤떨어지는 방면에서 성공하려 한다면 분명 엉망이 된다"라고 충고했다.

투자자들은 자신의 능력범위를 알아야만 기업의 지속적 경쟁우위에 대해 합리적인 분석을 할 수 있으며 기업가치에 비교적 정확한 예상을 할 수 있다. 노자가 <도덕경>에서 말한 것처럼 다음의 말을 되짚어보자.

"알지 못하는 것을 아는 것이 가장 훌륭하며, 알지 못하면서도 안다고 하는 것은 병이 든 것과 같다."

현실에서 투자자의 이성에는 한계가 있다

경제학을 배운 사람이라면 경제학의 기본 가설이 '경제인은 완전히 이성적이다'라는 것을 알고 있다. 금융학을 배운 사람이라면 금융학의 기본 가설이 '투자자는 완전히 이성적이다'라는 것을 알고 있다. 현대 표준금융이론의 핵심인 효율적 시장이론에 따르면 투자자는 모두 이성적이며 이성적인 예상, 리스크 회피, 효율의 극대화, 이렇게 3가지 특징을 가지고 있다고 본다. 또한 투자자의 이성은 시장의 효율성을 보장하고 가격과 가치를 일치시킨다고 말한다. 투자자가 완전히 이성적이라는 것이 효율적 시장의 근본전제이다.

최근 유행하는 행동금융학에 따르면 효율적 시장가설처럼 투자자가 완전히 이성적이라는 가설은 세우기 힘들다. 실제 투자자는 이론 모델의 예상처럼 이성적이지 못하다. 많은 투자자는 감정을 갖고 있어서 투자결정시 무관한 정보의 영향을 받는다. 이성가설과는 다르게 현실 세계의 사람들은 제한적 합리성bounded rationality을 갖고 있다. 투자자의 감정과 인지편차는 투자자의 이성적인 예측, 리스크 회피, 예상효과의 최대화를 불가능하게 만든다. 또 비이성적인 행동은 시장을 무효화시키고 주가와 내재가치가 동떨어지게 한다.

제한적 합리성은 1978년 노벨 경제학상 수상자 H.A. 사이먼의 연구결론으로부터 도출되었다. 사이먼의 최신 해석에 따르면 제한적 합리성은 행위자가 이성을 갖고 있으며 그 이성은 실제 지능의 제한을 받는다는 뜻이다. 간단히 말하면 사람들은 개별적으로 자신의 경험, 지식수준 등의 제한을 받아 결정을 내릴 때 불완전한 이성으로 예상을 한다. 사람들은 항상 자신의 지식과 정보에 근거해 예상을 하게 되고 개인 지식과 정보는 제한적이기 때문에 모든 것을 알고 있는 완전 이성상태가 될 수 없다. 행동학의 기본원리에 따르면 어떤 행동이 행동주체에게 기억속에서 다른 행동보다 좋은 효과를 가져다줄 때 그 행동을 선택한다. 또는 어떤 행동을 했을 때 예상 효과보다 더욱 만족스런 결과를 낸다면 그 행동은 이성이 선택한 행동이 된다. 예를 들어 테니스 연습횟수가 늘어날수록 매 동작의 '예상된 효과'는 더욱 숙련되어 공을 치는 동작이 더욱더 훌륭해진다. 하지만 나의 선택이 영원히 최고가 될 수는 없다. 항상 배우는 과정에 있기 때문에 나의 선택은 계속해서 발전할 뿐이다. 제한적 합리성은 배움을 통해 더욱 완벽해질 수 있기 때문에 사이먼은 이를 '과정의 이성'이라고도 불렀다.

이에 따라 제한적 합리성을 갖춘 경영자는 우리가 현실 세계에서 만날 수 있는 사람들이며 '완전히 이성적인' 경제인과 두 가지 근본적인 차이가 있다.

첫 번째, 경제인은 현실 세계의 모든 사물과 접촉을 하지만 경영자는 보고 느끼는 제한적인 세계와 접촉할 수 있다. 두 번째, 경제인은 최선의 결정을 내리지만 경영자는 만족스런 결정을 내린다. 최선의 추구는 현실 세계에서의 불가능성을 제외하고서라도 결정권자에게 부담(대부분 부담하기 힘들거나 부담을 질 필요가 없음)을 가중시킨다. 그러나 제한적 합리성이론은 계산을 간단화할 뿐 아니라 사람들이 선택한 행동에서 보여지는 일관되지 않은 현상을 설명할 수 있다. 바늘을 찾아 옷을 꿰매는 것을 예로 들어 사이먼은 제한적 합리성을 갖춘 경영자가 완전이성의 경제인을 대체한다고 주장했다. 양자간의 차이를 보면, 경제인은 가장 날카로운 바늘, 즉 가장 우수함을 찾아서 사용할 수 있는 모든 방안에서 최선책을 찾는다. 경제인의 형제인 경영자는 옷을 꿰맬 수 있는 바늘을 찾기만 하면 된다. 즉 만족시킬 수 있는 좋은 행동만을 찾는다.

결론적으로 '제한적 합리성'과 '만족시킬 수 있는 준칙'이라는 두 가지 결정이론의 기본명제는 전통의 이성선택이론이 한쪽으로 치우친 것을 바로잡고 이성선택의 조건을 더욱 현실화했다. 이는 사이먼이 경제학, 관리학에 가장 크게 공헌한 측면이다.

우리가 길을 걸을 때엔 주위 100킬로미터의 도로상황을 자세히 알 필요없이 주변상황만을 알면 된다. 즉 제한적인 범위만을 알면 된다. 또한 매 발걸음의 동작을 밀리미터까지 정확하게 맞출 필요없이 안정적으로 앞으로 나아가면 된다. 투자도 마찬가지이다. 우리는 많은 회사의 모든 정보에 대해 자세히 알 필요가 없으며, 심지어 선택한 회사의 모든 정보에 대해서도 자세히 알 필요가 없다.

단지 중요하며 정확한 투자결정을 내리는 데 충분한 정보만 있으면 된다. 회사가치에 대한 예상이 조금의 오차도 없는 것은 불가능하지만 대략 정확하면 된다. 우리의 능력이 제한적이기 때문에 만족할 만한 결정을 내리면 된다. 항상 최선의 선택을 내릴 수는 없다는 사실을 명심해야 한다.

투자의 첫 번째 금기 : 능력범위를 벗어난 투자결정을 내리지 말라
사람들은 버핏에게 왜 마이크로소프트, 시스코 등의 과학주를 사지 않아 큰 투자수익 기회를 놓쳤는지를 가장 많이 질책한다. 이에 대해 버핏과 게이츠는 흥미로운 비교대상이 된다.

버핏이 가장 성공한 투자는 코카콜라, 질레트, 워싱턴포스트 등 전통적인 강세종목에 장기투자한 것이고 이들 거대 기업들의 꾸준한 성장으로 버핏은 세계 두 번째 부호가 되었다. 버핏과 다르게 그의 절친한 친구인 빌 게이츠의 최대 성공은 자신이 세운 마이크로소프트사에 장기투자한 것이었다(어떤 방면으로 봐도 그가 마이크로소프트의 지분을 보유하는 것은 일종의 투자행위이다). 마이크로소프트라는 신흥 소프트웨어산업의 절대강자는 빌 게이츠를 세계 제1의 부호로 만들었다.

그럼 버핏은 왜 마이크로소프트에 투자하지 않았을까? 마찬가지로 빌 게이츠는 왜 코카콜라에 투자하지 않았을까? 답은 그들이 모두 자신의 능력범위를 알고 있었기 때문이다. 버핏이 하이테크 산업에 투자하고 빌 게이츠가 전통산업에 투자했다면 자신의 가장 뛰어난 능력범위를 벗어나는 것이기 때문에 백만장자는 될 수 있어도 절대 억만장자까지는 될 수 없었을 것이다.

버핏은 과학기술기업에 대한 분석에 뛰어나지 않다고 스스로 인정했다. 1998년 주식시장이 과학주, 특히 네트워크주 열풍이 불었을 때 버핏은 버크셔사 주주총회에서 향후 언제쯤 과학기술주에 투자할 것인지에 대한 질문을 받았다.

"불행할지 모르지만, 답은 NO이다. 나는 앤디 글로브와 빌 게이츠를 존경한다. 나도 그들의 회사주식에 투자해 이러한 존경심을 행동으로 옮기고 싶다. 하지만 마이크로소프트와 인텔 주식을 분석하면서 10년 후에 두 회사가 어떻게 될지는 나도 모르겠다. 나는 다른 사람들이 이미 우위를 점하고 있는 게임을 하고 싶지 않다. 모든 시간을 투자해 다음 해의 과학기술 발전에 대해 연구할 수는 있겠지만, 그렇다고 해서 그 분야의 전문가는 될 수 없다고 본다. 설사 전문가가 되더라도 최고의 위치가 아닌 거의 맨 뒷줄에 앉을 정도일 것이 분명하다. 많은 사람들이 과학기술 회사를 분석하지만 나는 그것에 소질이 없다."

버핏의 이러한 관점은 찰리 멍거의 반응을 이끌어냈다.

"우리가 과학기술기업에 진출하지 않는 것은 우리에게 그 분야에 대한 능력이 부족하기 때문이다. 저가의 전통업종 주식에서 우위를 보이는 것은 다른 주식과 달리 우리가 잘 알고 있기 때문이다. 왜 뚜렷한 우위를 점하고 있는 분야를 놔두고 우위는커녕 열세만 있는 분야에서 경쟁을 하겠는가?"

"우리의 원리를 과학기술주에 응용시켜도 비슷하겠지만 우리는 어떻게 해야 할지 모른다. 우리가 주주에게 손실을 입힌다면 다음 해에 주주들에게 어떻게 만회할지 설명해야 한다. 빌 게이츠도 같은 원리를 응용하리라 확신한다. 그가 과학기술기업들을 이해하는 방식과 내가 코카콜라 및 질레트를 이해하는 방식은 똑같다. 그 역시 투자를 하면서 안전마진을 찾을 것이며, 그는 안전마진을 일부 주식이 아닌 회사 전체에 적용시킬 것이다. 따라서 우리의 원리는 다른 과학기술기업에도 유효하다고 할 수 있다. 단지 우리 자신이 그 원리를 과학기술기업에 응용할 수 있는 사람이 아닐 뿐이다. 우리의 능력범위에서 할 수 있는 일이 아니라면 능력범위를 확장하기보다 차라리 기다림을 선택해야 한다."

"과학에 대한 통찰력이 부족하더라도 실망할 필요가 없다. 나와 찰리는 많은 업종에 대해 특별한 투자능력이 없다. 예를 들어 특허권, 제조기술, 지역전망을 예상할 때 우리에겐 뾰족한 대책이 없다. 우리가 어떤 우위를 갖고 있다면 그 우위가 우리 능력범위 내에서 언제든 힘을 발휘할 수 있고, 또 어느 시기에 능력의 한계에 부딪혀 속수무책일지 아는 데 있다. 빠르게 변화하는 산업에서 한 기업의 장기적인 경제전망은 우리의 능력범위를 훨씬 뛰어넘는다. 어떤 이가 하이테크산업 회사의 경제전망을 예측할 수 있는 능력을 가졌다고 한다면 시기도 모방도 하지 않는다. 그와 반대로 우리는 우리가 이해할 수 있는 업종만을 고수한다. 우리가 만일 이 업종을 떠난다면 분명 조심해야 하며 급하다고 해서 이성을 마비시켜선 안 된다. 운좋게도 버크셔사는 그동안 우리가 정해놓은 능력범위 내에서 거의 모든 일을 잘 해왔다."

장기투자에서 투자결정의 핵심은 회사의 향후 5~10년, 심지어 더 긴 시간 동안의 경쟁우위와 현금흐름에 대한 예상과 분석이다. 해당 기업의 장기적·지속적 경쟁우위에 대한 분석이 투자자의 능력범위 내에 있는 경우를 제외하고, 장기적인 예상분석을 하기 위해서는 투자하려는 회사의 업무 및 관련 산업에 대해 자세히 알아야 한다. 그렇지 않으면 어떠한 현실적인 결론도 내리지 못한 채 이성적인 장기투자결정을 내릴 수 없게 된다.

2.3.3 다른 사람이 원할 때 멈추고 남들이 멈췄을 때 공략하라

> 가격파동을 대하는 정확한 마인드는
> 모든 성공적인 주식투자의 시금석이다.
> —그레이엄

행동금융이론은 투자자의 행동편차가 형성한 비효율적 시장에 대해 깊은 연구를 진행했다. 이는 어떻게 투자해야 장기적으로 시장을 이길 수 있는지 알려주었다. 효율적 시장가설을 믿는 사람들에게 유행하는 현대자본시장이론을 버리고 더욱 현실적인 행동금융학이론을 받아들여 버핏의 장기가치투자전략을 선택하게 만드는 것은 매우 어려운 일이다. 버핏은 버크셔 1983년 연보에서 케인스의 명언을 인용했다.

"낡은 사상의 속박을 떨쳐버리는 것이 어렵지 새로운 사상의 운용은 어렵지 않다."

하지만 이것이 시장을 이기는 가장 기본적인 길이다.

버핏은 시장을 이기려면 시장의 어리석음을 이용해야 한다고 생각했다. 다른 사람이 원할 때 멈추고 남들이 멈췄을 때 공략하라.

"공포와 탐욕이라는 전염성 높은 유행병은 투자세계에서 언제나 갑자기 생긴다. 이 유행병은 언제 생길지 예측하기 힘들다. 그것이 일으킨 시장가격과 가치의 심각한 편차는 지속시간이나 그 정도를 예측하기가 힘들다. 따라서 우리는 공포와 탐욕이 언제 어느 상황에서 일어날지 예상하지 말고 적절한 목표를 세워야 한다. 우리는 다른 사람들이 탐욕을 부려 원할 때 멈춰서고, 다른 사람들이 두려워서 멈췄을 때 오히려 욕심을 내어 공략하려고 해야 한다."

앞서 말한 시장에 관한 설명을 정리해 버핏의 경험과 결합하면 다음처럼 요약할 수 있다. 장기투자자가 시장에서 승리하려면 다음 3가지 기본조건을 반드시 갖춰야 한다.

첫 번째는 시장보다 넓은 시야를 가져야 한다_ 시장의 단기파동을 무시하고 회사가치의 장기적인 성장에 주목해야 한다. 오너이자 파트너의 태도를 갖고 장기투자를 해야 한다. 시장보다 더욱 정확하게 주가를 평가해 그 가치보다 낮은 가격으로 주식을 매입함으로써 초과수익을 얻을 수 있다.

두 번째는 시장보다 더욱 정확하게 가치를 평가해야 한다_ 투자자가 시장을 이길 수 있는 전제조건은 항상 시장보다 회사를 더욱 잘 이해해야 하며 정확하게 회사가치를 평가할 수 있어야 한다는 사실이다. 정확한 가치평가는 투자자가 주가하락의 좋은 기회를 이용해 저가로 주식을 매입할 수 있도록 만들어준다.

세 번째는 시장보다 더욱 이성적인 태도를 가져야 한다_ 버핏은 투자자가 이성을 유지해야만 대부분 이성적인 시장을 이길 수 있으며, 투자는 자신의 어리석음을 피하면서 시장의 어리석음을 이용해 초과수익을 얻는 것이라고 강조했다.

시장보다 넓은 시야를 가져라

버핏은 투자자가 시장의 단기파동을 무시하고 회사의 장기적 발전에 주목해야 한다고 생각했다. 장기적으로 볼 때 시장은 결국 회사의 내재가치를 반영시키기 때문이다.

"나는 주식을 통해 돈을 벌려고 한 적이 없다. 우리는 주식시장이 다음 날 닫히거나 5년 내에 다시 열지 않는다는 가정하에 주식을 매입한다."

"우리는 무의식적으로 주가추세를 알게 되지만, 회사업무의 모든 정보를 알기 위해선 더욱 노력해야 한다. 그래야 우리가 주식을 매입하고 주식시장이 2-3년 문을 닫더라도 불안해할 필요가 없다. 우리가 보유하고 있는 시스See's캔디와 H.H. 브라운사의 100% 주식에 대해 매일 그날의 동향을 체크해 투자이윤에 대한 기대치를 떨어뜨릴 필요가 없다. 같은 이치로 우리가 코카콜라사 7% 주식에 대해 시시각각 시장동향을 체크해야 할 필요가 있을까?"

"그레이엄의 가르침에 따라 찰리와 나는 유통주의 투자성공을 일일 또는 매년 주가가 아닌 회사 경영성과를 통해 판단한다. 시장은 일시적으로 회사의 성공을 무시할 수도 있다. 그러나 결국에는 주가에 이를 반영하게 마련이다. 회사의 내재가치가 만족할 만한 속도로 성장한다면 언제 시장이 회사의 성공을 인정하고 인식하느냐는 중요치 않다. 사실 상대적으로 침체되어 있는 시장에는 한 가지 유리한 요인이 있다. 바로 낮은 가격에 좋은 주식을 더욱 많이 매입할 수 있는 기회를 준다는 점이다."

버핏은 1996년 버크셔 주주수첩에서 버크셔사의 주주들에게 스스로를 회사의 장기적인 합작파트너로 생각할 것을 주문했다. 이것이 바로 그가 코카콜라, 질레트, 워싱턴포스트, 가이코 등의 회사에 10년, 심지어 30년간 장기투자하면서 가졌던 기본태도이다. 이러한 장기적 합작파트너의 태도는 투자자가 시장에서 승리하기 위한 기본적인 전제조건이다.

"우리는 스스로를 회사 소유자의 한 사람으로 생각해야 한다. 한 기업의 주식을 무기한으로 보유하는 것은 가족과 함께 농장이나 집을 소유하는 것과 같다. 데이터에 따르면 대다수 버크셔사의 주주들은 이러한 장기 합작파트너 이념을 믿고 따르고 있다. 버크셔 주식의 연 회전율은 기타 대기업 회전율에 훨씬 못미친 수준이다. 실제 우리 주주들이 버크셔 주식에 대한 투자행위는 버크셔사가 다른 회사에 투자하는 방식과 매우 비슷하다. 버크셔사는 코카콜라와 질레트 주식의 주주로서 스스로를 두 회사의 비경영 합작파트너로 보고 있다. 우리는 두 회사가 주식시장에서 보여주는 주가 등락폭이 아닌 장기발전으로 투자성과를 판단한다. 사실상 두 회사가 향후 몇 년 내에 거래도 없고 주가가 변하지 않아도 전혀 개의치 않는다. 우리가 장기투자에 대한 기대치를 확신한다면 단기간의 가격파동은 아무런 의미가 없다. 우리가 더욱 싼 가격에 지분을 늘릴 기회가 올 때를 빼고 말이다."

장기투자의 합작파트너로서 얻을 수 있는 투자이윤은 회사의 내재가치 증가 및 시장이 회사주식의 내재가치를 인식하고 주가에 반영함으로써 이뤄진다.

"우리가 주요 주식을 계속 보유하려면 회사의 내재가치를 보고 시장에서의 주가가 높고 낮음에 개의치 말아야 한다. 먼저 그런 태도를 가져야 하며 주가가 어느 정도 오른다면 지금은 예전 버크셔사의 가치가 증가했던 것처럼 빠르게 상승하지 못한다는 사실도 인지해야 한다. 현재까지 우리의 실적은 다음의 두 가지 힘을 바탕으로 이뤄졌다. (1)투자 포트폴리오에 있는 회사의 내재가치가 상상을 뛰어넘는 증가세를 보였다. (2)시장이 이 회사들의 주가를 적절히 반영할 때 상대적으로 실적이 미미한 다른 회사들보다 높게 그 가치를 평가해 초과이윤을 가져다 주었다. 우리는 이 회사들의 가치가 증가함에 따라 계속 수익을 올릴 수 있으며 그들의 미래에 대해 확신으로 가득 차 있다. 그러나 '시장조정'은 이미 반영되었고 이는 곧 향후 우리의 실적향상이 단순히 회사가치 증가에만 의존해야 함을 의미한다."

시장보다 회사를 더욱 잘 이해하고 정확하게 평가하라

버핏은 시장을 이길 수 있는 전제조건으로 시장보다 회사를 더욱 잘 이해하고 정확하게 그 가치를 평가할 줄 알아야 한다고 생각했다.

"신데렐라처럼 반드시 다음과 같은 경고-시장은 자기 자리에서 당신의 시중만을 들어줄 뿐 당신을 가르칠 수 없다-를 기억해야 한다. 그렇지 않으면 모든 것이 호박과 생쥐로 변해 버린다. 당신에게 유용한 것은 시장의 지갑이지 시장의 지혜가 아니다. 어느날 시장이 아주 어리석은 실수를 저지른다면 당신은 주저하지 말고 그 기회를 이용해야 한다. 하지만 그의 영향으로 실수를 저지른다면 아주 비참한 결과를 낳게 된다. 실제 자신의 목표회사에 대해 시장보다 훨씬 더 잘 알고 있어야 하며 회사가치를 더욱 정확하게 평가할 수 있어야 한다. 이러한 확신이 없다면 주식투자의 게임에 뛰어들지 말아야 한다. 이는 포커게임을 하면서 30분이 지났는데도 누가 봉인지 모른다면 당신이 바로 그 봉이라는 이치와 같다."

"투자자는 회사주식의 내재가치에 대해 합리적인 평가를 하고 시장파동이 가져다준 기회를 충분히 이용한다면 저가에 주식을 매입할 수 있다. 그래서 투자자는 시장상승이 아닌 시장하락을 더욱 좋아해야 한다."

버핏의 파트너 찰리 멍거는 1990년 웨스코 파이낸셜사Wesco Financial Corporation에서 주주들에게 보내는 편지에 가치투자자가 시장등락을 대하는 태도에 대해 자세히 설명했다.

"우리가 웰스파고 은행주식이 폭락하기 전에 시가로 일부를 매입하긴 했지만 주가가 더 떨어지는 것을 당연히 반긴다. 우리는 새로 생겨나는 공황성 선물거래를 통해 저가로 더욱 많은 주식을 매입할 수 있기 때문이다. 일생 동안 꾸준히 주식을 매입하고자 하는 투자자들은 시장파동에 대해 주가하락을 반기는 태도를 가져야 한다. 반대로 많은 투자자들은 비논리적으로 주가가 상승했을 때엔 득의양양하다가 주가가 하락하면 실의에 잠긴다. 하지만 식품가격 파동과 같은 일에 대해서는 항상 이러한 혼란이 있었다. 자신이 항상 식품구매자라는 사실을 인식하고 있기 때문에 식품가격이 떨어지면 반기고 가격이 오르면 불만을 표출한다(식품판매자만이 가격이 계속 떨어지는 것을 싫어한다). 이와 비슷하게 신문의 가격 하락은 우리가 항상 보유하고 있는 종이재고의 가치도 떨어진다는 것을 의미한다. 우리가 보유하고 있는 <버팔로 이브닝>도 신문의 가격 하락을 반긴다. 신문을 찍어내려면 종이를 계속 구매해야 하기 때문이다. 같은 논리로 우리 버크셔사의 투자전략을 알아보자. 우리는 살아 있는 한 끊임없이 기업의 일부 혹은 모든 권익, 즉 주식을 매입할 것이다. 이러한 상황에서 주가하락으로 우리는 이득을 보게 되고 주가 상승은 손해를 입는다.

주가가 과도하게 낮은 가장 흔한 원인은 전체 시장이나 어떤 회사, 혹은 어떤 업종에 대해 갖는 비관적인 생각 때문이다. 우리가 이러한 환경에서 투자를 한다면 우리가 반겨야 할 것은 당연히 비관적인 생각이 아닌 비관적인 생각으로 인한 낮은 가격이다. 낙관주의야말로 이성적인 투자자의 진정한 적이다. 하지만 그렇다고 해서 한 회사나 주식이 인기가 없을 때 사들이는 것이 현명한 투자라는 의미는 아니다. 역방향 투자전략은 큰 흐름을 따라가는 전략과 마찬가지로 어리석은 방법이다. 투자에서 진정으로 필요한 것은 참고가 아니라 사고이다. 불행하게도 버틀랜드 러셀Bertrand Russell이 사람들의 생활을 관찰한 결과는 금융계에서도 아주 비슷하다.

'대부분의 사람들은 죽는 것보다 생각하는 것을 싫어한다. 많은 사람들이 그러하다.'

버핏은 버크셔사 1986년 연보에서 투자자들이 강세장에서 투자할 때에는 매우 신중해야 한다고 강조했다.

"강세장에 뛰어드는 것보다 흥분되는 일은 없다. 강세장에서 회사주주들이 얻는 수익률은 회사 본래의 더딘 실적증가와 다른 모습을 보인다. 그러나 불행하게도 주가는 절대로 무한정 회사 본래의 가치를 넘어서지는 않는다. 실제 주식보유자의 빈번한 매매와 투자관리비용 때문에 시간이 지나면 전체 투자수익은 틀림없이 자신이 보유한 상장기업의 실적보다 낮아지게 된다. 만일 미국 기업들이 12%의 연평균 순자산수익률을 실현한다면 투자자의 최종 수익은 이보다 훨씬 낮아진다. 물론 강세장은 수학법칙을 참담하게 만들지만 그렇다고 없어서는 안 된다."

시장보다 더욱 이성적인 태도를 가져라

버핏은 투자자들에게 좋은 기업분석능력과 융통성있는 성격을 갖춰야 한다고 말한다. 그러면 시장에서 기승을 부리는 좋지 않은 풍토의 영향을 받지 않고 성공을 거둘 수 있다고 말한다.

버핏은 1973년 그레이엄의 <현명한 투자자> 4판의 머리말에서 이렇게 말했다.

"성공적인 투자인생을 사는 데에는 천재적인 IQ나 비범한 경제 안목, 또는 내부정보를 필요로 하지 않는다. 필요한 것은 투자결정을 내릴 때의 정확한 사고와 이성적인 사고를 방해받지 않을 수 있는 능력뿐이다. 이 책은 정확한 투자결정 사고방식을 명확하고 분명하게 설명하고 있으며 당신은 반드시 이 규칙에 맞춰야 한다. 당신이 그레이엄이 주장한 투자원칙을 준수하고 그 견해를 잘 이해하고 따른다면 당신의 투자는 반드시 좋은 결과(당신이 상상했던 범위를 훨씬 초과한)를 얻게 된다. 또한 당신의 투자실적은 당신의 노력과 지식, 또는 당신이 투자를 하면서 주식시장에서 저지른 어리석음의 정도에 따라 달라지게 된다. 시장이 혼란스러울수록 기회를 잘 잡는 투자자의 승산은 더욱 높아지게 된다. 그레이엄의 말처럼 당신이 실행에 옮긴다면 다른 사람의 어리석은 행동에서 이익을 볼 수 있지만, 그렇지 못할 경우엔 당신 자신도 다른 사람에게 이익을 안겨주게 된다."

"어떤 이유 때문인지 사람들은 가치가 아닌 가격에서 투자하라는 조언을 받고자 한다. 당신 스스로 이해하지 못한 일을 하기 시작했거나 지난주에 투자했던 방식이 다른 사람에게 효과적이었다면 이러한 투자 조언은 아무 소용이 없다. 세상에서 주식을 사는 사람

가운데 가장 어리석은 사람은 주가가 오르고 있기 때문에 산다는 사람이다."

우리는 매입가격에서 안전마진Margin of safety을 두어야 한다고 강조한다. 우리가 계산한 보통주의 가치가 안전마진 가격보다 약간 높다면 매입하려는 생각을 갖지 않게 된다. 벤저민 그레이엄이 강조한 '안전마진' 원칙을 믿는 것이야말로 성공의 초석이 된다.

● 워렌 버핏

제3장
매입가 원칙 _ 안전마진

나는 과감한 성공투자의 비결을 4글자의 좌우명으로 결론지었다 : 안전마진

● 그레이엄

버핏은 버크셔 1992년 연보에서 안전마진 원칙이 성공 투자의 초석이라고 언급했다.

"우리는 매입가격에서 안전마진을 두어야 한다고 강조한다. 우리가 계산한 보통주의 가치가 안전마진 가격보다 약간 높다면 매입하려는 생각을 갖지 않게 된다. 벤저민 그레이엄이 강조한 '안전마진' 원칙을 믿는 것이야말로 성공의 초석이 된다."

　버핏이 안전마진 원칙을 강조한 이유는 첫째로 투자자가 매입가에서 충분한 안전마진을 남김으로써 예측실패에 따른 투자리스크를 크게 줄일 수 있기 때문이다. 이렇게 되면 투자자가 어느 정도 잘못된 예측을 하더라도 장기적으로는 투자원금을 보장할 수 있다. 둘째, 투자자가 매입가에서 충분한 안전마진을 남기고 기본적으로 정확한 예측을 한 상황이라면 매입원가를 낮춰 합리적이고 안정적인 투자회수를 보장할 수 있기 때문이다. 버핏 등의 가치투자 대가들은 수십 년간 지속적으로 시장에서 큰 성공을 거두며 안정적인 실적을 내고 있다. 많은 학술 연구에 따르면 안전마진을 기초로 하는 가치투자야말로 안정적으로 투자이윤을 낼 수 있다고 한다.

　안전마진을 응용하려면 반드시 충분한 인내심을 가져야 하고 적절한 기회가 오기를 기다려야 한다. 그 기회는 회사에 잠시 문제가 생겼을 때나 시장이 일시적으로 과도하게 침체되어 우량주가 저평가되었을 때 찾아온다. 버핏은 시장의 회사 주식에 대해 잘못된 평가로 인한 공황성 투매가 일어났을 때 우량주들을 저가로 대량매입해 장기보유함으로써 큰 투자 이윤을 올렸다.

3.1 안전마진은 투자안전의 보장

> 가격은 당신이 지불하는 것이고,
> 가치는 당신이 얻는 것이다.
> – 워렌 버핏

그레이엄은 자신의 애제자였던 버핏에게 가장 중요한 투자원칙을 가르쳐주었다:

첫 번째 규칙_ 절대 손해 보지 말아라.
두 번째 규칙_ 첫 번째 규칙을 절대 잊지 말아라.

그럼 실제 투자에서 어떻게 이 두 가지 원칙을 응용할까? 그레이엄은 "나는 과감한 성공투자의 비결을 4글자의 좌우명으로 결론지었다:안전마진"이라고 답을 내놓았다. 버핏은 항상 스승의 가르침을 따랐고, '안전마진' 원칙이 성공투자의 초석이라는 점을 견지했다. 이것이 바로 버핏이 투자에서 절대 손해 보지 않는 비결이다.

3.1.1 안전마진

현대 증권분석의 창시자이자 버핏이 가장 존경하는 스승인 그레이엄은 '안전마진'이 바로 가치투자의 핵심이라고 했다. 주가의 등락이 일정치 않더라도 상대적으로 안정적인 내재가치를 지니고 있는 회사가 많이 있다. 충분히 공부하고 부지런한 투자자들은 정확하고 합리적으로 그 내재가치를 가늠할 수 있다. 주식의 내재가치와 현재 거래가는 일반적으로 같지 않은 경우가 많다. 안전마진을 기초로 한 가치투자전략이란 투자자가 회사의 내재가치에 대한 예측을 통해 회사 주식가격간의 차액을 비교하고, 양자간의 차액(=안전마진)이 어느 정도 다다랐을 때 해당 회사를 선택해 주식투자를 진행시키는 것을 말한다.

"확실한 투자를 위해서는 반드시 확실한 안전마진이 있어야 한다. 또한 확실한 안전마진은 데이터, 설득력있는 추리와 많은 실제 경험으로 증명된다."

"정상적인 조건에서 투자를 위해 구매한 보통주의 안전마진은 현행채권 금리의 예상수익을 크게 초과한다."

10년 주기를 기준으로 주식수익률이 채권금리를 초과하는 금액은 지불가의 50%에 달하게 될 수 있다. 이 데이터는 아주 실질적인 안전마진을 제공해준다. 곧 적절한 조건에서 손실을 피하거나 최소화시킨다는 것을 의미한다. 20종 또는 그 이상의 주식에서 모두 이와 같은 안전마진이 존재한다면 이는 보통주에 투자하는 전형적인 전략이 되며 성공확률에 대해 높은 통찰과 예측이 필요없게 된다.

그레이엄은 주식시장을 다음과 같이 지적했다.

"주식시장에서는 예상가치가 과도하게 낮은 주식에 투자하길 좋아하는 투자자에게 주로 문제점들이 생기곤 한다. 우선 주식시장은 투자자에게 언제나 과도하게 저평가된 주식들을 선택하도록 만든다. 그리고 시장은 긴 시간 동안 투자자가 기대했던 가치와 반대방향으로 진행되면서 투자자의 확고부동한 의지를 검증한 후, 가격을 그 가치에 부합하는 수준으로 높여준다."

"근본적으로 보면 가격의 등락은 투자자에게 있어 단지 한 가지 중요한 의미만을 지닐 뿐이다. 가격이 대폭 하락한 후에는 투자자에게 저가매입의 기회를 제공하고, 가격이 대폭 상승한 경우에는 투자자에게 고가매도의 기회를 제공한다. 주가가 과도하게 낮은지 높은지를 검증할 수 있는 가장 기본적인 방법은 주가와 그 소속기업 전체의 가치를 비교하는 것이다."

버핏은 안전마진이 투자에서 가장 중요한 개념이라고 생각했으며 다음과 같이 말했다.

"<현명한 투자자>의 마지막 장에서 벤자민 그레이엄은 소위 비수이론(비수이론은 마치 운전자의 핸들에 비수가 놓여 있으면 더욱 조심스레 운전을 하듯이 채무가 커지면 관리자들이 더욱 열심히 경영을 하게 된다는 것을 말한다)을 강하게 반대했다. '정확한 투자비결을 비수이론이란 용어로 함축하는 대신 나는 과감하게 안전마진이라는 4글자를 내놓았다.' 나는 이 말을 42년간 읽었으며 아직까지도 안전마진이 맞다고 생각한다. 투자자들은 이 간단한 투자 좌우명을 소홀히 하여 90년대부터 큰 손실을 입었다."

"그레이엄에게는 3가지 기본적인 사상이 있는데 이것은 투자지혜의 근본이 된다. 이외에 다른 어떤 생각이 당신의 주식투자를 좋은 방향으로 도와줄 수 있을지 상상하기 힘들다. 이 생각들은 어떤 것도 복잡하지 않으며 수학적 사고가 필요한 것도 아니다. 그레이엄은 주식을 회사의 여러 구성 가운데 일부분이라 여겨야 한다고 했다. 주식시장 파동을 당신의 적이 아닌 친구로 봐야 하며, 투자이윤은 때때로 이 시장파동에 따르지 않기도 한다. 또한 <현명한 투자자>의 마지막 장에서 그레이엄은 투자에서 가장 중요한 단어인

'안전마진'을 말했다. 그레이엄의 이러한 생각들은 지금부터 100년이 지나도 이성적인 투자의 초석이 될 것이라 생각한다."

"물론 블루칩이라 할지라도 매입가가 너무 높으면 안 된다. 매입가가 높은 것에 대한 리스크는 반드시 발생한다. 경정우위가 장기적으로 지속될 회사의 주식을 포함한 모든 주식들은 실제로 이렇게 매입가에 대한 리스크가 이미 상당하다. 투자자는 과열시장에서 주식을 매입한다는 것이 비록 우량주라 할지라도 좀더 긴 시간을 기다려야 회사가 실현할 수 있는 가치가 투자자가 지불한 주가와 비슷한 수준까지 증가한다는 점을 명확히 인식하고 있어야 한다."

3.1.2 안전마진과 투자리스크

버핏의 스승 그레이엄이 말한 것처럼 "안전마진 개념은 시금석으로 이용되어 투자조작과 투기조작을 구별하는 데 도움이 된다."

그레이엄과 버핏이 안전마진 원칙을 강조하고 일정한 안전마진을 요구하는 근본적인 원인은 주식시장 가격과 회사경영에 영향을 주는 요인들이 매우 복잡하기 때문이다. 그리고 상대적으로 사람의 예측능력에는 한계가 있기에 쉽게 잘못된 예상을 내놓을 수 있다.

- ▶주가파동은 정확하게 예측하기 힘들다. 장기적으로 볼 때 주가가 본연의 가치로 회귀하는 추세를 보일지라도 언제 어떻게 회귀하는지는 확신할 수 없다.
- ▶회사가치는 정확하게 예측하기 힘들다. 회사내부, 업계, 거시적 요소들의 영향을 받을 수 있지만 이러한 요소들 자체가 가변적이며 불확실하기 때문에 회사가치에 대한 영향은 더더욱 확정지을 수 없다.

▶안전마진은 투자자 능력의 한계성, 주식시장 파동의 커다란 불확실성, 회사발전의 불확실성에 대한 일종의 예방이자 보험이다. 회사가치에 대한 평가에 약간의 오차가 생겨 주가가 오랫동안 회사가치보다 낮은 수준을 유지하더라도 큰 문제가 되지 않는다. 비교적 큰 안전마진이 있다면 회사가 잠시 좌절을 겪더라도 투자자본의 안전성에 위협을 주지 못하며 최저수익률을 보장해준다.

월스트리트에서 어느 누구도 정확하게 주가파동을 예상하지 못한다
그레이엄은 사망하기 몇 개월 전 인터뷰에서 "내가 월스트리트에서 60여 년간의 경험을 통해 발견한 점은 어느 누구도 주식시장 변화를 완벽하게 예측하지 못한다는 사실이다"라고 말했다.
안전마진은 주식시장 파동의 거대한 불확실성과 예측불가능에 대한 일종의 예방이자 보험이다. 안전마진이 비교적 크다면 주가가 오랫동안 주식가치보다 낮더라도 우리는 회사이윤과 주주권익의 증가를 통해 투자자본의 안전성을 보장받고 만족할 만한 수익률을 올릴 수 있다. 또한 회사의 주가가 더욱 하락하면 우리는 더 큰 안전마진으로 더 많은 회사주식을 매입할 수 있다. 우리는 제2장 버핏의 시장원칙을 통해 시장은 결국에는 주식의 내재가치로 회귀한다는 사실을 알게 되었다. 버핏이 말한 것처럼 말이다.
"미래는 영원히 불확실하다. 모두가 주목하고 있을 때엔 높은 가격으로 시장에서 주식을 매입할 수밖에 없다. 때문에 불확실성은 실질적으로는 오히려 장기적 가치의 친구와 같다."
주식시장의 예측불가능에 대한 연구성과가 이미 많이 쌓여 있다.

특히 어떤 시기부터 펀드회사가 보유하고 있는 현금보유량은 확실히 알 수 있다. 그러나 뮤추얼 펀드매니저도 근본적으르 시장을 정확하게 예측하기란 불가능하다. 골드만삭스가 뮤추얼펀드의 1970~1980년의 현금보유량에 대해 연구한 바에 따르면 펀드매니저들은 이 기간 동안 있었던 9번의 중요한 전환점을 예측하지 못했다. 윌리엄 셔든Willian. A Sherden이 진행한 1984~1995년 데이터 연구에 따르면 1984, 1985, 1986, 1992, 1993, 1994년 펀드매니저들은 시장이 위축되고 현금보유량이 증가한다고 예상했지만 시장은 안정적으로 성장했다. 그들이 1987년 10월의 증시거래 중단을 예상할 만한 어떠한 현상도 없었다.

드레이먼David Draiman은 5번의 강세와 4번의 약세를 포함한 1973~1996년 미국 증시의 연구를 통해 24년간 주식분석가들의 예상실패율이 44.3%에 달했고, 그중 강세장에서의 실패율이 44.9%, 약세장이 47.4%라고 밝혔다. 연구에 따르면 강세장이나 약세장에 관계없이 전문가들은 과도하게 낙관적인 경향을 가지고 있었다. 과도하게 낙관적인 수익예측은 투자자로 하여금 회사가치를 높게 평가하여 고가로 매입하게 했고 결국엔 투자수익률을 떨어뜨리거나 심지어 손해를 보게 만들었다.

드레이먼과 알렉의 연구에서 보면 1982~1997년 주식시장 예상 전문가의 스탠다드 앤 푸어스 주가지수 성장예상 수치와 실제 차이는 188%에 달했다. 실제 연간 성장률은 7.1%였지만 예상 연간 성장률은 21.9%이었기 때문에 그들의 낙관적인 예측은 빗나간 정도가 조금 심했다.

분석가들이 항상 낙관적인 예상을 내놓는 근본적인 원인은 투자자들로 하여금 더 많은 매입을 유도하거나 대량 매도를 막음으로써 주식거래량을 높이기 위해서이다. 그러면 자신이 소속되어 있는 증권회사에서 더욱 많은 보수와 자금을 얻을 수 있다. 버핏은 버크셔사의 1980년 연보에서 "우리는 주식이나 채권시장 가격의 단기예측이 아무런 효과가 없다고 굳게 믿고 있다. 이러한 예측은 당신에게 예측분석가 본인의 상황만을 알려줄 뿐 시장의 미래와 관련된 어떠한 사항도 알려줄 수 없다"라고 말했다.

미국 제2의 펀드회사인 뱅가드그룹의 존 보글John Bogle은 다음과 같이 말했다.

"통계데이터에 따르면 시장의 활황기 또는 침체기를 예측하는 것은 약 10분의 1의 정확성만을 보인다고 한다. 당신이 만일 돈을 벌고 싶다면 반드시 두 번의 정확한 예측을 해야 한다. 한 번은 활황기에 근접했을 때 주식을 파는 것이며 이는 곧 1%의 기회밖에 없다는 것을 의미한다. 만일 또 한 번 성공하고자 한다면 만분의 일의 기회밖에 없다는 사실을 명심해야 한다. 나는 이 업계에서 30년을 일해왔지만 누군가가 연속해서 정확히 예측할 수 있다는 말이나 예상을 적중했다는 말을 들은 적이 없다. 사실 그들의 말만 듣고 대책을 세워 거래시기를 선택하는 것은 당신의 투자가치를 높이지 못할 뿐만 아니라 예상했던 것과 정반대의 결과가 생길 수도 있다."

월스트리트 주식분석가들이 회사수익 예측에 실패할 확률은 60% 이상에 달한다

비록 월스트리트와 학술계에서는 아직도 많은 측면에서 커다란 이견이 존재하지만, 회사수익은 회사의 주가를 결정하는 가장 중요한 요인이라는 데에는 이견이 없다. 현대 증권분석의 핵심은 회사수익을 예측함으로써 회사 주식가격의 향후 추세를 예측하는 데 있다. 따라서 증권회사는 거액을 투자해 전문가를 초빙해 회사의 수익변화를 예측하기 때문에 전문가들의 역할이 자연스레 중요하게 되었다. 그럼 이 전문가들이 예측한 회사수익의 정확도는 얼마나 될까?

<기관투자자>는 매년 가장 우수한 분석전문가를 선출한다. 수백 개의 펀드회사에서 가장 우수한 유명 분석팀을 뽑아서 각 업계의 수익변화를 예측하도록 한다. <파이낸셜 월드>는 이들의 실제 활약을 조사했는데 예측전문가들의 실제 실적은 놀라울 정도로 형편없었다.

"진정한 영웅은 정말 적었다. 조사기간 동안 주식시장은 평균 14.1% 상승했지만 추천주식의 전체 상승율은 9.1%에 머물러 시장 평균수준보다 34%가 낮았다. 추천한 134종 주식 중에서 3분의 1 정도인 42종의 상승폭이 스탠다드 앤 푸어스 500지수의 평균수준보다 높았다. 경쟁이 치열한 주식시장에서 그들은 마치 무능력해 보였다. 그들은 조심해야 할 때 과감했고 과감해야 할 때 오히려 신중을 기했다. 주식시장은 마치 그들의 예측과 정반대로 흘러가는 것만 같았다."

드레이먼과 M. 페리는 1995년 5-6월의 <파이낸셜 애널리스트 저널>에 1973-1991년간 분석가들의 수익예측 정확성에 대해 연구한 글을 발표했다. 이 글에 따르면 매분기 수익예측은 일반적으로 3개월 전의 데이터를 사용하는데, 분석가들은 해당 분기 2주일 전에 수정할 수 있다. 리서치 회사는 뉴욕 증권거래소, 나스닥과 미국 증권거래소의 주요 주식 1000종을 포함했다. 분석가들의 수익분석과 실제 수익의 차이는 매우 커서 평균 44%의 오차율을 보였다. 70년대 말에 정보기술이 비약적인 발전을 했지만 분석가들의 예측 수준은 오히려 더욱 떨어졌다. 조사기간 중의 최근 8년간 평균 실패율은 50%에 달했고 각각 57%와 60%일 때도 있었다. 이렇게 큰 예측실패율은 투자자가 회사의 가치를 판단하는 과정에서 큰 실수를 하게 만들며 주가에도 불합리한 예측을 만들어낸다. 회사수익 발표와 예상편차가 크면 주가는 큰 폭으로 하락하고 투자자는 큰 손실을 입게 된다.

회사수익은 예상하기 어렵다는 사실은 이미 입증되었다. 주식분석가의 수익예측 또한 정확하지 않다. 잘못된 회사수익 예측으로 가치평가 오차가 커지는 것을 방지하기 위해 가치투자자들은 매입가를 결정할 때 리스크를 줄이고 만족할 만한 투자수익률을 확보할 수 있도록 안전마진 투자원칙이 필요하다.

3.2 안전마진은 투자수익의 보장

　투자자는 매입가에서 충분한 안전마진 공간을 남겨두어야 예측 실패로 인한 투자리스크를 줄일 수 있다. 또한 예상이 정확했을 때 매입원가를 낮출 수 있고 원금보장의 전제하에 안정적인 투자수익을 올릴 수 있다.

　버핏은 안전마진에 따라 가치투자를 한 투자수익과 리스크는 정비례가 아닌 반비례를 보여 리스크가 작을수록 수익이 더 높기도 한다고 지적한다. 간단히 말하자면 안전마진에 따라 가치투자를 했을 경우 리스크는 더욱 낮아지고 수익은 더욱 높아진다.

　"가치투자에서 리스크와 수익은 정비례가 아닌 반비례를 보인다. 당신이 60센트로 1달러 지폐를 산다면 리스크는 40센트로 1달러 지폐를 사는 것보다 크다. 하지만 후자의 수익 예상치가 비교적 높기 때문에 가치발전성을 보고 투자를 한다면 수익잠재력은 더욱 커지고 리스크는 더욱 낮아진다. 간단한 예를 하나 들어보자. 1973년 워싱턴포스트사의 총 시장가치는 8000만 달러였다. 당신은 그 자산을 10명의 구매자 중의 한 사람에게 4억 달러 이상으로 팔 수 있다. 워싱턴포스트, 뉴스위크와 방송국을 보유하고 있던 이 회사의 현재 가치는 20억 달러에 달하기 때문에 4억 달러를 지불할 구매자는 절대 바보가 아니다. 현재 주가가 계속 떨어진다면 이 기업의 시장가치는 8000만 달러에서 4000만 달러로 떨어지고 그 베타값은 상승한다. 베타값으로 리스크를 판단하는 사람들에게 더욱 낮은 가격은 더욱 큰 리스크를 의미한다. 나는 왜 8000만 달러보다 4000만 달러로 4억 달러 가치의 자산을 구매했을 경우 리스크가 더욱 큰지 영원히 이해할 수 없다. 사실 당신이 저평가된 가치주를 몇 개 살 수 있고 회사가치에 정통하다면, 8000만 달러로 4억 달러 가치의 자산을 사들일 수 있다. 특히 각각 800만 달러로 10종의 4000만 달러 가치 자산을 사들인다면 기본적으로 리스크가 없다고 할 수 있다. 당신은 4억 달러의 자산을 직접 관리할 수 없기 때문에 성실하고 능력있는 관리자를 찾길 원할 것이며 이는 그리 어렵지 않다. 동시에 반드시 상응하는 지식을 갖춰서 정확하게 회사의 내재가치를 평가할 수 있도록 해야 한다. 그렇다고 정확한 평가수치까지는 필요없다. 이것이 바로 그레이엄이 말한 안전마진을 갖는 개념이다. 당신은 8000만 달러로 8300만 달러 가치의 기업을 사려 할 필요가 없으며 반드시 큰 안전마진을 가져야 한다. 다리를 건설할 때 3만 파운드의 적재량을 견딜 수 있도록 만들어 적재량 1만 파운드의 트럭만을 통과시켜야 한다. 같은 원칙이 투자분야에도 적용된다."

현재 많은 학술 연구들은 버핏이 주장한 안전마진을 기초로 한다면 가치투자 리스크가 더욱 낮고 수익이 더욱 높아진다는 이론을 지지하고 있다. 이러한 연구는 재무지표와 주가의 비율분석(주가와 수익비, 주가와 장부가치비율, 주가와 현금흐름비율 등)에 따라 주가수익률이 낮고 주가배당소득률이 낮으며 주가현금유동량 비율이 낮은 주식에 투자한다면 높은 투자이윤을 거둘 수 있다고 말한다. 이 지표가 안전마진의 크고 작음을 직접적으로 나타낼 수는 없지만 간접적으로 비율이 낮은 회사주식은 비율이 높은 회사주식보다 저평가될 수 있기 때문에 더욱 큰 안전마진을 가지고 있음을 알 수 있다. 이러한 연구들은 투자자가 안전마진으로 투자전략을 세우는 데 더욱 많은 근거를 제공하고 있다.

다음은 조세프 라코니쇽Josef Lakonishok, 로버트 비쉬니Robert W. Vishny와 안드레이 쉴레이퍼Andrei Shleifer가 1993년에 했던 가장 유명한 실증 연구에 대한 설명이다.

조세프 라코니쇽, 로버트 비쉬니와 안드레이 쉴레이퍼는 주가수익률이 투자수익률에 미치는 영향에 대해 연구를 했다. 그들은 뉴욕 증권거래소의 모든 상장회사 주식들을 주당순이익PE에 따라 배

표 3-1 1968년 4월~1990년 4월 뉴욕 증권거래소와 미국 증권거래소의 모든 상장회사의 투자수익률과 주가수익률의 관계

포트폴리오 형성 후 보유연한	주가수익률									
	고 주가수익률								저 주가수익률	
	1	2	3	4	5	6	7	8	9	10
1년차	12.3%	12.5%	14.0%	13.0%	13.5%	15.6%	17.0%	18.0%	19.3%	16.2%
2년차	10.1	11.3	12.4	14.3	16.7	16.4	18.0	18.5	18.3	17.4
3년차	11.8	13.8	15.7	17.1	17.1	19.1	19.8	18.8	18.8	19.5
4년차	11.1	12.4	14.5	15.1	15.7	15.9	19.8	19.9	20.5	21.4
5년차	11.9	12.9	15.1	16.7	17.1	16.8	19.6	20.1	21.1	20.7
5년 연평균 수익률	11.4	12.6	14.3	15.2	16.0	16.7	18.8	19.1	19.6	19.0
5년 누적 총 수익률	71.7	80.8	95.3	103.1	110.2	116.8	137.0	139.3	144.6	138.8

자료 출처: Josef Lakonishok, Robert W. Vishny, Andrei Shleifrer : *Contrarian Investment, Extrapolation and Ridk*, Working Paper No. 4360, National Bureau of Economic Research, May 1993.

열해 10개조로 나누었다. 1968년 4월 30일에 최초의 투자 포트폴리오가 형성되었고 새로운 투자 포트폴리오는 다음 해 4월 30일에 형성되는 방식으로 1990년까지 순환되었다. 투자 포트폴리오는 5년 동안 각각 연간 수익률, 5년 연평균 수익률, 평균 5년 누적 수익률을 보여준다(표 3-1 참조).

또한 조세프 라코니쇽, 로버트 비쉬니와 안드레이 쉴레이퍼는 주가의 현금흐름비율이 투자수익률에 미치는 영향에 대해서도 연구했다. 이들은 뉴욕 증권거래소와 미국 증권거래소의 모든 상장회사 주식을 주가 현금흐름비율로 배열하여 10개조로 나누었다. 1968년 4월 30일에 최초의 투자 포트폴리오가 형성되었고 새로운 투자 포트폴리오는 다음 해 4월 30일에 형성되는 방식으로 1990년까지 순환시켰다. 투자 포트폴리오는 5년 동안 각각 연간 수익률, 5년 연평균 수익률, 평균 5년 누적 수익률을 보여준다. 연구결과는 표 3-2와 같다.

이들은 주가 현금흐름비율이 가장 낮은 두 그룹의 주식의 투자수익률에서 주가 현금흐름비율이 가장 높은 두 그룹의 투자수익률을 뺀 값으로 주가가 낮은 주식이 높은 주식에 대해 상대적으로 보여주는 초과수익률의 지속성을 검증했다.

연구에 따르면 1년간 보유했을 경우 주가가 낮은 현금흐름비율의 주식은 22년 중에서 17년간 주가가 높은 현금흐름비율을 보인 주식보다 수익률이 좋았다. 3년간 보유했을 경우 20년 중에서 18년간, 5년간 보유했을 경우에는 모든 해에 더욱 높은 수익률을 보였다.

낮은 주가 현금흐름비율의 주식이 높은 주가 현금흐름 주식보다

표 3-2 1968~1990년 뉴욕 증권거래소와 미국 증권거래소의 모든 상장회사의 주가 현금흐름비율과 투자수익률의 관계

포트폴리오 형성 후 보유연한	주가 현금흐름비율 그룹									
	높은 주가 현금흐름비율					낮은 주가 현금흐름비율				
	1	2	3	4	5	6	7	8	9	10
1년차	8.4%	12.4%	14.0%	14.0%	15.3%	14.8%	15.7%	17.8%	18.3%	18.3%
2년차	6.7	10.8	12.6	15.3	15.6	17.0	17.7	18.0	18.3	19.0
3년차	9.6	13.3	15.3	17.2	17.0	19.1	19.1	20.2	19.3	20.4
4년차	9.8	11.1	14.6	15.9	16.6	17.2	18.2	19.2	22.3	21.8
5년차	10.8	13.4	16.1	16.2	18.7	17.7	19.1	20.9	21.2	20.8
5년 연평균 수익률	9.1	12.2	14.5	15.7	16.6	17.1	18.0	19.2	19.9	20.1
5년 누적 총 수익률	54.3	77.9	96.9	107.4	115.8	120.6	128.3	140.6	147.6	149.4

자료 출처: Josef Lakonishok, Robert W. Vishny, Andrei Shleifrer
: *Contrarian Investment, Extrapolation and Ridk*, Working Paper No. 4360, National Bureau of Economic Research, May 1993.

더 높은 수익률을 보인 것이 리스크가 더 높았기 때문인지를 검증하기 위해 조세프 라코니쇽, 로버트 비쉬니와 안드레이 쉴레이퍼는 서로 다른 주식이 주식시장의 좋았던 달과 나빴던 달의 월별 투자수익률을 계산했다. 연구결과는 다음과 같다.

연구에 따르면 주식시장이 가장 나빴던 25개월과 주가하락 후 가장 나빴던 88개월에는 주가가 낮은 현금흐름비율 주식이 주가가 높은 현금흐름비율 주식보다 좋았다.

주식시장이 가장 좋았던 25개월에는 주가가 낮은 현금흐름비율 주식이 주가가 높은 현금흐름비율보다 좋았고, 주가 상승 후 가장 좋았던 122개월에는 양자의 수익률이 비슷했다. 이들은 다음처럼

표 3-3 1968~1990년 낮은 주가 현금흐름의 회사와 높은 주가 현금흐름의 회사의 1년, 3년, 5년 동안의 초과투자수익률

포트폴리오 형성연도	보유연한		
	1년 + (−)	3년 + (−)	5년 + (−)
1968	2.2%	28.7%	47.4%
1969	12.3	19.5	41.0
1970	13.5	24.6	42.8
1971	(7.8)	23.1	47.8
1972	15.5	31.9	69.3
1973	2.1	38.2	84.6
1974	(0.7)	49.6	134.3
1975	26.2	81.6	131.0
1976	17.4	67.3	146.8
1977	19.3	24.7	76.4
1978	4.8	(10.6)	27.2
1979	(16.8)	(10.2)	27.4
1980	3.9	74.6	122.5
1981	20.3	65.0	158.4
1982	(3.2)	33.8	125.3
1983	20.4	33.2	85.1
1984	19.2	55.2	88.8
1985	1.4	32.2	57.6
1986	10.8	33.9	
1987	9.3	17.0	
1988	9.2		
1989	(6.3)		

자료 출처: Josef Lakonishok, Robert W. Vishny, Andrei Shleifrer : *Contrarian Investment, Extrapolation and Ridk*, Working Paper No. 4360, National Bureau of Economic Research, May 1993.

표 3-4 **1968년 4월 30일~1990년 4월 30일 주식시장이 가장 좋았던 달의 월평균 투자수익률과 주가 현금흐름비율의 관계**

시간	주가 현금흐름비율									
	최고주가 현금흐름비율					최저주가 현금흐름비율				
	1	2	3	4	5	6	7	8	9	10
주식시장이 가장 나빴던 25개월	11.8%	11.1%	10.6%	10.3%	9.7%	9.5%	9.0%	8.7%	8.8%	9.8%
주식하락 후 가장 나빴던 88개월	3.0	2.8	2.7	2.4	2.3	2.1	2.0	1.9	1.6	2.0
주식시장이 가장 좋았던 25개월	12.1	12.5	12.2	11.9	11.6	10.9	11.2	11.5	11.9	13.6
주식상승 후 가장 좋았던 122개월	3.7	3.9	4.0	3.8	3.9	3.8	3.8	3.8	3.7	3.8

자료 출처: Josef Lakonishok, Robert W. Vishny, Andrei Shleifrer
: *Contrarian Investment, Extrapolation and Ridk*, Working Paper No. 4360,
National Bureau of Economic Research, May 1993.

결론을 맺었다. 전체적으로 보면 가치형 주식(주가가 낮은 현금흐름비율 주식)은 모든 상황에서 성장형 주식(주가가 높은 현금흐름비율 주식)보다 좋으며, 주식시장이 하락세일 때가 상승할 때보다 더욱 좋다. 실증 연구에 따르면 가치형 주식은 투자자에게 더욱 많은 하락리스크를 가져다주지 않는다.

모든 통계검증에 기초한 안전마진에 관한 실증 연구에 따르면 단기간의 몇 개월 혹은 몇 년 안에 투자수익률은 변화무쌍하지만 통계검증이 요구하는 상당히 긴 기간 동안에는 반복적으로 발생하고 상호연관된 투자성공모델이 분명히 존재한다. 이러한 실증 연구들은 우리에게 상대적으로 내재가치가 시장에서 더욱 낮게 평가되고 있는 저가의 주식그룹에 대량으로 투자하여 장기적으로 누적되면 투자수익을 만들어낼 수 있다는 것을 알려주고 있다. 이러한 성공의 투자모델을 알고 이해함으로써 우리는 그레이엄과 버핏의 안전마진 원칙에 더욱 믿음을 갖게 된다. 또 어떠한 상황에서도 더욱더 인내심과 의지를 가지고 안전마진이라는 투자의 가장 기본적인 원칙을 고수할 수 있게 된다.

3.3 주가하락은 투자의 좋은 기회

> 우리가 이미 벤자민 그레이엄에게서 배운 투자성공의 핵심은 좋은 회사의 주가가 상대적으로 내재되어 있는 상업적 가치보다 크게 떨어졌을 때 그 주식을 사는 데 있다.
> – 워렌 버핏

안전마진 원칙을 응용하려면 반드시 인내심을 가지고 기회가 오기를 기다려야 한다. 이러한 기회는 회사 또는 시장이 잠시 침체되어 우수한 회사의 주식이 과도하게 저평가되었을 때 생긴다.

미국 야구영웅 테드 윌리엄스는 초인적인 타율로 명예의 전당에 들어갔다. 그는 성공의 비결을 "좋은 볼을 기다리는 것"이라고 말했다. 버핏은 투자성공의 비결을 "좋은 가격의 주식을 노리고 기다리는 것"이라고 말했다.

"우리는 이후에도 여전히 우리를 현재 규모까지 발전케 만들어준 성공전략을 고수할 것이며 우리의 투자를 선택하는 기준에 있어 잠시도 느슨해선 안 된다. 테드 윌리엄스는 그의 자서전 <내 인생 이야기>에서 자신의 타격률이 높은 이유에 대해 말했다. '우수한 타자가 되려면 반드시 좋은 볼이 오기를 기다렸다가 쳐야 한다는 것이 나의 생각이다. 이것이 이 책에서의 첫 번째 원칙이다. 내가 나만의 스트라익존 밖의 공을 쳤다면 나는 3할 4푼 4리라는 경이적인 타율로 명예의 전당에 들어가지 못했을 것이며 아마도 2할 5푼 정도의 보통 타자밖에 되지 못했을 것이다.' 찰리와 나는 이 견해에 동의하며 투자기회가 우리들의 스트라익존에 들어올 때까지 최대한 기다려야 한다"고 생각한다.

"투자자는 세상에서 가장 좋은 직업이다. 당신은 스윙을 할 필요가 없이 서 있기만 하면 투수가 바로 앞으로 공을 던져준다. 제너럴모터스! 아메리칸 스틸! 아무도 당신 보고 배트를 휘두르라고 소리치지 않는다. 당신이 스윙하지 않아도 어떠한 처벌도 없고 가장 큰 손실이라고 하면 기회를 한 번 놓친 것뿐이다. 하루종일 당신이 원하는 공을 기다렸다가 포수가 잠시 머뭇거렸을 때를 놓치지 않고 힘차게 배트에 명중시키면 된다."

또 워렌 버핏은 다음과 같이 말했다.

"많은 사람들은 '기회가 없는데 어떻게 하나?'라고 물어본다. 기다려야 한다! 기회가 없다고 아무렇게나 투자해선 안 된다. 기회가 없다면 아무것도 하지 않는 것이 가장 현명하다. 반드시 기회가 왔을 때까지 기다렸다가 행동해야 한다. 살아가면서 나는 영감이 끊이지 않을 때가 있는 반면 아무리 생각해도 아무런 소득이 없는 날도 있었다. 다음 주에 좋은 생각이 들면 투자를 할 것이고 좋은 생각이 들지 않는다면 쓸데없는 짓은 절대 하지 않는다."

버핏은 디즈니회사에 대규모로 투자하기 전 30년간을 지켜봤다. 버핏은 1998년 1온스에 5달러 가격으로 6.45억 달러의 백금을 사들였다. 버핏은 백금시장을 30년간 주목해왔으며 그 당시 백금 가격이 650년 만에 최저점에 달했다고 판단했다. 버핏은 80년대에 코카콜라를 매입하기 전에도 52년간 지켜보면서 코카콜라 주가가 충분한 안전마진을 형성할 때까지 떨어지기를 기다리다가 좋은 투자기회를 잡았다.

버핏은 1989년에 대량으로 코카콜라 주식을 매입한 다음 1989년 연보에서 즐거운 심정으로 자신이 52년간 코카콜라를 주목해왔던 과정에 대해 회고했다.

"1935년인가 1936년에 처음으로 코카콜라를 마셨던 것으로 기억한다. 확실한 것은 1936년부터 버핏잡화점에서 코카콜라를 25센트를 주고 6병을 구입했다는 사실이다. 그리고 50센트의 소매가로 주위 사람들에게 팔았다. 나는 이윤이 높은 소매업을 하는 과정에서 자연스럽게 코카콜라가 소비자들에게 가지고 있는 흡인력과 숨어있는 커다란 상업적인 기회를 관찰하게 되었다. 그 후 52년 동안 코카콜라가 전세계를 석권함과 동시에 나는 지속적으로 이러한 비범함을 관찰했다. 1988년 여름이 되서야 내 머리와 눈이 번쩍 뜨였다. 한순간 코카콜라에 대한 내 감각은 뚜렷해졌다."

그럼 안전마진 원칙을 응용해 투자의 좋은 기회를 잡아야 할 때는 언제일까?

▶우수한 회사가 잠시 큰 문제에 봉착해 주식이 시장에서 과도하게 저평가되었을 때
▶주식시장이 과도하게 폭락해 많은 회사의 주식이 과도하게 저평가되었을 때

3.3.1 주식의 안전마진 기회를 움켜쥐어라

충분한 안전마진은 지속적으로 경쟁우위를 지닌 기업이 잠시 커다란 문제가 발생했을 때 생긴다. 그 문제가 아무리 심각하다 할지라도 잠시 동안이며 회사의 장기적인 경쟁우위와 수익능력에는 근

본적인 영향이 없다. 주식시장은 기업에 문제가 생기면 공황이 발생하고 대량으로 주식을 매도한다. 이에 주가가 대폭 하락하고 주식이 과도하게 저평가된다. 이때 가치투자자들에게 충분한 안전마진과 큰 이윤기회를 가져다준다. 기업이 문제를 해결한 후 정상적인 경영상태를 회복하면 시장은 장기적인 수익능력에 아무런 문제가 없음을 인식하여 주가는 대폭 상승하게 된다. 기업의 안정적이고 지속적인 경쟁우위와 장기적인 수익능력은 투자원금의 안전성과 수익성을 보장해 주는 근본이다.

그레이엄은 우선 저평가된 대기업에 투자하는 것이 저평가된 중소기업에 투자하는 것보다 더욱 큰 투자수익을 거둔다는 사실에 초점을 맞췄다.

"만일 보통주들이 우수한 성장성과 매력을 보이기 때문에 성장주를 과도하게 고평가하는 것이 주식시장의 일관적인 형태라는 점을 인정한다면, 일시적으로 발전성이 있는 회사가 투자자의 신임을 잃어서 시장이 상대적으로 해당 주식의 가치를 낮게 평가하는 것도 예상할 수 있는 일이다. 이는 주식시장에 존재하고 있는 기본법칙이다. 공격형 투자자에게 가장 중요한 관건은 사람들의 이목을 끌지 않고 있는 큰 회사에 온 정신을 주목해야 한다는 점이다. 소규모 회사가 과도하게 저평가되었을 경우에는 많은 상황에서 향후 수익과 주가가 상승할지라도 결국에는 이윤능력에 대한 리스크와 수익성의 호전여부에 상관없이 시장에 의해 장기적으로 무시되는 리스크를 감수해야 한다. 반면 큰 회사는 상대적으로 두 가지 우위를 지니고 있다. 첫 번째, 그들이 자본자원과 인적자원으로 난관을 헤쳐나갈 수 있다면 정상수익을 회복할 수 있다. 두 번째, 시장은 큰 기업의 어떤 호전되는 기미에 대해서도 상당히 민감한 반응을 보이곤 한다."

버핏은 사실의 진위와 표면적으로 보이는 진실을 신중하게 생각해 판단할 수 있었다. 버핏의 이러한 특별한 분별력은 주식시장에 운용되어 주목받지 못하고 있는 좋은 회사의 주식을 매입할 수 있었다. 버핏은 좋은 회사가 의심, 불확신 또는 오해로 인해 주가가 잠시 떨어졌을 때 투자하기를 좋아했다.

"커다란 투자기회는 우수한 회사가 좋지 않은 환경에 묶여 있을 때 찾아오며 이때 그 주식들은 잘못 저평가된다."

멍거Chalie Munger는 1997년 위스크사의 연례회의에서 "우수기업이 탁월한 점은 바로 어떠한 좌절이나 손해도 견뎌낼 수 있음에 있다. 이러한 시련을 이겨내지 못한다면 계속 발굴할 필요가 없는 금광과도 같다"라고 했다.

버핏은 시장이 회사주식에 대해 저평가를 내림으로써 패닉상태의 매물이 나왔을 때를 이용해 저가로 우수기업의 주식을 대량매입한 다음 장기간 보유함으로써 큰 투자이윤을 획득했다. 다음의 두 가지 유명한 사례는 버핏이 시장 공황상태에서 저가로 아메리칸 익스프레스와 웰스파고 은행 주식을 매입한 경우이다.

아메리칸 익스프레스

아메리칸 익스프레스는 시대흐름에 잘 부합하는 회사이다. <타임즈>는 '현금이 없는 사회'가 이미 왔으며 신용카드가 현금을 대체하는 유통혁명이 시작되었고 아메리칸 익스프레스는 이 혁명의 선구자가 될 것이라고 밝혔다. 1963년에 1000만의 시민들이 아메리칸 익스프레스 카드를 가지고 있었다. 또한 이 회사의 수천만 달러의 수표가 유통되면서 화폐처럼 주저하지 않고 받아들여졌다.

하지만 후에 회사에 큰 어려움이 닥쳤다. 아메리칸 익스프레스가 뉴저지 바에나의 창고에서 거래를 하던 중 당시 규모가 컸던 유나이티드 정유회사의 샐러드유캔 화물을 받았다. 유나이티드사에 발급한 영수증은 그 화물이 샐러드유라는 증명이 되었고 유나이티드사는 이 영수증을 저당잡혀 대출을 받았다.

후에 유나이티드사가 파산을 선포했다. 1963년 11월 아메리칸 익스프레스는 그 캔에 소량의 샐러드유만이 들어 있었고 대부분 해수였다는 사실을 알게 되었다. 아메리칸 익스프레스의 바에나 창고는 엄청난 사기를 당했고 손실액은 1.5억 달러에 달했다.

아메리칸 익스프레스 총재 하워드 클락은 채무를 책임지기로 결정했고 회사는 각종 손해배상 소송에 휘말리게 되었다. 또한 법적 근거가 없는 손해배상 소송과 잠재적인 손실도 막대했다. 실제 그는 회사가 이미 변재능력을 상실했다고 밝혔다.

버핏이 오마하의 로스 스테이크 하우스, 은행, 여행사, 마트와 약국을 찾아가 보니 사람들은 여전히 아메리칸 익스프레스의 여행자 수표로 일상거래를 하고 있음을 발견했다. 조사를 거쳐 그가 내린 결론은 당시 사람들의 일반적인 관점과 큰 차이가 있었다. 아메리칸 익스프레스는 하락세를 걷고 있는 것이 아니었으며 아메리칸 익스프레스의 브랜드는 여전히 세계적으로 유통되고 있는 상표 중의 하나였다.

버핏은 아메리칸 익스프레스라는 이름의 특허권 가치를 인식했고, 특허권은 시장독점의 권력을 의미하고 있음을 알게 되었다. 아메리칸 익스프레스는 전국적으로 여행자수표 시장의 80%를 점유하고 있었고 카드시장에서도 주요 시장영역을 차지하고 있었다. 버핏은 어떤 것도 아메리칸 익스프레스의 우세한 시장지위를 건드릴 수 없다고 판단했다.

하지만 주식시장이 이 회사 주식에 내린 평가는 시장의 관점에 기초한 것이기에 고객은 이미 주식을 팔아치웠다. 월스트리트의 증권상들도 미친듯이 주식을 내놓았다. 1963년 11월 22일 회사주식은 60달러에서 56.5달러로 떨어졌고 1964년 초에는 35달러까지 떨어졌다.

버핏은 대량 매입을 결정했다. 1964년 그는 버핏 파트너회사 40%의 자산인 1300만 달러로 아메리칸 익스프레스의 5% 주식을 사들였다. 그 후의 2년 동안 아메리칸 익스프레스 주가는 3배가 상승했다. 5년 동안 주가는 5배가 상승해 35달러에서 189달러로 올랐다. 버핏은 <오마하 월드 파이오니어지>(1991년 8월 2일)에서 이 주식을 4년간 보유했었다고 밝혔다. 따라서 그가 아메리칸 익스프레스에 투자한 수익률은 최소 4배 이상이었다.

웰스파고 은행

"우리의 가장 근본적인 투자스타일은 잠만 자는 게으름뱅이 스타일이다. 올해에 우리는 6개의 중점보유주식 중의 5종을 사들이지도 팔지도 않았다. 유일한 변화는 웰스파고 은행으로 관리가 우수하고 수익률이 높은 은행이다. 우리는 보유주식 비율을 연방준비위원회의 비준이 필요없는 최고 비율인 10%까지 높였다. 그 중에서 6분의 1은 1989년에 매입했고 나머지는 1990년에 사들였다.

은행은 우리가 선호하는 투자대상이 아니다. 은행업에서는 보통 자산과 수익의 비율이 20배 정도이기 때문에 작은 비율의 자산결정 실수로 주주수익의 손실이 커질 수 있다. 많은 대형 은행에서 실수는 예외가 아니라 흔히 발생할 수 있다. 그 중 대다수 실수는 작년에 우리가 토론했던 관리실수에서 비롯된다. '큰 흐름에 따르는 습관', 즉 관리자가 무의식적으로 같은 업계의 경향을 따라간다면 이 얼마나 어리석은 모방인가. 대출과정에서 많은 은행가들은 나그네쥐Lemming(북미와 유라시아에 서식하며 몇 년마다 크게 증식하여 이동한다. 이동할 때 앞의 쥐만을 맹목적으로 따라간다. 특히 노르웨이에서 앞서가는 나그네쥐들을 따라가다가 바다로 뛰어들어 죽는 것으로 유명하다-옮긴이)와 같은 열정으로 앞서 가지만, 현재 그들은 역시 나그네쥐와 같이 비참한 운명을 맞게 되었다.

20대 1이라는 지렛대(자산과 수익의 비율)는 관리계층의 우위나 열세에 따라 기업에 미치는 영향이 크기 때문에 우리는 싼 가격으로 관리수준이 낮은 은행의 주식을 사들이는 데에 아무런 흥미가 없다. 반대로 유일하게 흥미를 갖는 것은 합리적인 가격으로 관리가 매우 우수한 은행을 매입하는 일이다.

웰스파고 은행에는 은행업계에서 찾을 수 있는 가장 우수한 경영자인 칼 라이하르트Karl Reichardt와 폴 하즌Paul Hazen이 있었다. 이 합작 파트너는 다방면에서 또다른 황금조합인 캐피탈 시티즈/ABC의 톰 머피와 댄 버크와 어깨를 겨룰 만하다. 첫 번째, 이들은 서로를 이해하고 신임하며 존중하기 때문에 두 사람 역량의 합보다 더 큰 시너지 효과를 낸다. 두 번째, 이들은 높은 연봉으로 인재를 영입함과 동시에 관리본사가 과도하게 커지는 것을 피한다. 세 번째, 이들은 초과수익을 보였을 때에도 경영압박을 받을 때와 마찬가지로 원가를 낮추기 위해 노력한다. 마지막으로 이들은 자신의 업무를 이해하고 자부심이 아닌 자신의 능력으로 그들이 추구하는 목표를 확정한다.

1990년 우리의 웰스파고 은행 매입은 당시에 혼란했던 은행업종의 주식동향에서 이익을 보는 결과를 낳았다. 매달 모두가 주목했던 은행들이 어리석은 대출정책을 공개했기 때문에 이러한 혼란이 일어나는 것은 당연했다. 일련의 커다란 손실이 폭로되었거나 관리자가 회사 경영에 대해 정상화를 선언하고 보장한 직후임에도 이러한 혼란은 발생한다. 따라서 투자자들은 은행이 내놓은 어떠한 숫자도 믿지 못한다는 결론을 내리게 된다. 투자자가 은행주를 내놓는 상황에서 우리는 2.9억 달러의 저가로 웰스파고 은행의 10% 지분을 매입할 수 있었다. 우리가 사들인 주가는 세후수익의 5배보다 낮았으며, 세전수익의 3배보다 낮았다.

웰스파고 은행은 560억 달러의 방대한 자산을 갖고 있으며 순 자산수익률은 20%이며 총 자산수익률은 1.25%이었다. 우리가 매입한 이 은행의 지분 10%는 동일한 재무특징을 지닌 50억 달러 자산규모 은행의 100% 지분을 사들인 것에 상당하는 가치를 가지고 있었다. 하지만 후자를 매입할 경우 웰스파고 은행을 매입한 자금의 2배를 지불해야 했다. 또한 고가의 프리미엄을 지불하고 매입한 은행은 또다른 문제점을 야기시킨다. 바로 칼 라이하르트처럼 우수한 관리자가 경영할 수 없다는 점이다. 최근 몇 년간 웰스파고 은행은 여러 희생을 감수하고서 타 은행보다 인재영입에 박차를 가했지만 다른 은행들은 이 은행에서 인재를 빼내기가 아주 힘들었다.

물론 은행이나 회사 주식을 보유하고 있으면 항상 크든 적든 리스크가 생긴다. 캘리포니아의 은행이 큰 위기를 맞은 것은 대지진 때문이었다. 대지진으로 인해 대출인의 경영에 큰 타격을 가져와서 대출금을 갚는 데 어려움을 가져왔다. 두 번째 리스크는 시스템적인 리스크이다. 업무 위축이나 금융공황이 이렇게 심각하면 거의 모든 고지렛대 경영방식의 기관들은 그전에 아무리 경영을 잘했어도 위험을 초래하게 된다. 끝으로 현재 시장에서 가장 큰 공황은 서해안 부동산 가치가 과도한 개발로 폭락해 대출을 제공했던 은행들에 큰 손실을 입힌 점이다. 특히 웰스파고 은행은 부동산 대출에 앞장섰기 때문에 투자자들은 큰 타격을 받을 것이라 생각했다.

이러한 위험의 발생 가능성은 근본적으로 없앨 수 없다. 하지만 앞선 두 가지 경우의 발생 가능성은 비교적 낮다. 부동산 가치가 폭락하더라도 관리가 잘 된 금융기관에는 큰 손해를 미치지 못한다. 다음처럼 추산해 봐도 좋다. 현재 3억 달러 이상의 대출손실 후를 제외하고 웰스파고 은행의 세전수익은 10억 달러를 상회하고 있다. 은행의 480억 달러의 모든 대출금의 10%-부동산 대출 포함-가 1991년에 문제를 일으켰고, 이 문제의 대출이 입힌 손실(손실의 이자까지 포함)이 원금의 30%에 달했어도 웰스파고 은행은 영업수익을 비슷하게 맞출 수 있었다.

이렇게 심각한 문제를 노출했던 해에도-물론 그럴 가능성이 아주 적고 거의 생길 가능성이 없다고 생각한다-그렇게 낙담하지 않았다. 실질적으로 버크셔에서 우리는 이러한 회사나 투자사업 구매를 선호한다. 어느 해에는 이윤이 없었지만 향후 주주권익이 꾸준히 증가할 수 있는 상황에서 주주권익률 예상은 여전히 20%에 달한다. 웰스파고 은행에 심각한 문제가 생길 가능성은 아주 작지만 시장이 캘리포니아에 발생한 뉴잉글랜드 지역과 유사한 부동산 재난의 공황으로 인해 웰스파고 은행 주식이 1990년 몇 개월 동안 50% 가까이 폭락했다. 우리는 웰스파고 은행이 폭락하기 전에 일부 주식을 매입했지만 주가가 더욱 하락했을 때가 좋기 때문에 우리가 또다시 생긴 공황성 선물거래에서 저가로 더욱 많은 주식을 매입할 수 있었다."

3.3.2 많은 주식의 안전마진 기회를 움켜쥐어라

사람들은 주식시장파동을 예측하지는 못하지만 주식시장의 역사에 대해 조금이라도 알고 있는 사람들이라면 일반적으로 어떤 특수한 경우에 주가가 과도하게 높은지 낮은지를 분명히 판단할 수 있다. 주식시장이 과열되었을 때 극소수의 주가만이 내재가치보다 낮고, 주식시장이 과도하게 침체되었을 때 매입가가 내재가치보다 낮은 주식이 많아서인데 투자자의 재정능력이 부족해 이 좋은 기회를 충분히 이용하지 못한 경우들이 있다.

시장하락은 오히려 좋은 소식이다

버핏은 1996년 버크셔사 주주수첩에서 시장하락은 주식 매입의 원가를 낮추기 때문에 좋은 소식이라고 밝혔다.

"우리가 직면한 도전은 우리의 현금증가 속도처럼 더욱 많은 투자 아이디어를 생각해내야 한다고 요구한다. 따라서 주식시장 하락은 우리에게 분명히 좋은 점을 가져다 준다. 우선 우리가 사들일 회사의 주가를 낮춘다. 다음으로 침체된 주식시장은 우리 소속의 보험회사가 더욱 쉽게 매력적인 저가로 기존에 보유하고 있던 주식들의 보유량을 늘려나가고 우수한 기업의 주식도 사들일 수 있게 만든다. 다시 말해 우리가 이미 주식을 매입한 코카콜라, 웰스파고와 같은 우수기업들은 자사주식을 꾸준히 환매할 것이고 이는 우리 회사와 우리 주주들이 더욱 낮은 가격으로 다시 그 주식을 사들여 이익을 볼 수 있음을 의미한다. 전체적으로 버크셔와 장기주주들은 꾸준히 떨어지는 주식시장 가격에서 더욱 큰 이익을 얻게 된다. 이는 마치 대식가가 계속 떨어지는 음식가격에서 실속을 차리는 것과 같다. 따라서 시장이 폭락하면 우리는 두려워하거나 낙담하지 말아야 한다. 버크셔에게 시장하락은 오히려 좋은 소식이다."

"대부분의 사람들은 모두가 흥미를 갖고 있는 주식에 주목한다. 아무도 주식에 흥미를 갖지 않을 때야말로 당신이 그 주식에 주목해야 할 때이다. 인기주는 돈을 벌 수 없다."

버핏은 버크셔사 2000년 연보에서 "자본시장이 극도로 침체되고 전체 기업들이 비관에 빠졌을 때만이 아주 큰 수익을 올릴 수 있는 좋은 투자기회가 생긴다"라고 지적했다.

실례 : 미국 주식시장의 대불황시기에 버핏은 미친듯이 주식을 매입했다

로저 로웬스타인은 <한 미국 자본가의 성장-세계 갑부 워렌 버핏 자서전>에서 1973-1974년 미국 주식시장의 대불황시기에 버핏이 미친듯이 주식을 매입한 것을 생동감있게 묘사했다.

합작기업이 해산된 다음부터 주가가 너무 높은 것은 버핏에게도 줄곧 문제가 되었다. 버핏이 경영하고 있던 버크셔 회사는 투자할 만한 적절한 기업을 찾지 못하고 있었다.

1972년 미국 주식시장은 활황세여서 주가는 대폭 상승했다. 당시에는 거의 모든 투자펀드들이 시장가치 규모가 크고 기업의 명성이 있는 제록스, 코닥, 폴라로이드, 에이본, 텍사스 인스트루먼트 등 '50개의 블루칩'이라 불리는 장기주식에만 집중적으로 투자하고 있었다. 시장에서 투자자들은 이들 주식이 어떠한 가격에도 안전하다고 생각했기에, 1972년 이 50개 주식의 평균 주가수익률은 천문학적으로 80배가 증가했다.

주가가 너무 높아서 버핏이 경영하던 버크셔사는 합리적인 주가의 주식을 매입하지 못하고 있었다. 버핏은 이에 무척 괴로워했다.

"아주 호색한 남자가 황량한 섬에 혼자 있는 것처럼 아무것도 살 수가 없었다."

1972년 버크셔의 보험회사 증권 포트폴리오 가치는 1억1백만 달러였고, 버핏은 그중 16%의 자금을 주식에 투자하고 나머지 84%의 자금은 채권에 투자했다.

1973년 '50개의 블루칩' 주가는 대폭 하락했고 다우존스 지수도 계속 떨어져서 시장은 침체되어갔다. 1969년에 상장한 회사들은 자신의 주가가치가 절반이 떨어지는 광경을 보고 있을 수밖에 없었다.

1974년 미국 주식시장은 아주 낮은 가격대를 형성해 거의 모든 회사의 주가수익률이 한 자리수를 보였다. 이는 월스트리트에서 극히 드문 현상이었다. 기업들의 매물이 쏟아지고 아무도 주식을 보유하고 있으려 하지 않아 발생한 상황이었다.

버핏은 다른 사람들과 달리 '다른 사람이 원할 때 멈추고 남들이 멈췄을 때 공략하라' 라는 신조를 가지고 있었다. 활황장에서는 투자하려는 욕망 자체가 거의 없었다. 하지만 침체장에서는 그의 투자욕망은 엄청나게 솟아났다.

1974년 10월 초에 다우존스 지수가 1000포인트에서 580포인트로 폭락했을 때 시장은 비관적인 목소리로 가득 찼지만 버핏은 크게 환호했다. 버핏은 <포브스>지 기자와의 인터뷰에서 "마치 호색한이 여인국에 온 것처럼 투자의 적기가 온 것 같습니다"라고 밝혔다.

버핏은 그렇게 말하고 실제 그렇게 행동했다.

1973~1974년 시장은 점차 하락세를 보였지만 실제로는 무척 위축된 상태였다. 이럴 때에 주식가치와 회사의 자산가치는 아무런 관계가 없으며 현실 세계에서 이러한 기회를 다시 잡기란 매우 힘든 일이었다. 버핏은 1973~1974년 미국 주식시장의 대불황시기에 고삐풀린 말처럼 미친듯이 주식을 사들이기 시작했다. 그는 시장이 과도하게 침체되어 형성된 큰 안전마진으로 주식을 매입할 수 있는 적기를 잡아냈고 큰 투자수익을 거뒀다.

이 기간 동안 버핏이 가장 성공한 투자 중의 하나는 유나이티드 출판회사였다. 1973년 이 회사는 이윤이 40% 증가했지만 주가는 1개월 내에 10달러에서 7.5달러까지 떨어져서 주가수익률은 5배보다 낮아졌다. 버핏은 분석을 거쳐 자신이 시장보다 더욱 기업의 내재가치를 이해하고 있다고 확신했다. 1974년 1월 8일 그는 유나이티드 출판회사 주식을 매입했고 11일과 16일에 재차 사들였다. 2월 13일, 15일, 19일, 20일, 21일, 22일에 연속으로 사들였다. 그는 1년 안에 107일 동안 꾸준히 유나이티드 출판회사의 주식을 매입했고 최저매입가는 5.5달러에 불과했다. 버핏은 이 주식에 453만 달러를 투자했고 8년이 지난 1982년에 그가 보유하고 있던 유나이티드출판사 주식의 시장가치는 3431만 달러로 6.6배의 놀랄 만한 상승폭을 보였다.

이 기간 동안 버핏이 가장 성공한 투자는 워싱턴포스트였다. 주식시장이 붕괴했던 1973년에 버핏은 대량으로 워싱턴포스트사의 주식을 매입했다. 2월에 27달러로 18600주를 사들였고 5월에는 23달러로 주가가 떨어져 4만 주를 사들였다. 가격이 그래도 떨어졌기에 버핏은 계속해서 매입해 나갔다. 9월 달엔 그가 경영하고 있던 버크셔사가 워싱턴포스트의 최대 외부투자자가 되었다.

버핏은 워싱턴포스트에 투자할 당시를 이렇게 회고했다.

"주식시장에서는 모든 사람들이 주식의 상대적인 가격만을 고려하려 한다. 우리는 1개월 내에 8%나 9%의 워싱턴포스트 지분을 사들였는데, 우리에게 주식을 팔았던 사람 중에 누구도 4억 달러의 자산을 8000만 달러에 팔았다고 여기는 사람은 없었다. 그들이 우리에게 팔려고 한 이유는 매스컴업계의 주식이 하락세였거나 다른 사람들이 내놓기 시작했거나, 혹은 다른 요인들이 있었겠지만 이러한 이유들은 이제 와서 아무런 의미가 없었다."

워싱턴포스트는 버핏이 장기투자전략으로 얻은 최고의 금광이었다. 그는 버크셔 1985년 연보에서 "버크셔사에서 나는 워싱턴포스트에 투자를 해 1000만 달러로 5억 달러를 만들었다"고 말했다. 1973년 버핏은 1062만 달러로 워싱턴포스트사의 주식을 매입해 2003년 말에는 시장가치가 13.67억 달러에 달했고, 31년의 투자이윤은 12.80억 달러로 투자수익률이 무려 128배에 달했다.

모든 달걀을 같은 바구니에 넣지 말라는 것은 잘못된 말이다. 투자는 마크 트웨인이 말한 "모든 달걀을 같은 바구니에 넣고 조심스럽게 잘 보관해라"처럼 해야 한다.

● 워렌 버핏

제4장

포트폴리오 원칙 _ 집중투자

우리의 투자가 몇몇 출중한 회사에만 집중하고 있다면
우리는 집중투자자이다.

● 워렌 버핏

현재 주도적인 지위를 갖고 있는 투자 포트폴리오 이론은 분산투자로 투자리스크를 줄인다는 개념으로 우리가 흔히 얘기하는 "모든 달걀을 같은 바구니에 넣지 말라"이다. 그러나 버핏은 완전히 상반되게 "우리의 투자가 몇몇 출중한 회사에만 집중하고 있다면 우리는 집중투자자이다"라는 집중투자전략을 선택하고 있다.

"모든 달걀을 같은 바구니에 넣지 말라는 것은 잘못된 말이다. 투자는 마크 트웨인이 말한 '모든 달걀을 같은 바구니에 넣고 조심스럽게 잘 보관해라'처럼 해야 한다."

"투자에 대해 당신은 용기와 신념을 갖고 순자산의 10% 이상을 주식에 쏟아부어야 한다. 무역학과 학생과 얘기를 나눌 때 나는 항상 학교를 떠난 후에 20개의 구멍이 인쇄된 카드를 한 장 만들고 매번 투자전략 결정을 내릴 때마다 하나씩 구멍을 뚫으라고 말한다. 구멍낸 개수가 적은 사람이 더욱 부유해질 것이다. 그 이유는 당신이 더 큰 생각을 가진다면 영원히 20개의 구멍을 모두 뚫을 수 없게 될 것이기 때문이다."

<포브스>의 칼럼에서 마크 헐버트는 관련 데이터를 가지고 버핏의 투자 검증에 나섰다. 만약 버핏의 모든 투자 중에서 가장 좋았던

15종의 주식투자를 제외한다면 장기적으로 평범했다.

　통계에 따르면 버핏은 자신이 집중투자하는 주식수를 10종으로 제한했다. 일반투자자들에게는 집중투자하는 주식수를 최대 20종 정도로 추천하고 있지만(20개 구멍의 카드) 사실 그가 집중투자하고 있는 주식은 보통 8종 정도이다.

　버핏의 1977~2003년 투자 포트폴리오를 분석해 보면 버핏의 투자 포트폴리오 평균주식수는 8.41종이었고 투자조합의 연평균 누적수익률은 264.51%에 달했다.

　버핏의 방법은 우리 생활의 실제 상황에 더욱 부합한다. 사실 우리는 달걀을 같은 바구니에 넣고 잘 지킨다. 특히 달걀이 매우 소중할 때 더욱 그렇다.

　버핏의 집중투자 경험을 정리한다면 다음 3가지로 요약할 수 있다.

▶첫 번째는 집중투자의 목표기업을 확정한다. 버핏은 가장 잘 알고 있고 리스크가 가장 적으며 최대수익을 낼 잠재력을 지닌 회사에 투자금을 쏟아부어야 한다고 생각한다.

▶두 번째로 투자 포트폴리오의 주식구성을 확정한다. 버핏은 매 투자에 대해 용기와 신념을 갖고 순자산의 10% 이상을 쏟아부어야 한다고 생각한다. 즉 투자 포트폴리오는 최대 10종의 주식이면 충분하다고 여긴다. 집중투자와 분산투자의 비교에 따르면 집중투자 수익이 더욱 높고 리스크는 더욱 낮았다.

▶세 번째로 주식자금 분배를 확정한다. 버핏은 어떤 주식에 대해 대규모 집중투자의 전제조건은 정확하게 수익률을 계산하는 데 있다고 생각했다. 큰 이윤을 낼 수 있다는 확신이 들 때에만 크게 베팅할 수 있다.

표 4-1 버핏의 1977~2003년 주식투자 포트폴리오 집중도 및 투자수익률 분석

연도	주요 보유주식수	원금/ 백만달러	시장가치/ 백만달러	조합점유비율	투자수익률
1977	9	71.893	139.081	76.81%	93.46%
1978	8	94.260	163.889	74.18%	73.87%
1979	13	156.738	297.994	88.51%	90.12%
1980	18	298.848	497.591	93.94%	66.50%
1981	15	335.615	616.490	96.44%	83.69%
1982	11	402.422	911.564	96.40%	126.52%
1983	10	558.863	1 287.869	98.62%	130.44%
1984	10	573.340	1 231.560	97.06%	114.80%
1985	7	267.909	1 170.358	97.67%	336.85%
1986	5	642.601	1 837.526	98.05%	185.95%
1987	3	572.944	2 115.017	100.00%	269.15%
1988	5	1 237.213	3 053.924	100.00%	146.84%
1989	5	1 668.593	5 188.253	100.00%	210.94%
1990	6	1 958.024	5 407.953	100.00%	176.19%
1991	8	2 828.322	9 024.220	100.00%	219.07%
1992	9	3 637.561	11 442.318	100.00%	214.56%
1993	9	3 183.506	11 269.463	100.00%	254.00%
1994	10	4 555.661	13 973.272	100.00%	206.72%
1995	7	4 366.100	19 344.900	87.93%	343.07%
1996	8	5 975.700	24 455.200	88.12%	309.24%
1997	8	5 029.800	31 780.500	87.68%	531.84%
1998	7	4 361.000	32 130.000	86.22%	636.76%
1999	6	4 023.000	30 160.000	81.50%	649.69%
2000	5	3 699.000	28 118.000	74.74%	660.15%
2001	7	4 440.000	22 949.000	80.03%	416.87%
2002	8	4 543.000	22 980.000	81.02%	405.83%
2003	10	5 652.000	30 605.000	86.73%	441.49%
합계	227	65 133.913	312 150.942	2 471.65%	7 394.62%
연평균	8.41	2 412.367	11 561.146	91.54%	273.87%

4.1 집중투자의 목표기업

버핏은 투자자는 자신이 가장 잘 알고 리스크가 가장 적으며 가장 우수한 회사에 집중투자해야 한다고 생각했다.

"당신이 전문적인 지식을 배운 투자자여서 기업의 경제상황을 잘 이해하고, 5~10개의 장기적으로 경쟁우위도 있고 주가도 합리적인 회사를 찾아낼 수 있다면 전통적인 분산투자는 당신에게 아무런 의미가 없다. 그것은 오히려 당신의 투자성과에 해가 될 뿐만 아니라 투자리스크도 증가시킨다. 나는 분산투자의 신봉자들이 왜 자신이 좋아하는 회사 중에서 20번째로 나열된 회사에 투자를 하는지 알 수가 없다. 간단히 말하면 가장 좋아하고 가장 잘 알고 있으며 리스크가 가장 적고 수익잠재력이 가장 큰 회사에만 투자하면 된다. 예언가인 메이 웨스트Mae West의 말을 인용하면 '좋은 일은 많을수록 좋다' 라는 말이다."

버핏은 버크셔 1996년 연보에서 투자자들에게 가장 중요한 능력범위 원칙을 말했다.

"지혜형 투자는 복잡하지 않지만 그렇다고 쉬운 일도 아니다. 투자자가 갖춰야 할 것은 선택한 기업에 대해 정확하게 평가하는 능력이다. 특히 '선택한'이란 말에 주의해야 한다. 당신은 하나 또는 여러 회사에 정통한 전문가가 될 필요는 없다. 당신의 능력범위 안의 몇몇 회사를 평가할 수 있다면 그것으로 충분하다. 능력범위의 크기는 중요치 않다. 당신이 자신의 능력범위의 경계를 확실히 알고 있어야 하는 것이 중요하다."

"분명 모든 투자자들은 실수를 저지른다. 그러나 자신의 투자범위를 쉽게 이해할 수 있는 몇몇 회사들로 제한한다면 현명한 지식을 갖춘 부지런한 투자자는 효과적으로 투자리스크를 정확하게 판단할 수 있다."

버핏은 집중투자는 반드시 투자자의 능력범위 안에서 업무가 간단하고 안정적이며 향후 현금흐름을 예측할 수 있는 우수기업에 해야 한다고 했다.

"우리는 자신이 충분히 알고 있다고 믿는 회사를 고수한다. 이들은 일반적으로 매우 간단하면서도 안정적인 특징을 갖고 있다. 기업이 매우 복잡하며 산업환경도 계속 변화한다면 우리는 향후 현금유동량을 정확하게 예측할 수 없다. 대다수 투자자들에게 있어서 중요한 것은 무엇을 알고 있는지가 아니라 자신이 무엇을 모르고 있는지를 알아야 한다는 점이다. 최대한 큰 실수를 저지르지 않을 수만 있다면 투자자들은 몇 가지 정확한 행동으로도 수익을 보장할 수 있다."

"우리의 수익은 기업에이전트들로 구성된 슈퍼팀들의 노력에서 비롯된다. 그들이 관리하는 회사경영은 보기에는 일상적인 업무를 하는 것 같지만 상당히 훌륭한 실적을 낸다. 아주 작은 호프 다이아몬드The Hope diamond(세계에서 가장 큰 블루다이아몬드로 45.5캐럿에 달한다)를 보유한 것은 모조 다이아몬드 100%를 갖고 있는 것보다 대단한 일이다. 우리가 보유한 회사는 누구라도 쉽게 알아볼 수 있는 보기 힘든 진귀한 보석들이다. 행운은 바로 우리가 비록 지금이 우수한 기업들의 적은 주식만을 보유하고 있지만 곧 꾸준히 성장하는 투자 포트폴리오를 보유하게 될 것이라는 점이다."

"한 사람의 투자자로서 당신의 목표는 이성적인 가격으로 쉽게 업무를 이해할 수 있는 회사의 일부 주식이어야 한다. 그리고 지금부터 5년, 10년, 20년 내에 이 회사의 수익이 실제 대폭 증가할 것이라고 확신할 수 있어야 한다. 긴 시간 동안 당신은 몇 개 회사만이 이 기준에 부합될 수 있다는 사실을 알게 될 것이다. 그래서 위의 기준에 부합되는 회사를 발견하면 그 회사의 주식을 최대한 매입해야 한다."

4.2 집중투자의 주식수

버핏의 투자실적이 시장평균수준을 훨씬 상회하는 데 있어 핵심은 그의 집중투자 포트폴리오 전략에 있다. 버핏은 자신이 집중투자하는 주식수를 10종으로 제한하고 있다. 실제 그가 집중투자하는 주식수는 평균 8.4종 정도에 불과하지만 투자 포트폴리오의 비율은 평균 91.54%를 차지하고 있다.

집중투자와 분산투자를 연구해 보면 집중투자의 수익이 더 높고 리스크는 더 낮았다.

4.2.1 분산투자가 아닌 집중투자를 하라

다원화는 무지에 대한 보호이다

"다원화는 무지에 대한 보호이다. 자신이 무엇을 하고 있는지 알고 있는 사람들에게 다원화는 아무런 의미가 없다."

버핏은 다원화가 가져오는 어려움을 얘기하면서 브로드웨이 사회자인 빌리 로스의 말을 인용했다.

"당신에게 40명의 부인이 있다면 그들 중 누구도 정확하게 이해할 수 없다."

"나는 50~70종의 기업에 동시에 투자할 수는 없다. 이는 노아의 방주식 구식투자방법으로 이를 따라한다면 결국 동물원을 연 것과 같게 된다. 나는 적당한 자금을 소수의 몇 개 기업에 투자하는 것을 좋아한다."

소수의 몇몇 주식이 포트폴리오에서 가장 큰 비중을 차지한다

"우리는 고정되어 있는 것이 이성적이고 현명한 행동이라는 점을 깊이 느끼고 있다. 이 투자전략을 순조롭게 시행하고 운용하는 투자자들은 소수의 몇몇 주식이 자신의 투자 포트폴리오에서 아주 큰 비중을 차지하고 있다는 사실을 알게 된다. 이러한 투자자의 투자수익은 잠재력있는 대학 올스타 농구선수의 향후 권익 가운데 20%를 사들인 것과 같다. 그들 중 일부는 NBA에서 뛸 수도 있다. 그럼 투자자가 그들에게서 얻는 수익은 모든 선수들에게서 얻는 수입의 총합에서 대부분의 비중을 차지하게 된다. 만약 가장 성공한 주식투자가 포트폴리오에서 너무 많은 비중을 차지한다는 조언을 듣고 가장 성공한 투자부분을 팔아버린다면 마치 마이클 조던이 팀내에서 너무 큰 비중을 차지하기 때문에 불스팀에 조던을 팔아버리라는 조언을 따르는 것처럼 어리석은 일이다."

4.2.2 집중투자의 수익은 분산투자보다 높다

집중투자 방식을 선택한다면 항상 어떤 해에 큰 손실을 보게 된다. 투자수익률 파동이 크더라도 집중투자 전략은 장기적으로 총투자수익률에서 시장평균수준을 훨씬 상회한다. 분산투자 방식은 이렇게 좋은 총수익을 거두지 못할 뿐만 아니라 기껏해야 시장평균 수준의 투자수익만을 거둔다. 대다수 투자자들은 현대투자 이론에 따라 분산투자 전략을 선택하고 있기 때문에 집중투자는 어느 정도 경쟁우위를 갖고 있다. 버핏은 "우리는 안정적인 12%의 수익률보다 기복있는 15%의 수익률을 원한다"라고 했다.

집중투자는 리스크를 줄이고 수익률을 높일 수 있는데, 왜 마다 하겠는가. 실적편차가 크면 또 어떠한가. 많은 가치투자 전문가들의 출중한 투자실적과 많은 연구를 통해 집중투자는 앞으로도 지속적으로 시장을 앞서 갈 수 있다.

소수 주식에의 집중투자는 시장을 이기는 관건

지속적 경쟁우위 가치전략을 선택한 가치투자 전문가들은 십여 년의 시간 동안 투자회수율의 파동성이 시장평균수준보다 훨씬 높았고 장기 평균 연투자회수율도 시장평균치를 상회했다고 밝혔다.

케인스라는 유명 경제학자는 1919년에 영국 왕실학교 제2대 재무대표로 임명된 후 체스트펀드를 만들었다. 1927년부터 1946년 세상을 떠날 때까지 그는 그 펀드의 유일한 책임자였다. 그는 1934년 8월 15일 파트너에게 편지 한 통을 보냈다.

"투자에 종사한 시간이 길어질수록 스스로 잘 알고 있고 경영진도 믿을 수 있는 기업에 대규모 자금을 투자하는 것이야말로 정확한 투자방법이라는 확신을 갖게 되었다. 투자자가 잘 알지도 못하고 특별히 믿을 만한 이유가 없는 기업에 많은 자금을 분산투자하고 그에 따라서 리스크가 제한된다는 생각은 완전히 잘못되었다. 한 사람의 지식과 경험은 한계가 있기 때문에 주어진 시간 동안 개인적으로 완전히 믿고 투자할 수 있는 기업수는 2~3개가 넘지 않는다."

케인스의 집중투자전략으로 그가 관리하던 체스트펀드에서 1928~

1945년의 18년 동안 평균 투자수익률은 표준차 계산의 파동율이 29.2%로 영국 주식시장 파동율 12.4%의 2.8배였다. 하지만 18년 동안 연평균 수익률은 13.2%였고 영국 주식시장 연평균 수익률은 -0.5%에 불과했다.

찰리 멍거는 합작회사를 관리하면서 소수의 증권에만 투자를 집중시켰고 투자파동율은 매우 컸다. 1962-1975년의 14년 동안 연평균 투자수익률은 표준차 계산의 파동율이 33%로 동분기 다우존스지수 파동율인 18.5%의 두 배에 달했다. 하지만 14년 동안 연평균 수익률은 24.3%로 다우존스지수의 평균 수익률인 6.4%의 4배에 달했다.

빌 로너가 관리하는 세코이아 펀드는 고도의 집중투자전략을 선택하여 매년 평균적으로 6-10개사의 주식을 보유했다. 이 주식들은 총투자의 90% 이상을 차지했고 투자 파동율도 상당히 커서 1972-1997년의 26년 동안 평균 투자수익률은 표준차 계산의 파동율이 20.6%로 동분기 스탠다드 앤 푸어스 500지수 파동율의 16.4%보다 약 4%가 높았다. 하지만 14년간 평균 수익률은 19.6%로 스탠다드 앤 푸어스 500지수 평균 수익률인 14.5%보다 상회했다.

버핏이 관리하는 버크셔사는 버핏이 1965년 인수한 후 39년 동안 주식의 순가치가 19달러에서 현재의 50,498달러로 성장해 연간 복합성장률이 대략 22.2% 수준이었다. 전후 미국에서 주요 주식의 연평균수익률은 10% 내외였지만 버핏은 22.2%에 달했다. 버크셔사의 상기 수익은 주식투자, 채권투자와 기업합병 등을 동시에 포함하고 있기 때문에 버핏의 주식투자의 실제 수익수준을 직접적으로 반영하긴 힘들다. 로버트 해그스트림이 버크셔사에 대해 1988

표 4-2 　버크셔사 주요 주식투자수익률 분석(1988~1997년)

연도	주식투자수	주식자산 수익률	가중수익률	2% 가중수익률	스탠다스 앤 푸어스 500지수
1988	5	11.9%	11.0%	16.0%	16.6%
1989	5	53.1%	38.3%	32.3%	31.7%
1990	6	2.7%	−9.8%	−3.9%	−3.1%
1991	7	55.5%	52.7%	33.5%	30.4%
1992	8	24.2%	31.1%	11.4%	7.6%
1993	8	11.7%	19.5%	11.6%	10.1%
1994	10	15.3%	8.0%	2.6%	1.3%
1995	7	43.6%	43.2%	38.3%	37.6%
1996	8	37.5%	29.6%	24.0%	23.0%
1997	8	38.5%	46.1%	35.4%	33.4%
연평균 수익률		29.4%	27.0%	20.1%	18.9%

자료 출처: (미국) 로버트 해그스트림 〈워렌 버핏의 투자조합〉

~1997년 10월까지 연보에 발표한 주요 주식투자 상황에 대한 분석은 다음과 같다.

1987~1996년 버핏이 경영한 버크셔사의 연간 수익률은 평균 29.4%로 동분기 스탠다드 앤 푸어스 500지수의 18.9%보다 높았다. 버핏이 많은 자금을 코카콜라 등 몇몇 주식에 투자하지 않고 여러 주식에 균등하게 분배투자했다면 가중평균 수익률은 27.0%로 집중투자의 29.4% 수익률보다 2.4%가 낮게 된다. 그리고 스탠다드 앤 푸어스 500지수에 대한 우위도 44% 가까이 감소된다.

버핏이 집중투자를 하지 않고 유행하던 분산투자전략을 선택해 50종의 주식에서 다원화 주식 포트폴리오를 보유했다면 어떻게 되었을까? 버크셔사가 보유한 각 주식의 2%만을 보유했다면 분산투자에 대한 가중수익률은 20.1%로 스탠다드 앤 푸어스 500지수보다 1.2% 넘는 정도로 기본적으로 우위가 없다고 봐야 한다.

승리확률이 가장 큰 주식에 가장 많은 자금을 집중투자하는 것이야말로 버핏이 39년 동안 큰 우위를 보이며 주식시장에서 지속적인 승리를 거뒀던 주요 원인이다.

소수 주식에 집중투자하면 장기적으로 시장을 이길 확률이 더욱 크다
로버트 해그스트림은 집중투자의 수익률 변동성에 대해 실증연구를 진행했다.

1단계_ 컴퓨터 통계 데이터베이스를 이용해 1200개 회사를 선출해 각 회사의 1979~1996년 동안 매년 주식의 투자수익률을 분석 계산한다.

2단계_ 1200개 회사에서 임의로 12000개의 규모가 다른 증권투자 포트폴리오를 만든다. 그중에는 스탠다드 앤 푸어스 500지수를 포함하는 투자 포트폴리오 3000개, 250종 주식을 포함하는 투자 포트폴리오 3000개, 100종 주식을 포함하는 투자 포트폴리오 3000개, 50종 주식을 포함하는 투자 포트폴리오 3000개가 포함되어 있다.

3단계_ 상기 다른 종류, 다른 규모인 투자 포트폴리오의 연평균 수익률을 각각 10년(1987~1996년)과 18년(1979~1996년)으로 나눠 계산하고, 동분기 스탠다드 앤 푸어스 500지수의 투자수익률과 비교한다. 연구결과는 다음과 같다.

상기 비교를 통해 매우 중요한 결론을 얻게 되었다. 투자 포트폴

표 4-3 다른 규모의 투자 포트폴리오의 10년간(1987~1996년) 연평균 수익률

	연평균 수익률(%)				
	15종 주식	50종 주식	100종 주식	250종 주식	스탠다스 앤 푸어스 500지수
평균수익률	13.75	13.87	13.86	13.91	15.23
표준차	2.78	1.54	1.11	0.65	
최저수익률	4.41	8.62	10.02	11.47	
최고수익률	26.59	19.17	18.32	16.00	

자료 출처: (미국) 로버트 해그스트림 〈워렌 버핏의 투자조합〉

표 4-4 다른 규모의 투자 포트폴리오의 18년간(1979~1996년) 연평균 수익률

	연평균 수익률(%)				
	15종 주식	50종 주식	100종 주식	250종 주식	스탠다스 앤 푸어스 500지수
평균수익률	17.34	17.47	17.57	17.61	16.32
표준차	2.21	1.26	0.88	0.52	
최저수익률	8.77	13.56	14.71	16.04	
최고수익률	25.04	21.80	20.65	19.20	

자료 출처: (미국) 로버트 해그스트림 〈워렌 버핏의 투자조합〉

리오에서 주식 수량이 많을수록 투자는 분산되고 포트폴리오 수익률이 지수수익률을 넘어설 확률은 더욱 적어진다. 반대로 투자 포트폴리오에서 주식 수량이 적을수록 투자는 집중되고 포트폴리오 수익률이 지수수익률을 넘어설 확률은 커진다.

간단히 말하자면 분산투자보다는 집중투자가 상대적으로 주식시장에서 이길 확률이 더 크다.

10년간의 데이터 분석에 따르면 다음과 같은 결론을 맺을 수 있다.

3000개 15종 주식 포트폴리오에서 808개 조합이 시장을 이겼다.
3000개 50종 주식 포트폴리오에서 549개 조합이 시장을 이겼다.
3000개 100종 주식 포트폴리오에서 337개 조합이 시장을 이겼다.
3000개 250종 주식 포트폴리오에서 64개 조합이 시장을 이겼다.

다시 말하면 포트폴리오에서 15종 주식을 선택했을 경우 시장에서 이길 확률은 4분의 1이었지만 포트폴리오에서 250종 주식을 선택했다면 시장에서 이길 확률은 50분의 1밖에 되지 않는다.

상기 연구에서 거래비용은 고려하지 않았다는 것을 말해둔다. 만일 거래비용을 고려했다면 투자가 분산될수록 거래원금은 더욱 커지고 시장에서 이길 확률은 더욱 적어진다. 반대로 투자를 집중하면 거래원금이 더욱 적어지고 시장에서 이길 확률도 더욱 커진다.

4.2.3 집중투자는 분산투자보다 리스크가 더 작다

버핏이 현대투자 포트폴리오 관리이론과 다른 집중투자전략을 선택한 것은 그의 리스크 정의가 완전히 다르기 때문이다. 리스크란 가치손실의 가능성이지 가격의 상대적 파동성이 아니다. 버핏은 버크셔사 1993년 연보에서 주주들에게 보내는 편지에 집중투자와 분산투자의 리스크 정도에 대한 심층비교분석을 통해 자신이 지속적으로 시장을 이길 수 있었던 비결을 가르쳐주었다. 우리가 잘 알고 있는 소수의 우수기업에 집중투자하는 것이 상대적으로 잘 알지 못하는 일반회사에 분산투자하는 것보다 리스크가 더 작을 것이라 충고했다.

"우리가 선택한 전략은 표준적인 분산투자라는 신조에 빠지는 것을 방지하는 데 있다. 많은 학자와 전문가들은 집중투자전략이 현재 유행하고 있는 분산투자전략보다 더욱 큰 리스크를 안고 있다고 소리높여 주장할 수도 있다. 하지만 나는 이러한 관점에 분명히 반대한다. 집중투자전략은 투자자로 하여금 주식매입 전에 회사의 경영상태를 살펴보는 데 있어 더욱 심도있고 자세히 그 회사를 살펴볼 수 있도록 만든다. 또한 회사의 경제적 상황에 대해 만족할 수 있는 기준도 높여서 투자리스크를 오히려 더욱 낮출 수 있다고 믿는다."

리스크의 정확한 정의는 손실의 가능성이지 가격의 파동성이 아니다
현대자본 시장이론에서 리스크의 정의는 주가의 상대적 파동성이지만 버핏은 이 정의를 비웃었다.

"리스크는 사전에 있는 어휘로 '손실 또는 손해의 가능성The possibility of loss or injury'이라고 정의내리지만 학자들은 투자 '리스크'를 다르게 정의내리길 좋아한다. 그들은 주식 또는 주식투자 포트폴리오의 주가수준에 대한 상대적 파동성이라고 단언하면서 포트폴리오 파동성과 주식시장에서의 모든 주식의 전체 파동성과의 비교라고 부른다. 학자들은 데이터베이스와 통계학을 이용해 각 주식의 베타값(해당 주가의 과거와 현재의 상대적 파동성)을 정확하게 계산한 다음 계산결과에 따라 까다롭고 어려운 투자와 자본과의 배치이론을 펼친다. 하지만 그들이 하나의 통계로 리스크를 판단하고자 할 때 잊지 말아야 하는 기본원칙이 있다. 바로 '모호한 정확성은 확실한 실수를 이긴다'라는 원칙이다."

"회사소유자(물론 주식소유자의 입장에서도 마찬가지로)에게 이런 리스크에 대한 학술적 정의는 실제와 완전히 동떨어졌고 심지어 터

무니없기까지 하다. 예를 들어 베타이론에 따르면 1973년 우리가 사들인 워싱턴포스트처럼 상대적으로 시장이 폭락할 때의 주식은 저가일 때가 고가일 때보다 더욱 리스크가 있다. 그럼 이러한 판단은 적은 자금으로 아주 낮아진 가격의 회사전체를 매입하려는 사람에게 어떤 의미가 있겠는가?"

"실질적으로 프로투자자들은 시장의 파동성을 좋아한다. 벤자민 그레이엄은 <현명한 투자자> 제8장에서 이에 대해 풀이했다. 그는 우리에게 매우 열정적인 '시장'을 소개했다. 항상 당신 앞에 나타나고 당신이 원한다면 당신에게서 사들이거나 당신에게 주식을 팔기도 한다. 이 '시장'이 불안하거나 침체될수록 투자자가 돈을 벌 기회가 커진다. 이러하기 때문에 격렬한 파동을 보이는 시장은 안정적인 경영을 하던 회사의 주가가 불합리하게 저가로 떨어지는 것을 의미한다."

어떻게 진정한 투자리스크를 판단할까?

"투자에서 반드시 판단해야 할 진정한 리스크는 투자(매도로 인한 소득포함)에서 얻은 총 세후수익에서 전체예상 보유기한 내에서 최소한 원래의 매입가능 가격과 최초투자에 상당하는 이자를 줄 수 있는지 여부이다."

"이 리스크를 정확하게 계산할 수는 없지만 때로는 어느 정도 정확성을 갖고 추산할 수 있다. 이러한 추산과 관련된 주요 요인은 (1)기업의 장기적 경제특성 평가의 정확성 (2)회사의 모든 잠재성을 이용해 현명하게 현금흐름을 사용하는 능력을 가지고 있는 기업 관리계층에 대한 평가의 정확성 (3)경영진에 신뢰가 가도록 기업이 주주들에게 수익을 배분하는 정확성 (4)회사의 구매가격 (5)향후 세율과 통화팽창율, 이 중 두 번째 요인이 투자자가 얻은 전체 투자보고의 실제 매입 수준이 어느 정도 하락했는지를 결정한다. 이러한 요인들은 많은 분석가들이 하나의 데이터베이스에서 상기 리스크요인에 대한 평가를 하지 않기 때문에 정확하게 판단하기 힘들다. 이러한 요인들의 어려움을 정확히 알아야 하고 그 중요성을 부정해선 안 되지만 그렇다고 극복하지 못하는 것은 아니다. 대법관 스튜어트Stewart는 음란문자의 검증표준화가 불가능했지만 여전히 척 보면 안다고 단언했다. 투자자들도 정확하지 않지만 효과적인 방법을 통해서 복잡한 수학공식이나 역대 주가추이를 참고할 필요없이 어떤 투자에서의 내재리스크를 판단할 수 있다."

"리스크를 평가할 때 베타값을 중시하는 사람들은 회사가 생산하는 제품, 경쟁상대의 움직임, 회사의 대출금 액수 등 모든 배경자료들을 대수롭지 않게 여긴다. 심지어 회사의 이름도 알려하지 않는다. 이들이 유일하게 중시하는 것은 회사의 역대 주가추이이다. 그와 반대로 우리는 회사의 역대 주가추이보다 더욱 회사를 잘 알 수 있는 회사 업무의 모든 정보를 찾아낸다."

소수의 우수기업에 집중투자하는 것이 투자리스크가 더 적다

"아주 형편없는 관찰자라 할지라도 코카콜라와 질레트의 강한 경쟁력은 눈에 보이기 마련이다. 하지만 그들 회사주식의 베타값은 약간의 경쟁력만을 가지고 있거나 심지어 거의 경쟁력이 없는 많은 보통회사들과 기본적으로 비슷하다. 이 베타값이 비슷한 것에서 다음과 같은 결론을 내릴 수 있다. 코카콜라와 질레트사의 경쟁력은 회사리스크를 판단하는 데 아무 소용이 없는 것인가? 아니면 회사의 일부 권익(일부 주식)을 보유한 리스크는 어떤 의미에서 보면 회사경영에 내재된 장기리스크와 아무런 관련이 없는가? 이 두 가지 질문은 모두 터무니없으며 심지어 베타값과 투자리스크를 동등하게 보는 것 또한 쓸데없는 얘기이다."

"베타값 계산에 의존하는 이론가들은 회사에 진정으로 내재된 리스크의 차이를 인식하지 못한다. 예를 들어 펫락이나 훌라후프의 단일제품 회사, 모노폴리나 바비인형을 독점판매하고 있는 완구회사가 리스크상으로 어떤 차이가 있는가. 투자자들이 소비자의 행위 및 장기적 경쟁우위와 약세를 형성하는 요인에 대해 상당한 이해를 하고 있다면 이 회사에 내재되어 있는 리스크의 차이를 완전히 인식할 수 있다. 모든 투자자들은 실패를 하기 마련이다. 하지만 현명한 투자자라면 자신의 투자범위를 쉽게 이해할 수 있는 몇 개의 회사에 국한시키고 정확하게 투자리스크를 판단할 수 있다."

4.3 집중투자의 결정분석

> 성공확률이 높을 때 크게 베팅하라.
> – 찰리 멍거

버핏이 평균 10종이 넘지 않는 주식 포트폴리오에서 각 주식에 투자하는 자금분배 비율 차이는 매우 크다. 코카콜라처럼 어떤 주식은 투자규모가 아주 크다. 대규모 집중투자의 주식수는 적기 때문에 실무상에서 집중투자의 관건은 수익률 예측이다. 그렇지 않으면 잘못된 판단으로 거대한 손실을 입기 쉽다. 버핏은 이 점을 충분히 인식하고 있었기 때문에 해당 주식에 대한 확실한 수익률 예측을 대규모 투자의 전제로 삼았다.

"나는 확실성을 가장 중요하게 본다. 확실하기만 하다면 리스크 요인에 대한 모든 우려는 아무런 의미가 없다. 큰 리스크를 받는 근본적인 원인은 당신이 먼저 확실하다는 생각을 못했기 때문이다. 하지만 어느 주식을 내재가치의 일부 가격만으로 매입하는 것은 리스크를 안는 것이 아니다."

간단히 말해서 당신은 높은 승산이 있고 다른 사람들이 당신과 같은 방향에 베팅하지 못했을 때에 크게 승부를 걸어야 큰 성공을 거둘 수 있다. 찰리 멍거는 집중투자의 모습을 "성공확률이 높을 때 크게 베팅해야 한다"라는 말로 설명했다. 우리는 확실하게 이길 승산이 있을 때 큰 베팅으로 승부해야 한다.

어떤 주식이 확실하게 큰 이윤을 가져다 줄 때 큰 비중의 자본을 투입해야 한다. 집중투자만이 시장에서 우위를 점하며 승리할 수 있다.

버핏과 멍거는 투자성공의 비결을 "성공확률이 가장 큰 주식에 집중투자하라"고 결론지었다.

"사람은 언제 어디서나 모든 것을 감지하고 알 수 있는 천부적인 능력을 타고나지 않는다. 하지만 알려고 노력하고 감지하려 애쓰면 많은 기회를 통해 잘못된 선택들을 구분할 수 있게 된다. 또한 현명한 사람은 중요한 기회가 왔을 때 크게 베팅을 한다. 이들은 성공확률이 높을 때 승부를 걸고 나머지 시간에는 기회를 보면서 움직이지 않는 간단한 원리를 따른다."

투자성공 확률은 사실 투자기업에 대한 가치평가의 확실성이며 가치평가의 확실성은 기업의 향후 장기적·지속적 경쟁우위에 대한 예측의 정확한 확률을 뜻한다.

장기가치투자를 하면서 우리는 기업의 향후 5~10년간 경쟁우위를 평가해야 한다. 하지만 대다수의 경우 우리에게는 참고할 만큼 어느 정도 가치있는 경쟁우위의 분석이 없다. 우리가 할 수 있는 일은 각종 관련 데이터부터 분석을 시작해 자신의 산업에 대한 이해와 회사 업무에 대한 판단에 따라 어떤 확률을 예측할 뿐이다. 이는 매우 주관적인 예측이며 이렇게 주관적인 예상을 기초로 한 걸음 나아가 기업의 내재가치를 가늠한다. 이게 바로 버핏이 "가치평가는 곧 과학이며 예술이다"라고 말한 이유이다.

집중투자시의 확률계산에 관해 버핏이 선택한 방법은 "수익을 얻을 확률과 예상되는 수익규모를 곱하고, 손해를 볼 확률과 예상되는 손실규모를 곱한다. 그러고는 두 개의 차이를 구한다"이다.

"이 확률예상은 우리가 수학에서 배웠던 확률계산과는 큰 차이가 있다. 전통적인 확률예상은 대량의 통계데이터를 기초로 많은 중복테스트에서 발생빈도에 따라 확률을 계산한다. 하지만 우리가 투자하는 기업은 언제나 다른 경쟁환경과 경쟁상대와 맞서게 된다. 또한 경쟁환경, 경쟁상대 및 경쟁상대의 경쟁수단, 심지어 우리가 투자한 기업도 스스로 끊임없이 변화하고 있다. 이 모든 것이 불확실하고 중복되지 않는다. 따라서 우리는 기업이 경쟁에서 성공할 빈도분포를 계산할 수 없으며 전통적인 통계확률을 사용해 그 성공확률을 계산할 수도 없다. 하지만 성공적인 투자를 위해서는 반드시 예상을 해야 한다. 비슷한 예가 바로 축구이다. 매번 맨체스터 유나이티드의 상대는 다른 팀들이다. 설사 같은 상대팀이라 할지라도 선수와 감독은 매번 다를 수 있고 맨체스터팀 선수들과 선수들의 컨디션도 매 경기마다 똑같지 않기 때문에 경기 당일 양팀의 선수들의 컨디션과 선수들간의 조직력은 그 전과 많이 달라질 수 있다. 이런 상황에서 맨체스터 유나이티드가 오늘 이길까 질까? 우리가 아무리 많은 역대 데이터들을 가지고 있어도 오늘 경기와 완전히 똑같은 데이터를 찾을 수는 없으며 그렇기 때문에 확률예상을 하기도 힘들다. 그렇기에 우리는 주관적인 확률예상을 하는 것뿐이다."

그럼 집중투자라는 도박에서 어떻게 승패의 확률을 판단할 수 있을까? 다음 유명인사 2인의 결정방식이 우리에게 도움이 될 수도 있다.

(1) 버핏의 브리지 결정방식

(2) 멍거의 격자결정방식

4.3.1 버핏 투자결정의 브리지방법

가치예측이 정확하지 않고 매입가 결정시의 안전마진도 불확실하다면 투자이윤 확률은 크게 떨어진다. 확률이 낮은 상황에서의 집중투자는 투자자에게 큰 손실을 입힐 수 있다.

버핏은 확률예측의 확실성을 매우 중시했다.

"나는 확실성을 매우 중요하게 본다. 확실하기만 하다면 리스크 요인에 대한 모든 우려는 아무런 의미가 없다. 큰 리스크를 받는 근본적인 원인은 당신이 먼저 확실성을 고려하지 못했기 때문이다."

그룬탈사Gruntal&Co의 마셜 윈버그는 버핏이 중시한 확률예측의 확실성에 깊은 감명을 받았다. 그는 버핏과 두 차례 식사를 같이 했던 일을 기억했다. 한번은 그들이 맨해튼의 레스토랑에서 식사를 하면서 버핏은 샌드위치 맛이 좋아서 하나를 더 먹었다. 며칠 후 그와 버핏의 두 번째 식사자리에서 버핏은 "그 집으로 가시죠!"라고 말했다. 윈버그는 "며칠 전에 가봤잖아요"라고 대답했다. 그러자 버핏은 "네. 그렇기 때문에 모험을 하면서까지 다른 곳을 갈 필요가 있을까요? 그 집으로 가죠. 거기서 내가 먹고 싶은 맛있는 것을 먹을 수 있을 것 같습니다"라고 답했다. 이 일로 윈버그는 버핏이 생활 속에서도 투자할 때와 같은 '확실성' 원칙을 지킨다는 것을 알았다.

"이 또한 버핏이 주식을 찾는 방식이며 그가 수익률에 있어 절대 실망시키지 않는 기업에만 투자할 수 있는 이유이다."

어떻게 본다면 버핏이 주식투자의 승패확률을 판단하는 능력은 그가 가장 좋아하는 브리지게임에서 비롯되었을 수도 있다. 그는 일주일에 약 12시간 정도 브리지게임을 한다. 그는 늘상 "감옥에서 세 사람이 브리지게임을 할 수만 있다면 그곳에서도 한평생을 보낼 수 있다"고 말했다. 그의 게임 친구인 홀랜드는 버핏의 브리지 능력이 매우 뛰어나다고 평가한다.

"버핏에게 카드 칠 충분한 시간이 있다면 그는 미국에서 가장 뛰어난 선수가 될 것이다."

버핏은 브리지게임과 주식투자의 전략에는 비슷한 점이 많다고 생각했다.

"카드게임하는 방법과 투자전략은 매우 비슷하다. 당신이 최대한 정보를 수집하고 상황을 지켜보면서 얻었던 정보를 기초로 새로운 정보를 꾸준히 늘려나간다. 당시 가지고 있는 모든 정보에 따라 자신이 성공할 수 있는 기회라고 생각되면 행동에 옮겨야 한다. 하지만 새로운 정보를 얻게 되면 언제라도 행동방식이나 일처리방식을 바꿔야 한다."

버핏의 브리지게임 스타일에서 우리는 그의 주식투자전략을 쉽게 이해할 수 있다. 아마도 훌륭한 브리지게임 선수와 증권분석가들은 모두 민감한 직감과 판단력을 가지고 있어서 승률을 계산하는 것 같다. 그들은 무형의 예상하기 힘든 요인을 기초로 결정을 내린다. 버핏이 브리지를 언급하면서 "머리를 훈련시키는 가장 좋은 방법이다. 매 10분마다 다시 국면을 잘 파악해야 하기 때문이다. 주식시장에서는 시장상황을 기초로 하는 것이 아닌, 당신이 생각하는 이성적인 상황이나 일에 기초해서 결정을 내려야 한다. 브리지게임은 이익과 손해의 확률을 저울질하고 있는 것과 같다. 당신은 매시각 이러한 계산을 하고 있기 때문이다"라고 말했다.

4.3.2 멍거투자결정의 격자이론

1994년 4월 멍거는 서던 캘리포니아대학USC의 마셜경영대학원에서 강연을 했다. 그의 강연 주제는 '주식선택은 처세예술의 일부분'이었다. 그는 학생들에게 열심히 공부하고 더 많은 주식시장, 금융, 경제학적인 지식을 쌓으라고 충고했다. 하지만 동시에 이런 서로 다른 방면의 지식들을 따로따로 분리시키지 말고 심리학, 공학, 수학, 물리학 등을 인류지식의 소중한 일부라고 생각해야 한다고 강조했다. 이렇게 넓은 시야를 갖는다면 각 과목들간에 서로 연관성이 있음을 발견하게 되고 더욱 발전할 수 있다. 생각하기를 좋아하는 사람은 각 과목을 자신만의 독특한 사고방식으로 이해하고 서로 결합시켜 통달하게 된다. 이러한 사고습관을 키운 사람은 처세방면에서도 크게 성공할 수 있지만 이렇게 튼튼한 심리적 자질이 뒷받침되지 않은 사람은 주식시장이나 타 방면에서 성공한다 해도 그것은 일시적인 운일 뿐이다.

멍거는 그의 관점을 더 쉽게 이해시키기 위해 매우 생동감있는 비유로 과목에 따라 다른 사고방식이 어떻게 작용하는지를 설명했다. 멍거는 "우리의 뇌에는 여러 가지 사고방식이 있으며 우리는 이것을 자신의 직간접적인 경험에 따라 격자모형 안에 배치한다"라고 했다.

1996년 멍거는 스탠포드대학의 강연에서 다시 한 번 그의 격자이론을 설명했다. 그가 주장한 기본 논점은 이렇다. 우선 사고방식 격자를 만들려고 노력한 다음, 여러 지식들을 연결해 병용하는 방법을 생각하고 이용할 줄 아는 사람들이 진정한 성공을 거둔다고 말했다. 그러기 위해 열심히 공부해야 한다고 충고했으며, 특히 긴 시간 동안 전문화교육을 받아서 하나의 방식으로만 생각하는 사람들에게 더욱 필요하다고 강조했다. 이러한 격자의 사고방식이 당신의 머릿속에 심어지기만 한다면 어떠한 문제도 해결할 수 있는 보물상자를 갖게 된다.

"당신에겐 모든 문제를 해결할 수 있는 방법이 있다. 그것을 이해하고 정확한 사고습관을 키우기만 하면 된다."

버핏과 긴 시간 동안 합작파트너였던 멍거는 "사람은 발생해야 할 일이 아닌, 곧 발생할 일에 베팅을 해야 한다"라고 결론지었다.

"주식시장의 비정상적인 가격을 열심히 찾아봐야 한다. 그리고 나서 여러 가지 원칙으로 가늠해 보고 당신에게 유리한 상황이라면 그것이 바로 좋은 주식이다."

멍거는 서로 다른 과목들의 사고방식을 연결시켜 통합된 격자를 만드는 것이 투자에서 성공할 수 있는 가장 좋은 결정방식이라고 했다. 이렇게 다른 사고방식들로 하나의 투자 문제를 생각했을 때 같은 결론이 나온다면 그 투자결정은 더욱 정확하다. 많은 것을 알고 깊이 이해할수록 투자자는 현명하고 지혜로워진다.

멍거는 투자를 해오면서 여러 가지 매우 간단한 보편성 원리를 다음과 같이 결론내렸다. 이것은 또한 그의 격자투자방식의 중요한 구성성분이다.

"첫 번째 보편성 원리는 먼저 가장 신경쓰지 않아도 될 일을 결정하고 문제를 단순화하는 것을 뜻한다."

"두 번째 보편성 원리는 미래만을 생각하는 사고로는 부족하다는 것을 의미한다. 우리는 반드시 역사고방식을 운용해야 한다. 사실 많은 문제는 미래를 기준으로 해결할 수 없다. 이는 위대한 수학자인 칼 제이콥스가 늘상 하는 말과 일치한다. 항상 역사고방식을 갖고 문제를 생각해 봐야 한다. 이는 고대 그리스 철학자인 피타고라스가 반증법을 사용해 2의 제곱근이 무리수라는 것을 증명한 이유와 같다."

"세 번째 보편성 원리는 가장 좋으며 실용적인 지혜는 바로 대학에서 배웠던 기본적인 개념들이란 사실이다. 하지만 여기에는 매우 중요한 조건이 있다. 대학 신입생 시절 기초과목에서 쉽게 배웠던 개념들을 모두 운용해야만 한다. 이러한 기본개념이 잡힌다면 어떠한 문제도 제한받지 않고 해결할 수 있다. 대학 및 많은 기관들은 경계가 분명한 학과와 부서로 국한시키기 때문에 더욱 유리해진다. 벤자민 프랭클린이 폴 리차드에게 했던 "어떤 일을 하고자 할 때 강제적이 아니라면 즉시 행동에 옮겨라"라는 충고는 이 말을 대신할 수 있다. 우리는 여러 과목들의 사고방법을 사용해야 한다."

"네 번째 보편성 원리는 여러 요인을 결합시켜야만 큰 효과를 볼 수가 있다. 예를 들어 결핵치료 처방은 3가지 다른 약을 비율에 따라 혼합해서 만들어야 한다. 이 3가지 약들은 오래 전부터 있어왔지만 하나로 조합시켜 결핵치료에 쓰이기까지는 아주 긴 시간이 걸렸다. 또 비행기가 이륙하는 데에도 비슷한 원리가 적용된다."

사실 우리가 훌륭한 경영진이 관리하고 있는 우수기업 주식을 보유하고 있을 때엔 보유연한이 영원했으면 한다. 많은 투자자들은 회사실적이 좋을 때 주식을 급하게 팔아서 이윤을 취하려고 한다. 하지만 실적이 실망스러운 회사주식은 버리지 않는데 이러한 방법은 우리와 정반대이다. 피트 린치는 이러한 행위를 "생화를 꺾어버리고 야생화를 병에 담는 것"이라는 말로 적절히 비유했다.

● 워렌 버핏

제5장

주식보유 원칙 _ 장기보유

한 회사 주식을 10년간 보유하지 않으려면
10분간 보유할 생각도 하지 말아라.

● 워렌 버핏

현대투자 포트폴리오 이론은 어떤 주식의 주가변동상황에 따라 리스크와 수익을 판단한다. 이를 근거로 계속 보유할지 팔아버릴지를 결정해 전체 투자 포트폴리오의 합리적인 리스크 정도와 예상수익률 수준을 보장하고 있다. 많은 공동펀드는 컴퓨터 프로그램을 통해 자동적으로 투자 포트폴리오를 관리하고 프로그램의 연산결과에 따라 자동으로 보유와 매도를 결정하기 때문에 대다수 펀드는 높은 회전율을 유지하고 있다.

버핏은 완전히 다른 투자 포트폴리오 관리방식을 선택하고 있는데, 그는 우수기업의 주식을 영구적으로 보유하고자 한다. 그는 영원히 결혼한다는 태도로 주식을 보유한다.

"투자의 모든 것은 적당한 시기에 좋은 주식을 선택하여 그 주식의 상황이 좋다면 계속 보유하는 데 있다."

"우리가 잘 알고 있고 꾸준하게 우수함을 유지할 수 있는 기업의 주식을 포기하는 일은 어리석다고 생각한다. 이렇게 우수한 기업의 주식을 계속 보유하고 있는 일은 쉽지 않다."

버핏이 장기보유를 강조한 것은 앞의 시장원칙 분석에서 지적한 '시장은 장기적으로 보면 저울이다. 긴 시간이 지난 주가만이 점차 본연의 가치로 되돌아간다'는 이유 외에도 다음 두 가지 이유가 있다. 장기보유는 복리를 통해 투자수익률의 적은 차이를 결국에는 큰 재산으로 누적시켜주며, 자본이득세 납부를 늦춰서 세후수익을 최대화한다. 장기보유는 거래횟수를 크게 줄여서 거래원가를 떨어뜨린다.

하지만 모든 주식을 장기보유해야 하는 것은 아니다. 사실 극소수의 주식만이 장기보유를 할 가치가 있다. 버핏이 장기보유 여부를 결정하는 유일한 기준은 회사의 부가가치능력이다. 그는 버크셔사 1987년 연보에서 "우리가 예상한 그 회사의 내재가치가 만족할 만한 속도로 증가하기만 한다면 우리는 무기한으로 주식을 보유하길 원한다"라고 말했다.

표 5-1 1977~2003년 버핏이 3년 이상 장기투자한 주식일람표

회사	보유 연한	보유주식(주)	원금/ 백만달러	시장가치/ 백만달러	투자수익률
The Washington Post Company	30	1 727 765	11.000	1 367.000	12 327.27%
The Walt Disney Company	21	51 202 242	281.000	1 536.000	446.62%
GEICO Corp.	19	34 250 000	45.700	2 393.200	5 136.76%
The Coca-Cola Company	16	200 000 000	1 299.000	10 150.000	681.37%
Wells Fargo & Company	14	56 448 380	463.000	3 324.000	617.93%
The Gillette Company	13	96 000 000	600.000	3 526.000	487.67%
Freddie Mac	12	59 559 300	294.000	2 803.000	853.40%
American Express Company	10	151 610 700	1 470.000	7 312.000	397.41%
Handy & Harman	8	2 379 200	27.318	46.989	72.01%

Interpublic Group of Companies, Inc.	8	818 872	2.570	28.149	995.29%
Ogilvy & Mather International	7	250 400	2.580	12.833	397.40%
Affiliated Publications, Inc.	7	1 036 461	3.516	55.710	1 484.47%
General Foods Corporation	6	4 047 191	149.870	226.137	50.89%
Media General	5	197 200	3.191	11.191	250.71%
R. J. Reynolds Industries, Inc.	4	5 618 661	268.918	314.334	16.89%
Time, Inc.	4	847 788	20.385	52.669	158.37%
SAFECO Corporation	4	785 225	21.329	31.016	45.42%
Kaiser Aluminum & Chemical Corp.	4	1 211 834	20.629	27.569	33.64%
Guinness PLC	3	38 335 000	333.019	270.822	−18.68%
H&R Block, Inc	3	14 610 900	227.000	809.000	256.39%
Moody's Corporation	3	24 000 000	499.000	1 453.000	191.18%
합계	201	744 937 119	6 043.025	35 750.619	24 882.41%
연평균	9.57	35 473 196	287.763	1 702.410	1 184.88%

자료출처: 버크셔사 2003년 연보

5.1 장기보유와 단기보유의 세후 복리수익 비교

투자자에게 일시적인 폭리가 장기(수년, 심지어 수십 년)적인 수익을 뜻하진 않는다. 항상 있는 조그마한 이익이 장기적으로는 큰 수익이 된다. 장기수익을 결정하는 요인 중에 복리보다 중요한 요인은 없다.

아인슈타인은 "사람들이 알고 있는 가장 큰 기적은 무엇인가? 복리이다"라고 말했다.

"복리는 세계 8대 기적이다."

프랭클린은 복리를 이렇게 말했다.

"복리라는 신기한 돌은 납덩어리를 금으로 만들 수 있다. 기억하라! 돈은 가치를 높일 수 있다. 돈이 돈을 낳고 돈은 더 많은 돈을 만들어준다."

버핏과 긴 시간 동안 합작파트너였던 멍거는 "복리를 이해할 수 있고 복리 얻기가 힘들다는 것을 이해할 수 있다면 모든 것의 핵심 포인트를 안 것과 같다"라고 감탄했다.

1962년 버핏 합작회사의 연보에서 버핏은 1492년 스페인 여왕이 콜럼버스를 지원하지 않고 3만 달러를 복리로 투자했다면 170년 후 1662년에 수익은 2조 달러에 달한다고 추산했으며, 이 결과로 우리는 복리의 힘에 크게 놀랐다.

장기적으로 지속적인 경쟁우위를 가지고 있는 우수기업에 투자한다면 투자자는 장기보유를 하면서 주가는 회사가 성장함에 따라 상승하는 것을 인내심을 가지고 기다리기만 하면 된다. 지속적 경쟁우위를 가지고 있는 우수기업은 뛰어난 가치창조능력을 지니고 있으며 내재가치는 꾸준히 안정적으로 증가하고 주가도 그에 맞춰 점차 상승하게 된다. 장기투자에서는 시간이 가장 큰 영향력을 지닌 요인이다. 시간이 흐르면서 복리의 힘은 크게 발휘되고 투자자에게 거액의 세후수익을 실현시켜준다.

복리의 힘에는 두 가지 요인이 있다. 시간의 길이와 수익률 차이이다. 두 가지 요인이 다름으로써 복리가 가져다 줄 가치의 증가도 크게 달라진다.

(1)시간의 길이는 최종적인 가치규모에 큰 영향을 미친다. 시간이 길수록 복리가 만들어내는 가치는 더욱 증가한다. (2)수익률은 최종 규모에 커다란 지렛대 역할을 한다. 수익률의 작은 차이가 장기가치에 큰 차이를 만들어낸다. 6%의 연수익률로 계산하면 최초의 1달러는 30년 후에 5.74달러로 증가한다. 10%의 연수익률로 계산한다면 최초의 1달러는 30년 후에 17.45달러로 증가된다. 4%의 작은 수익률 차이로 최종적인 가치차이가 3배나 나게 된다.

버핏은 10%와 20%의 복리수익률이 큰 수익차이를 만들어내는 현상을 설명했다.

"1,000달러를 투자하고 10%의 수익률이라면 45년 후에 72,800달러가 된다. 같은 1,000달러로 20%의 수익률을 보였을 때 45년 뒤에는 3,675,252달러로 증가한다. 상기 두 수치차이는 매우 놀랍다. 이렇게 큰 차이는 어떤 사람의 호기심도 자극시킬 수 있다."

버핏이 1965년부터 관리해온 버크셔사는 현재까지 39년 동안 복리의 순자산 수익률이 22%였다. 즉 버핏은 매 1만 달러를 2,593.85 달러로 증식시켰다.

1994년 10월 10일 버핏은 네브라스카대학의 강연에서 복리에 대해 재미있는 비유를 했다.

"복리는 산에서 굴러내려오는 눈덩이와 같다. 처음에는 눈덩이가 아주 작지만 구르는 시간이 충분하고(내가 첫 번째 주식을 사고나서 나의 산에서는 53년간 구르고 있다) 적당히 잘 뭉쳐만 있다면 눈덩이는 아주 크게 될 것이다."

지속적 경쟁우위를 가지고 있는 우수기업의 주식을 장기보유한다면 가치투자자는 커다란 부를 얻을 수 있다. 여기서 관건은 투자자가 현금화하지 않은 기업주식의 수익을 복리를 통해 장기적으로 얻을 수 있으며, 동시에 현금화하지 않은 수익으로 자본이득세 납부를 늦춰 큰 절세효과를 볼 수 있다는 점이다.

버핏은 파트너에게 보낸 편지에서 "수단과 목적을 절대 혼동해선 안 된다. 목적은 세후의 복리수익률을 최대화시키기 위해서이다"라고 말했다. 버핏은 투자의 장기투자목표를 세후 복리수익의 최대화라고 여러 번 강조했다.

"우리는 단지 꾸준하게 서로 다른 투자방식을 통해 수학적으로 계산한 기대치에서 세후수익이 가장 큰 방법을 찾고 있다. 또한 이를 우리 스스로 이해하고 있는 투자방식에 국한시키며 우리는 단기적인 이윤최대화를 추구하는 것이 아니라 장기적 순자산가치의 최대화를 목표로 하고 있다."

버핏이 장기보유를 선택하고 있는 가장 중요한 이유는 가능한 자본이득세를 적게 납부하여 세후 장기수익을 최대화시키기 위해서이다. 거의 모든 투자자들은 자본이득세를 내야 한다. 하지만 자본이득세는 주식을 팔고 나서 매도가가 처음 매입가보다 높았을 경우에 납부한다. 따라서 자본이득세 납부는 투자자가 선택할 수 있는 문제이다. 투자자는 주식을 팔고 얻은 이윤부분에 대해서 자본이득세를 납부해도 되고 주식을 팔지 않고 세금을 납부하지 않는 방법을 선택해도 된다. 세금문제가 있기 때문에 투자자는 투자를 하면서 세금을 원금에 넣고 고려를 하여 세후수익의 최대화를 추구해야 한다.

5.1.1 장기보유와 단기보유에 대한 이연세금의 영향

버핏은 버크셔사 1989년 연보에서 장기투자가 이연세금으로 큰 수익을 발생시키는 것에 대해 상세히 설명했다.

"우리는 주식을 팔 계획자체가 없었기 때문에 정부는 소득세를 징수할 수 없다. 그럼 소득세 이연의 부채항목은 아무런 의미가 없는 회계상 허구인가? 답은 역시 '아니다'이다."

"경제 용어로 말하자면 이러한 자본이득세 부채는 미국 재정부가 우리에게 빌려준 무이자 대출과도 같으며 기간이 만료되면 우리 스스로 선택할 수 있다. 이러한 대출은 또다른 이상한 특징이 있다. 개별 주가가 꾸준히 상승하는 주식을 사는 데에만 사용되며 규모는 시장가격의 변화에 따라 매일 달라진다. 때로는 세율변화에 따라 변하기도 한다. 사실 이러한 소득세 이연 부채는 거액의 양도세와 비슷해서 우리가 한 자산에서 다른 자산을 선택할 때에만 납부하게 된다. 실질적으로 우리는 1989년에 일부 보유주식을 팔았고 결과적으로 2.24억 달러의 수익을 내어 7,600만 달러의 양도세를 납부했다."

"세법운영 방식 때문에 우리는 립 밴 윙클Rip Van Winkle(미국 작가 W. 어빙의 단편집 〈스케치북〉에 들어있는 단편소설. 주인공 립이 20년간 잠들어 있다 깨어나서 겪는 사건들에 대한 이야기이다-옮긴이)의 수면식 투자스타일을 좋아한다. 이에 성공한다면 수학적으로 볼 때 상대적으로 짧은 거래보다는 큰 수익을 남길 수 있다. 아주 극단적인 예를 들어보자. 버크셔에 증권투자할 자금이 1달러밖에 없다고 상상해 보자. 매년 1배의 수익을 올리고 매년 연말에 판다고 가정하자. 그 후의 19년 동안 우리가 운용한 세후수익을 중복투자했다고 가정해 보자. 매번 주식을 팔 때 우리는 34%의 자본이득세를 납부해야 하기 때문에 20년 후에 우리가 정부에 내야 할 총 납부액은 13,000달러지만 그래도 25,250달러라는 준수한 실적을 올릴 수 있다. 그러나 우리가 환상적으로 투자를 한다고 가정해 20년 내에 20배로 불어났다면 우리가 투자한 1달러는 1,048,576달러로 늘어나게 된다. 우리가 투자금액을 현금으로 바꿨을 때 34%의 세율로 356,500달러의 자본이득세를 납부해도 692,000달러를 벌 수 있다. 이렇게 큰 투자결과 차이를 보이는 유일한 이유는 납세의 시기가 다르기 때문이다. 재미있는 것은 정부가 두 번째 상황에서 얻는 세수는 첫 번째 상황과 비교했을 때 약 27:1이다. 두 가지 상황에서의 수익비율은 완전히 같지만, 정부는 반드시 더 많은 시간을 기다려 이 세금을 받으려 할 것이다."

5.1.2 동일세율, 다른 회전율에서의 세후 투자수익 비교

세후수익 최대화의 극단적인 중요성을 더욱 확실하게 설명하기 위해 연간 투자수익률이 다른 조건하에서 세전과 세후의 수익률에 대해 비교를 해보자. 매년 투자수익률은 10%와 15%으로 보유기간은 1년에서 20년으로 가정해보자. 자본세수의 관련 정책을 참고하여 투자자의 장기자본 이득세율을 33%로 한다. 주식회전율은 각각 0%, 5%, 10%, 30%, 50%, 85%, 100%이다.

0% 회전율_ 투자자는 주식을 절대 팔지 않기 때문에 세금을 납부할 필요가 없다. 세전과 세후수익이 같다.

5% 회전율_ 투자자가 매년 총 투자액의 5% 주식을 팔고 세후수익을 다시 다른 주식에 투자한다. 5%의 회전율은 평균 보유기한이 20년임을 의미하며 소수의 펀드매니저만이 이렇게 낮은 회전율을 유지할 수 있다. 스탠다드 앤 푸어스 500지수의 지수펀드를 완전히 복제해야만 달성할 수 있다.

10% 회전율_ 투자자가 매년 총 투자액의 10% 주식을 팔고 세후수익을 다시 다른 주식에 투자한다. 10%의 회전율은 평균 보유기한이 10년임을 의미한다.

30% 회전율_ 투자자가 매년 총 투자액의 30% 주식을 팔고 세후수익을 다시 다른 주식에 투자한다. 30%의 회전율은 평균 보유기한이 3.3년임을 의미한다.

50% 회전율_ 투자자가 매년 총 투자액의 50% 주식을 팔고 세후수익을 다시 다른 주식에 투자한다. 50%의 회전율은 평균 보유기한이 2년임을 의미한다.

85% 회전율_ 투자자가 매년 총 투자액의 85% 주식을 팔고 세후수익을 다시 다른 주식에 투자한다. 85%의 회전율은 평균 보유기한이 1년 2개월임을 의미한다. 모닝스타Morningstar의 통계에 따르면

펀드회사가 관리하는 뮤추얼펀드의 연간 회전율은 약 85%라고 한다.

100% 회전율_ 투자자가 매년 총 투자액의 100% 주식을 팔고 세후수익을 다시 다른 주식에 투자한다. 100%의 회전율은 평균 보유 기한이 1년임을 의미한다.

표 5-2 다른 회전율에서 20년간 주식투자를 한 총투자수익률 비교

회전율	투자원금/ 만달러	총시장가치 세후/ 만달러	세후 투자수익률(%)	세후 투자수익배수
0%	100	3 833.76	3 733.76	37.34
5%	100	3 068.79	2 968.79	29.69
10%	100	2 577.57	2 477.57	24.78
30%	100	1 737.68	1 637.68	16.38
50%	100	1 464.03	1 364.03	13.64
85%	100	1 277.77	1 177.77	11.78
100%	100	1 236.69	1 136.69	11.37

5.2 장기보유와 단기보유의 거래원가 비교

장기보유는 적은 거래수수료 등 거래원가가 투자총액에서 차지하는 비중이 아주 적다. 그러나 단기보유는 빈번하게 사고팔기 때문에 수수료 등 거래원가가 누적되면 투자총액에서 차지하는 비중이 커져 투자수익이 감소하게 된다. 투자자의 거래횟수가 많을수록 지불해야 할 수수료도 많아진다. 투자자가 시장평균 수준을 넘어서는 수익을 원한다면 매번 투자할 때의 수익이 시장평균 수준보다 몇 퍼센트가 높아야 거래원가를 메울 수 있다.

예를 들어 시장평균 수익률 8%를 넘기를 바라지만 예상되는 시장 평균수익률이 10%이며 동시에 매회 투자의 수수료와 거래비용이 거래금액의 평균 2% 이상을 차지한다면, 당신의 매회 투자수익률은 20% 이상이 되어야 한다.

찰스 앨리스의 연구에 따라 주식시장의 한 가지 법칙이 입증되었다. 거래횟수가 빈번할수록 투자수익은 감소한다. 그는 다음의 간단한 공식으로 회전율(거래빈도)의 투자수익률에 대한 영향을 설명했다.

투자에서 달성해야 할 수익률 수준 =

$$\frac{(회전율 \times 2X) + Y + (Z \times 시장평균\ 수익률\ 수준)}{시장평균\ 수익률\ 수준}$$

X = 매매가를 포함한 수수료 원가 평균치
Y = 펀드관리와 위탁비용
Z = 펀드매니저가 달성하고자 하는 수익률 수준

이 공식은 자금회전율이 200%가 넘는 투자자의 거래가 매번 시장평균 수익률보다 몇 퍼센트 높지 않는다면 주식시장 평균 수익 수준에 미치지 못함을 보여준다.

1998년 캘리포니아대학 데이비스 분교의 터렌스 오딘Terrance Odean 교수와 브래드 바버Brad Barber 교수는 연구를 통해 빈번한 거래가 투자수익률 수준을 크게 떨어뜨린다고 증명했다. 그들은 1990~1996년 12월 31일의 6년 동안 78,000개 가정의 주식거래기록을 분석했다. 이들 가정의 연간수익률은 17.7%로 시장평균 수익률 수준이었던 17.1%를 조금 상회했다. 하지만 수수료를 제하고 나면 순투자수익률은 15.6%로 시장평균보다 1.5% 낮았다. 그들은 매년 각 가정에서 다른 투자 포트폴리오 회전율로 얻은 순수익률을 비교하여 거래횟수가 증가할수록 수익률은 낮아졌음을 알아냈다. 거래가 가장 빈번했던 20% 가정의 연간 순수익은 10.0%밖에 되지 않았고, 거래횟수가 가장 적은 가정의 연평균 수익률이 18.5%에 달했다. 이를 복리로 계산한다면 10년, 20년 후에 이러한 작은 수익률 차이가 투자자의 부에 엄청난 차이를 만들어냈다. 그들은 과도한 자신감이 과도한 거래를 일으킨다는 연구결론을 내렸다. 투자 포트폴리오로는 투자수익률의 차이를 설명할 수 없으며 빈번한 거래로 인한 거래원가 상승만이 이렇게 큰 투자수익률 차이에 대한 합리적인 설명이 가능하다고 했다.

버핏은 버크셔사 1983년 연보에서 주식의 빈번한 거래가 가져오는 거액의 거래원가 및 주주재산의 놀랄 만한 손실에 대해 자세히 토론했다.

"주식시장을 풍자한 것 중에 거래의 활성화를 강조한 말이 많다. '거래성marketability'과 '유동성liquidity'이라는 말을 자주 사용하는 증권사는 거래량이 큰 회사에 대해서 칭찬을 아끼지 않는다. 하지만 투자자들은 이것이 도박테이블에 앉아 베팅하는 사람에겐 좋은 일이 되겠지만 고객으로서는 꼭 좋은 일이 아니란 사실을 알아두어야 한다. 과도하게 활발한 주식시장은 사실상 기업의 도둑이다."

"예를 들어 순자산 수익률이 12%인 회사를 생각해 보자. 주식 전환율이 매년 100%에 달하고 매번 매입과 매도 수수료는 1%(저가주 회사에게 있어 수수료가 매우 높은 편인)로 주식은 장부가치로 매매가 이뤄진다고 가정할 때 우리가 가정한 이 회사 주주들은 회사의 한해 자산순액의 2%를 주식거래 원가로 지불해야 한다. 이러한 주식거래활동은 기업의 이윤에 아무 의미가 없으며 주주에게는 회사 이윤의 6분의 1이 거래를 통한 원가로 없어져버린다(또한 이 계산에 옵션거래를 포함시킨다면 원가는 더욱 커지게 된다)."

"이러한 거래는 음악을 듣기 위해 의자뺏기 놀이를 하는 것처럼 상당히 비싼 대가를 치루게 된다. 한 정부기관이 회사나 투자자의 이윤에 16.66%의 세수를 증가시킨다면 회사와 투자자가 미칠듯이 고통스러워하는 반응을 상상할 수 있겠는가? 과도하게 활발해진 시장에서 거래하는 것은 투자자가 지불하는 거래원가에 그들 자신이 스스로에게 중과세를 징수하는 것과 마찬가지이다."

"시장 일일 거래량이 1억 주(장외거래도 포함한다면 이런 거래량은 오늘날 매우 낮은 수준이다)인 거래일은 주주들에게 좋은 소식이 아니다. 이는 일일 거래량이 5,000만 주의 거래일과 비교했을 때 주주들이 주식을 새로 바꾼다면 두 배의 수수료가 든다는 것을 의미하기 때문이다. 일일 거래량이 1억 주인 상황이 1년간 지속되고 매회 평균매매원가가 15센트라면 투자자로서는 새로운 주식으로 변환함으로써 납부해야 할 세금합계는 75억 달러로 이는 500대 기업 중 가장 큰 4개 회사인 엑슨사, 제너럴 모터스, 모빌석유, 텍사코 Texaco Inc. 석유의 1982년 수익 총합과 비슷한 정도이다."

"1982년 말 이 회사들은 총합계 750억 달러의 순자산을 보유하고 있었으며 순자산과 순수익은 전체 500대 기업의 12% 이상을 차지하고 있었다. 우리가 앞서 가정한 상황에서 투자자는 갑자기 재정적인 입장을 바꾸기 위해 매년 이렇게 놀랄 만한 자산총액에서 이 자산이 이뤄낸 수익 전부를 깎아먹어 버렸다. 또한 매년 새로운 주식으로 전환함으로써 투자컨설팅에 지불된 자산관리비용은 총 20억 달러로 5대 은행그룹인 시티은행, 아메리카 은행, 체이스맨해튼 은행, 하노버 은행, J.P 모건은행의 전체 수익과 맞먹는다. 이렇게 비싸고 과도한 행위는 누가 파이를 먹을 수 있는가를 결정할 수는 있지만, 더 큰 파이를 만들지는 못한다."

"우리는 소위 큰 케이크를 만드는 관점을 알아야 하는데, 이 관점은 거래활동을 통해 자산증식과정에서 우리를 더 이성적으로 만든다. 이 관점은 얼핏 보기에 정확해 보이지만 실제로는 그렇지 않다. 전체적으로 보면 과도하게 활발한 주식시장은 보이지 않게 이성적인 자산증식을 가로막고 파이를 더욱 작게 만든다. 애덤 스미스는 자유시장에서 공동협조가 아닌 모든 행동들은 보이지 않는 손에 의해 경제적으로 최대의 성장을 이뤄낸다고 생각했다. 하지만 우리가 보기에 카지노식 시장이나 일촉즉발의 투자매니저는 보이지 않게 경제성장의 발걸음을 늦추고 멈춰서게 만드는 것 같다."

5.3 장기보유의 투자결정 분석

투자업계에서 버핏보다 장기투자로 이름을 알린 사람은 없으며 버핏보다 자신이 좋아하는 기업의 주식을 장기보유하고 싶어하는 사람도 없다.

"내가 가장 좋아하는 주식보유 기간은 영원히이다."

"우리는 기업을 사들이는 것을 좋아하지만 파는 것은 싫어한다. 기업과 평생 같이 했으면 하는 바람이다."

"우리의 큰 자금 규모를 봤을 때 나와 찰리는 아직 빈번한 매매 거래를 통해 좋은 투자실적을 올릴 만큼 똑똑하지 못하다. 또한 다른 사람들도 벌처럼 이 꽃에서 저 꽃으로 옮겨다니며 장기적으로 투자에 성공할 수 있다고 생각하지 않는다. 이렇게 자주 거래하는 사람을 '투자자'로 부르는 것은 마치 항상 원나잇을 즐기는 사람들을 '낭만주의자'라고 부르는 것만큼 황당하게 느껴진다."

"우리의 장기보유 행위는 우리의 관점을 분명히 보여준다. 주식시장의 작용이 다시 자원을 배치하는 중심이 되고 이 중심을 통해 자금들은 빈번한 거래를 하는 투자자로부터 인내심을 가지고 있는 장기투자자에게로 이동한다."

버핏은 매입한 주식을 모두 장기보유하지 않는다. 사실 그는 극소수의 주식만이 장기보유할 가치가 있다고 느낀다.

버핏은 수십 종의 주식을 매입한 적이 있었다. 그 중에 대부분은 몇 년간 장기보유를 했지만 보유기간이 짧았던 주식도 있었다. 코카콜라, 가이코, 워싱턴포스트, 질레트 등 소수의 주식들은 매입한 후 10여 년에서 20여 년 동안 쭉 보유해 왔다.

버핏은 소수의 회사만이 확신을 갖고 장기투자를 할 가치가 있다고 판단했고, 합리적인 가격으로 좋은 관리자가 경영하는 우수한 기업의 주식을 매입할 수 있을 때 영원히 보유하고 싶어한다.

"주식투자는 간단하다. 당신이 해야 할 일은 내재가치보다 낮은 가격에 대기업 주식을 매입하고 동시에 이 기업이 가지고 있는 가장 정직하고 능력있는 경영진을 믿어야 한다. 그리고 나서 그 주식을 계속 보유하고 있으면 된다."

장기보유 문제를 결정하는 데 있어 대다수 사람들은 주가 상승이나 하락폭을 보유와 매도 판단의 기준으로 삼는다. 우리가 내리는 투자결정은 기업이 그 시기의 경영실적과 효과이지 그 시기의 시장가격이 아니다. 회사 전체를 보유할 수 있을 때 단기수익만을 과도하게 주목하는 것은 아주 어리석은 짓이다. 마찬가지로 한 회사의 일부 주식을 매입할 때 단기투자의 예상수익에 현혹되는 것도 어리석은 일이다.

"찰리와 내가 버크셔 계열사 중 보험회사의 보통주를 매입할 때 우리는 거래전체를 개인기업을 사들이는 것처럼 진행시켰다. 기업의 경영전망, 회사의 경영진과 지불해야 할 가격을 고려했다. 언제 어떤 가격에 팔지에 대해서는 전혀 생각해 보지 않았다. 실질적으로 우리가 예상했던 대로 이 회사의 내재가치가 만족할 만한 속도로 증가해 준다면 우리는 무기한 주식을 보유하길 원했다."

"한 사람의 투자자로서 당신의 목표는 이성적인 가격으로 당신이 쉽게 업무를 이해할 수 있는 회사의 일부 주식을 매입하는 것이어야 한다. 또한 현재부터 5년, 10년, 20년 내에 이 회사의 수익이 반드시 대폭 증가할 것이라고 확신할 수 있어야 한다. 상당히 긴 시간이 지나게 되면 당신은 몇 개 회사만이 이 기준에 부합되는 것을 알게 된다. 그래서 위의 기준에 부합되는 회사를 발견하면 대량으로 그 회사의 주식을 매입해야 한다. 또한 상기 투자원칙에서 벗어날 수 있는 유혹을 반드시 견뎌내야 한다. 한 회사 주식을 10년간 보유하지 않으려면 10분간 보유할 생각도 하지 말아라. 총수익이 향후 몇 년간 꾸준히 증가할 회사주식을 하나의 투자조합으로 모아놓는다면 이 조합의 시장가치 또한 꾸준히 증가한다."

"최근 10년간 우리가 가격과 가치를 비교했을 때 질과 양적으로 동시에 기준에 부합하는 주식투자 목표를 찾지 못했다. 우리가 아무런 일도 하지 않는 것이 가장 어려운 일이란 걸 알게 되었지만 그래도 기준을 낮춰서 찾으려고 하지는 않았다(영국의 정치가는 영국의 19세기 위대한 성공이 자율적인 정책에 기인한다고 주장했다. 이러한 전략에 대해 역사학자들은 쉽게 평가하지만 당사자들로서는 매우 하기 힘든 일이다)."

"찰리와 나는 현재 주식에 대해 움직이지 않고 몸을 아끼는 중이다. 우리는 주식을 보유하고 있는 걸 좋아한다. 물론 매력적인 가격으로 매입을 한다면 말이다. 나는 61년의 투자생애에서 약 50년 동안 그런 기회가 있었다. 앞으로도 분명히 비슷한 경우가 생길 것이다. 하지만 최소한 10%의 세전수익률(기업소득세를 납부하면 6.5~7%의 수익률)을 올릴 확률이 높을 때를 알지 못한다면, 차라리 한쪽에서 쉬며 관망하는 것이 낫다. 단기자금이 1%가 안 되는 세후

수익률은 당연히 한쪽에서 쉬고 있는 우리에게 별다른 즐거움을 가져다주지 못한다. 하지만 일순간의 성공적인 투자를 위해서는 긴 시간 동안 인내심을 가지고 기다려야 한다."

　주식을 장기보유할지 매도할지의 유일한 기준이 회사가치 증식능력이라면 회사가치 증식능력을 평가하는 방법은 무엇일까? 버핏은 가장 좋은 방법이 포괄수익Look-Through Earnings이라고 말했다.

　"포괄수익은 다음 3부분으로 구성된다. ① 영업수익 보고에 ② 투자회사가 남긴 수익(일반적으로 공인된 회계원칙에 따라 이 부분은 회사수익 안에 반영되지 않는다)을 더하고 ③ 잔여수익 분배시 납부해야 할 세금을 제외한다. 포괄수익을 계산하려면 투자자는 투자 포트폴리오에서 각 주식에 상응하는 분배가능한 수익을 확정하고 더하면 된다. 각 투자자의 목표는 하나의 투자 포트폴리오를 만드는 것이다(하나의 투자회사를 만드는 것과 비슷하다). 이러한 포트폴리오는 지금으로부터 10년 후쯤 가장 높은 예상포괄수익을 가져다 준다. 이러한 방식은 투자자로 하여금 단기적인 주가변동이 아닌 기업의 장기적인 전망을 생각하게 만든다. 이렇게 장기적인 시야는 투자 실적개선에 도움이 된다. 물론 투자결정의 점수판이 장기적으로 본다면 곧 주식의 시장가치임은 부인할 수 없는 사실이다. 하지만 주가는 회사 미래의 수익창출능력에 달려 있다. 투자에서 야구처럼 득점을 하고자 한다면 야구장에 집중해야지 점수판만 바라본다고 점수가 올라가지 않는다."

　기업의 수익능력이 단기적으로는 일시적 변화가 일어나지만 장기적으로는 영향을 미치지 않는다면 버핏은 계속 장기보유를 한다. 하지만 회사의 장기적인 수익능력에 근본적인 변화가 생긴다면 버핏은 주저하지 않고 팔아버린다. 회사 부가가치능력의 변화가 보유와 매도 판단에서 가장 중요한 요인임을 알 수 있다. 버핏은 회사의 부가가치능력 외에 거시경제, 금리, 분석가의 등급 등등 다른 요인들도 중요하다고 생각한다.

"활발하지 않은 것이 이성적이고 현명한 투자행위라고 마음 깊이 느낀다. 연방준비위원회가 어음할인율을 소폭 조정할 것으로 예상되거나 월스트리트의 전문가들이 주식시장 전망에 대한 생각을 완전히 바꿨다 할지라도 우리와 대다수 기업 경영인들은 단지 이러한 이유 때문에 이윤능력이 아주 높은 자회사를 사고팔지 않는다. 그러면 우리는 왜 우리가 보유하고 있는 우수기업의 소수 주식을 완전히 다르게 처분해야만 할까? 상장회사 주식투자의 성공비결은 자회사 매입과 다르지 않다. 두 가지 경우 모두 합리적인 가격으로 좋은 경제상황과 덕과 재능을 겸비한 경영진을 보유하고자 한다. 그 후에는 이러한 특징들이 지속적으로 잘 유지되는지 지켜보는 일만 하면 된다."

버핏의 이런 스타일을 가장 잘 보여주는 예는 그가 공개적으로 영원히 보유하겠다고 성명을 발표했던 캐피탈 시티즈/ABC사의 주식이다. 이 회사의 이윤능력에 큰 변동이 생기고 나서 그는 모든 주식을 매도했다. 버핏은 1986년 연보에서 영원히 보유하고 싶은 주식으로 캐피탈 시티즈/ABC사, 가이코, 워싱턴포스트 3종을 공개적으로 밝혔다. 하지만 디즈니가 ABC를 사들인 후 회사의 큰 규모가 발전을 저해했다고 판단한 버핏은 1998년부터 보유량을 줄이기 시작해서 1999년에는 보유하고 있던 거의 모든 디즈니 주식을 팔아버렸다.

코카콜라의 수익이 지속적으로 하락한 것에 대해서는 다른 관점을 갖고 있었다. 1997년 코카콜라의 주식자산 수익률은 56.6%에 달했지만 1998년엔 42%로 떨어졌고 1999년에는 35%로 낮아졌다. 그렇지만 버핏은 버크셔 1999년 연보에서 다음과 같이 말했다.

"우리는 코카콜라 등 대량으로 주식을 보유하고 있는 회사가 아주 강한 경쟁우위를 가지고 있으며 앞으로도 꾸준히 안정적으로 경영해 나갈 수 있다고 믿는다. 이렇듯 이 회사가 장기투자에서 좋은 수익률을 보여주리라는 예측은 찰리와 내가 자신있게 분별할 수 있는 부분이다. 주가상승이나 하락은 주식을 보유할지 매도할지의 기준이 되지 않는다."

버핏은 코카콜라 주식을 계속 보유할 계획이다. 그와 이사회는 코카콜라 전 CEO 에버레스트를 해고하고 신임 CEO로 대프트를 임명했다. 코카콜라는 머지않아 다시 일어설 것이다.

제6장
4대 대표사례

대기업의 정의_
25년이나 30년 후에도 대기업의 지위를 유지할 수 있는 회사
● 워렌 버핏

앞에서 우린 버핏의 장기 가치투자전략의 기본원칙을 정리했고 이러한 원칙을 응용한 운영기술에 대해 알아봤다. 그럼 버핏 본인은 스스로 말한 것처럼 우리가 정리한 5가지 원칙에 따라 투자를 하고 있는가?

가장 간단하고 효과적으로 이 문제에 대답할 수 있는 방법은 바로 그의 가장 대표적인 투자사례 분석을 통해 얻을 수 있다.

버핏의 성공사례 분석을 통해 우리는 앞서 정리한 5가지 기본원칙을 더욱 자세히 인식할 수 있으며 버핏이 어떻게 기본원칙들을 운용하는지 잘 배울 수 있다.

우리는 다음 4개를 버핏의 가장 대표적인 장기 주식투자 사례로써 분석해 본다.

코카콜라_ 13억 달러 투자, 2003년 말까지 15년간 보유, 이윤 88억 달러로 6.8배 가치상승

가이코_ 4571만 달러 투자, 2003년 말까지 20년간 보유, 이윤 23억 달러로 50배 가치상승

질레트_ 6억 달러 투자, 2003년 말까지 14년간 보유, 이윤 29억 달러로 5배 가치상승

워싱턴포스트_ 1000만 달러 투자, 2003년 말까지 30년간 보유, 이

윤 12억 달러로 128배 가치상승

6.1 코카콜라: 이윤 88억 달러, 6.8배 가치상승

> 코카콜라는 전세계에서 가장 좋은 대기업이다.
> – 워렌 버핏

버핏은 1988~1989년 동안 각각 코카콜라 주식 2335만 주를 매입하는 데 10.23억 달러를 투자했다. 1994년 보유량을 늘려서 총 투자액은 12.99억 달러에 달했다. 그는 버크셔 1991년 연보에서 "3년 전에 우리가 코카콜라를 대량 매입했을 때 버크셔사의 순자산은 약 34억 달러였는데, 지금은 우리가 보유하고 있는 코카콜라 주식의 시장가치만으로도 이 수치를 뛰어넘는다"라고 했다. 코카콜라는 버핏이 가장 성공한 투자로서 그의 상상보다 더욱 큰 성공을 거뒀다. 2003년 말 버핏이 보유하고 있던 코카콜라 주식의 시장가치는 101.50억 달러로 15년간 681%가 증가했다. 코카콜라 하나의 주식투자로 버핏은 88.51억 달러를 벌어들였고 이는 버핏을 세계에서 두 번째 갑부로 만들어준 중요한 요인이 되었다.

6.1.1 버핏의 지속적 경쟁우위에 대한 분석

전통적으로 안정적인 산업

소프트음료는 세계에서 가장 큰 산업 중 하나이다. 산업의 특징은 대량생산, 높은 마진이윤, 높은 현금흐름, 저자본요구 및 높은 수익률이다.

코카콜라 회사의 소프트음료 산업에 대한 전망은 매우 낙관적이었다. 그들은 1995년 연보에서 회사업무 전망에 대해 다음과 같이 서술했다.

"우리가 개발하는 가장 작은 시장은 무엇일까? 사람 자신이다. 사람은 하루 종일 아무것도 먹지 않아도 되지만 지구상의 57억 사람들은 매일 64온스의 음료를 소비해야만 살아갈 수 있다. 우리의 공급량은 현재 2온스에도 못 미치고 있다."

코카콜라 회사는 국제시장에서의 판매증가세가 매우 빠르다. 현재 70%의 매출액과 80%의 이윤이 국제시장에서 비롯된다. 또한 국제시장의 성장잠재력은 여전히 매우 크다. 미국인들의 연평균 콜라 소비량은 395병이지만 전세계로 확대하면 콜라 소비량은 64병에 불과하다. 이 큰 차이는 코카콜라가 전세계 음료 시장에서 계속 성장할 수 있는 커다란 잠재공간을 의미한다.

간단하고 쉽게 이해할 수 있는 업무

코카콜라 회사의 업무는 매우 간단하고 쉽게 이해할 수 있다. 회사는 원료를 사들여서 농축액으로 만들어 병 제조업체에 판매한다. 병 제조업체는 농축액과 기타 성분을 배합해 코카콜라 음료를 만들어 마트, 편의점, 술집 등 소매업체에 판매한다.

독특한 자원

전세계에서 가장 유명한 5가지 탄산음료 중에서 회사는 4개 탄산음료 브랜드를 독점하고 있다. 코카콜라, 스프라이트, 환타, 탭(다이어트 콜라)이다.

회사에서 가장 중요한 자산은 브랜드이다. 코카콜라는 이미 전세계적으로 널리 인정받고 가장 존중받는 유명상표이다. 코카콜라는 이미 미국 문화의 상징이 되었다. 버핏은 코카콜라를 세상에서 가장 가치있는 브랜드라고 칭했다. 평가에 따르면 코카콜라의 브랜드 가치는 400억 달러에 달한다고 한다.

코카콜라 회사는 1995년 보고서에서 "우리 회사가 철저히 파괴된다 해도 우리는 우리의 브랜드 파워로 대출을 받아 다시 회사를 세울 수 있다"고 발표했다.

코카콜라 회사는 독보적인 전세계 생산판매 시스템을 보유하고 있다. 회사는 막대한 자본을 투입해 세계 각지에 공장을 설립했다. 전세계 200여 국가 1000개의 공장에 시럽과 농축액을 제공하며 엄청난 우위를 보이고 있으며 저원가 소프트음료 생산업체로서의 지위를 더욱 굳건히 다졌다. 1989년 코카콜라는 회사 연보에서 다음과 같이 밝혔다.

"20세기 20년대에 코카콜라 회사는 글로벌기업으로 탈바꿈했다. 60여 년 동안 우리는 막대한 자금을 투자했고 아주 폭넓은 비즈니스 루트를 만들었다. 현재 우리 회사의 대체원가는 1000억 달러에 달한다."

코카콜라는 미국 소프트음료 시장을 주도하고 있다. 코카콜라는 맥도날드, 웬디스, 버거킹, 피자헛 등 많은 대형 패스트푸드 체인점의 우선 음료제공업체이다. 맥도날드가 있는 곳에 코카콜라가 있고 마트와 편의점이 있는 곳에 코카콜라가 있다. 코카콜라 자동판매기는 미국과 유럽에 널리 퍼져 있다.

말이 필요없는 산업의 선두지위

코카콜라는 전세계 소프트음료 업계에서 절반 이상의 시장점유율을 차지하고 있다. 현재 코카콜라 회사는 매일 전세계 60억 인구에게 10억 병의 코카콜라를 판매하고 있다. 버핏이 관리하는 버크셔사는 코카콜라 회사 8%의 주식을 보유함으로써 매일 1억 병의 판매이윤을 보고 있다.

버핏은 1993년 <포춘>지에서 코카콜라를 세계에서 가장 좋은 대기업이라고 평가했다.

"당신이 살아가면서 우연히 회사에 대한 좋은 아이디어가 생각난다면 당신은 행운아다. 기본적으로 코카콜라는 세상에서 가장 좋은 대기업이라고 말할 수 있다. 합리적인 가격으로 판매하고 보편적으로 환영받으며, 소비량은 매년 여러 국가에서 꾸준히 증가하고 있다. 어떠한 제품도 이처럼 환영받지 못한다."

"당신이 나에게 1,000억 달러를 주며 코카콜라가 전세계 음료시장에서 차지하고 있는 선두지위와 바꾸려한다면 나는 돈을 돌려주면서 절대 그럴 수 없다고 말할 것이다."

고도로 집중된 핵심업무

코카콜라는 고도로 집중된 핵심업무인 소프트음료를 제조한다.

1962년부터 함께 회사총재를 지낸 폴 오스틴은 1971년 회장으로 임명되고 나서 대규모 다원화 경영을 시작했다. 코카콜라와 관련이 없는 수질정화, 술, 새우양식, 플라스틱, 농장 등의 사업에 투자를 해서 회사의 가치창조능력을 떨어뜨렸다. 1980년 주주들의 압력으로 오스틴은 사퇴했고 로베르토 고이주에타Roberto Goizueta가 코카콜라 제1대 외국계 CEO 자리에 올랐다.

　로베르토 고이주에타는 회사에 '80년대의 경영전략' 도입을 주장했다. 회사는 충분한 투자수익률을 올리지 못하는 업무와 자산을 포기해야 한다고 했다. 회사는 수익능력이 낮은 포도주공장 같은 비핵심업무를 대부분 제외시켰다. 로베르토의 가장 큰 공로는 코카콜라의 글로벌화를 이끌어 고속성장을 이뤄냈다는 점이다. 1984년 코카콜라 회사의 국제시장 이윤은 총이윤의 52%에 불과했지만 1987년에는 75% 이상으로 증가했다. 국제시장은 코카콜라에 큰 수익률을 안겨주었다. 1984~1987년 코카콜라의 전세계 판매량은 34%가 증가했고, 국제시장의 총수익은 6.66억 달러에서 11.1억 달러로 늘어났다.

뛰어난 가치창조 능력

　매년 코카콜라 연보에서 경영진들은 모두 반복해서 말한다.

　"관리의 기본목표는 주주가치의 최대화이다."

　로베르토 고이주에타는 회사의 '80년대의 경영전략'에서 향후 10년 동안 계속해서 주주들을 책임지고 그들의 투자가치를 증가시키겠다고 말했다. 또한 주주들에게 평균수준보다 높은 투자수익을 가져다주기 위해 반드시 적절한 조건과 통화팽창율보다 높은 수익률의 사업을 찾아야 한다고 강조했다. 이 목표를 실현하기 위해 코카콜라 회사는 고수익의 소프트음료 업무에 집중투자하고 원가를 꾸준히 낮추고 있다.

　로베르토 고이주에타의 지휘하에 코카콜라 회사의 순수익은 1979년 3.91억 달러에서 7.86억 달러로 증가하여 오스틴 시절보다

1배가 더 늘어났다. 주주 투자수익률은 1979년의 21.4%에서 27.1%로 상승했다. 1973~1980년 동안 코카콜라 회사의 주주수익은 1.52억 달러에서 2.62억 달러로 늘어나 연평균 8%가 증가했다. 1981~1988년 주주수익이 2.62억 달러에서 8.28억 달러로 증가해 연평균 17.8%가 늘어났다. 1973~1982년 매출액은 연평균 6.3%가 증가했지만 1983~1992년 매출액의 연평균 증가율은 31.1%였다.

지속적 경쟁우위

버핏은 버크셔 1993년 연보에서 코카콜라의 지속적 경쟁우위에 대해 감탄을 표시했다.

"정말 1938년 <포춘>지의 이야기를 인용하지 않을 수 없다. '코카콜라와 규모에서 필적할 만한 회사를 찾기 힘들다. 코카콜라처럼 10년 동안 변하지 않고 한 가지 제품만을 판매하는 회사도 찾아보기 힘들다.' 55년 동안 코카콜라 회사의 제품 종류가 많아지긴 했지만 이 말은 아직도 매우 적절한 표현이다. 장기적으로 보면 코카콜라와 질레트가 직면하게 될 산업리스크는 어떤 컴퓨터회사나 통신회사보다 극히 낮은 수준이다. 코카콜라는 전세계 음료판매량의 44%를 차지하고 있고 질레트는 60%의 면도기시장 점유율(매출액 기준)을 보이고 있다. 껌시장을 석권하고 있는 리글리를 제외하고 어떠한 회사도 이들처럼 긴 시간 동안 전세계에서 경쟁력을 누리는 것을 본 적이 없다. 더욱 중요한 것은 코카콜라와 질레트는 최근 세계시장 점유율, 브랜드 파워, 제품의 우수한 특성과 튼실한 판매 루트를 계속 높여나가면서 마치 그들의 경제성곽 외부에 성호를 형성한 것처럼 더욱 강한 경쟁력을 보인다. 이와 비교해 일반회사는 매일 어떠한 보장도 없는 상황에서 혈전을 벌이고 있다."

6.1.2 버핏의 코카콜라사 주식투자에 대한 분석

1988년 버핏이 처음 코카콜라 주식을 매입했을 때 회사주식의 주가수익률은 15배였고 주가와 현금흐름비율은 12배로 시장 평균 수준보다 각각 30%와 50%를 상회했다. 버핏은 주식 장부가치의 5배 가격으로 매입했다.

1988년 코카콜라 회사의 주식수익은 8.28억 달러였고 미국 30년짜리 국채의 만기수익률은 9% 정도였다. 9%로 어음할인을 한다면 코카콜라 회사의 내재가치는 92억 달러가 된다. 하지만 버핏이 코카콜라 회사 주식을 매입할 때 시장가치는 이미 148억 달러였고 이는 버핏이 코카콜라 주식을 높은 가격에 사들였다는 것을 설명해 주지만 그는 코카콜라 회사의 뛰어난 전망을 보고 투자를 결정했다.

버핏이 거액을 투자해 코카콜라 회사주식을 사들인 후 그해 버크셔사 연보에서 이렇게 말했다.

"1988년 우리는 프레디 맥Freddie Mac과 코카콜라의 주식을 매입했고 장기보유할 생각이다. 사실 우리는 훌륭한 경영진이 관리하는 우수기업의 주식을 매입했을 때 그 주식을 영원히 보유하고 싶다. 많은 투자자들은 회사실적이 좋을 때 주식을 급하게 팔아서 이윤을 취하려고 한다. 하지만 실적이 실망스러운 회사주식은 버리지 않는데 이러한 방법은 우리와 정반대이다. 피트 린치는 이러한 행위를 '생화를 꺾어버리고 야생화를 병에 담는 것'이라는 말로 적절히 설명했다. 우리는 우리가 아주 잘 알고 있는 몇몇 회사에 계속해서 투자를 집중할 생각이다. 우리가 확신을 갖고 장기투자를 할 가치가 있는 회사가 많지 않기 때문에 이러한 회사가 나타나면 되도록 많은 보유량을 갖고 싶다.

관련 자료에 따라 현금흐름의 가치를 토대로 우리는 대략 버핏이 1988년 대규모로 코카콜라를 매입할 당시 가치평가의 기본과정을 다음과 같이 추측할 수 있다.

미래 현금흐름 증가율 예측_ 1988년 후의 10년 동안 15%의 속도로 성장하고(처음 7년의 실성장율은 17.8%) 10년째가 되면 순현금흐름이 33.49억 달러이다. 1988년 후의 11년째부터 순현금흐름 성장율은 5%로 낮아진다.

어음할인율_ 1988년의 30년 만기 미국국채 수익률인 9%를 기준

가치평가 결과_ 1988년 코카콜라 주식의 내재가치는 483.77억 달러였다.

처음 10년 동안 성장율을 12%로 낮춘다 해도 내재가치는 381.63억 달러나 된다.

처음 10년 동안 성장율을 10%로 낮춰도 내재가치는 324.97억 달러가 된다.

간단하게 순현금흐름 성장율은 5%의 속도로 지속성장한다고 가정했을 때 내재가치는 207억 달러(8.28억 달러를 9%-5%로 나눈값)로 1988년 버핏이 매입할 당시 코카콜라 주식의 시장가치 148억 달러보다 훨씬 크다.

매입가의 안전마진 분석

1988년 6월 코카콜라 주식시가는 약 40달러였다. 버핏은 1988~

표 6-1 코카콜라사 주식의 내재가치 추산

1단계: 1~10년										
예측기한	10년									
현금할인율	9%									
분기초 현금흐름/백만달러	828									
예상기한내 증가율	15%									
예상연도	1	2	3	4	5	6	7	8	9	10
안정적 예상 현금흐름/백만달러	952	1 095	1 259	1 448	1 665	1 915	2 202	2 533	2 913	3 350
현재가치 복리계수	0.917 4	0.841 7	0.772 2	0.708 4	0.649 9	0.596 3	0.547 0	0.501 9	0.460 4	0.422 4
매년 현금흐름량의 현재가치/백만 달러	874	922	972	1 026	1 082	1 142	1 205	1 271	1 341	1 415
처음 10년내 현금흐름량의 현재가치/백만달러	11 250									
2단계: 10년 이후										
10년 이후의 현금흐름량의 현재가치										
10년째의 현금흐름량/백만 달러	3 350									
10년째 이후의 현금흐름량 증가율	5%									
11년째의 현금흐름량/백만달러	3 517									
자본비 비율	4%									
10년째 연말에 어음할인했을때의 현재가치/백만달러	87 930									
10년째 연말의 어음할인율	0.422 4									
10년 이후의 현금흐름량의 현재가치/백만달러	37 143									
회사주식의 내재가치/백만달러	48 393									

자료 출처: 로버트 해그스트림 〈워렌 버핏의 길〉

1989년 2335만 주를 매입했는데 평균 매입가는 주당 43.81달러 정도로 총 매입원금은 10.23억 달러였다. 1992년 코카콜라 주식분할 후에는 9340만 주가 되었다. 1994년 약 1억 주로 보유량을 조금 늘렸고 총 매입원금은 12.99억 달러에 달했다.

매입 당시 코카콜라 주식의 총 시장가치는 148억 달러였지만 우리가 앞서 계산한 가치구간에 따르면 207~488억 달러에 달했다. 가치평가의 하한선으로 계산한다 해도 버핏의 매입가 안전마진은 28.5% 정도나 된다.

집중투자의 포트폴리오 비중 분석

1989년 말 코카콜라 주식은 버크셔사의 보통주 투자 포트폴리오에서 35%라는 매우 높은 비중을 차지하고 있었다.

장기보유기한 분석

2003년 말까지 버핏은 보유하고 있던 코카콜라 주식에 아무런 변화도 주지 않았다. 2억 주로 주식분할을 했을 뿐이고 총 매입원금은 여전히 12.99억 달러였다. 버핏이 코카콜라 주식을 장기보유한 지가 2003년까지 15년이었고 그는 영원히 보유할 것이라 공언했다.

투자수익 분석

코카콜라는 버핏에게 있어 규모가 가장 크고 가장 많은 수익을 낸, 가장 성공한 투자이다. 2003년 말 버핏이 보유하고 있는 코카콜라 주식의 시장가치는 101.50억 달러로 15년 동안 681%가치가 상승했고 투자수익은 88.51억 달러에 달했다(표 6-2 참조).

표 6-2 버핏이 투자한 코카콜라 주식의 수익률 분석

연도	보유 연한	주식 보유량	원금/ 백만달러	시장가치/ 백만달러	포트폴리오 점유율	투자수익/ 백만달러	투자 수익률
1988	1	14 172 500	592.540	632.448	20.71%	39.908	6.74%
1989	2	23 350 000	1 023.920	1 803.787	34.77%	779.867	76.16%
1990	3	46 700 000	1 023.920	2 171.550	40.15%	1 147.630	112.08%
1991	4	46 700 000	1 023.920	3 747.675	41.53%	2 723.755	266.01%
1992	5	93 400 000	1 023.920	3 911.125	34.18%	2 887.205	281.98%
1993	6	93 400 000	1 023.920	4 167.975	36.98%	3 144.055	307.06%
1994	7	100 000 000	1 298.888	5 150.000	36.86%	3 851.112	296.49%
1995	8	100 000 000	1 298.900	7 425.000	33.75%	6 126.100	471.64%
1996	9	200 000 000	1 298.900	10 525.000	37.93%	9 226.100	710.30%
1997	10	200 000 000	1 298.900	13 337.500	36.80%	12 038.600	926.83%
1998	11	200 000 000	1 299.000	13 400.000	35.96%	12 101.000	931.56%
1999	12	200 000 000	1 299.000	11 650.000	31.48%	10 351.000	796.84%
2000	13	200 000 000	1 299.000	12 188.000	32.40%	10 889.000	838.26%
2001	14	200 000 000	1 299.000	9 430.000	32.89%	8 131.000	625.94%
2002	15	200 000 000	1 299.000	8 768.000	30.91%	7 469.000	574.98%
2003	16	200 000 000	1 299.000	10 150.000	28.76%	8 851.000	681.37%

자료 출처: 버크셔사 1988~2003년 연보

6.2 가이코: 이윤 23억 달러, 50배 가치상승

> 중요하고 모방하기 어려운 경쟁우위와
> 업무경영 및 자본배치에 있어 특출한 능력을 지닌 경영진의
> 환상적인 조합이 가이코를 모범적인 투자의 사례로 만들었다.
> – 워렌 버핏

가이코GEICO는 미국 7대 자동차보험회사로 주로 정부직원, 군인 등 점잖고 신중한 사람들에게 자동차 등의 재산보험 서비스를 제공했다. 이 회사는 1936년에 창립했으며 60년대에 고속성장을 이뤘다. 하지만 70년대 재난에 가까운 손실이 발생했다. 1974년 28년 만에 처음으로 600만 달러의 손해를 봤으며 1975년에는 손실액이 1.26억 달러에 달했다.

버핏은 가이코가 파산직전에 그 주식을 대량 매입했다. 이는 버핏이 가장 성공한 투자 중의 하나였다. 버크셔사가 모든 주식을 사들이기 1년 전인 1995년에 버핏은 4500만 달러의 투자로 23억 달러를 벌었다. 20년간 투자가치는 50배가 늘어났고 매해 평균 1.1억 달러를 벌어들였다. 1996년부터 가이코 회사는 버크셔사의 자회사가 되었고 휘하의 가장 핵심적이며 이윤능력이 뛰어난 기업 중 하나가 되었다.

6.2.1 버핏의 보험산업 분석

보험업은 매우 안정적인 전통산업이다. 고객자료를 저장하는 정보기술이 계속 발전하는 것 외에 산업 자체는 수십 년간 변화가 거의 없기에 상대적으로 매우 안정적이다. 보험업은 버핏이 매우 좋아하는 업종이다. 그는 여러 보험회사에 투자하고 주식을 사들인 적이 있다. 현재 버크셔는 가이코, GRC 등 유명 보험회사를 보유하고 있으며 보험업계에서 큰 시장점유율과 영향력을 갖고 있다. 버핏은 이 업계의 가장 두드러진 특징으로 보험상품들이 많이 비슷하고 과도하게 보험증서를 남발하여 산업경쟁이 아주 치열하다고 보고 있었다.

버핏은 버크셔 1977년 연보에서 보험업 경쟁이 치열한 첫 번째 원인으로 보험상품이 많이 비슷해서 차별화된 경쟁우위를 갖기 힘들다는 점을 들었다.

"보험회사가 제공한 표준화된 보험증서는 다른 동종업계 회사들이 모방하기 쉽다. 보험회사의 유일한 상품은 배상에 대한 약속이다. 미국에서 보험업 등록허가를 얻는 것은 어렵지 않다. 모든 요금율이 공개되고 상표, 특허, 위치, 회사의 설립기간, 데이터 등도 중요한 경쟁우위가 될 수 없다. 소수 고객의 차이만이 격렬한 경쟁을 불러일으킬 뿐이다. 통상적으로 보험회사 연보에서는 이러한 차이를 강조한다. 하지만 그럴 때도 그렇지 못할 때도 있다. 보험업무의 특징은 경영진 개인의 영향력이 회사실적에 큰 영향을 미친다는 데에 있다. 우리는 이렇게 능력있는 경영진을 보유하고 있어 행운이라 생각한다."

버핏은 버크셔 1987년 연보에서 보험업 경쟁이 치열한 두 번째 원인이 보험회사가 이윤수준을 낮춰가면서까지 더 많은 보험을 판매하려고 하기 때문이라고 봤다.

"보험업은 다음과 같은 불리한 경제특징을 갖고 있다. 경쟁상대가 많고 장벽이 낮으며 어떤 방식으로든 제품의 차별화가 불가능하기 때문에 산업의 장기적인 발전전망이 밝지 않다. 이렇게 일용품과 비슷한 업무속에서는 영업원가가 낮은 회사가 강한 경쟁력을 가지고 있고 업무규모가 아주 작은 차별화 상품만이 높은 수익을 유지할 수 있다. 상품공급이 부족하면 일용품 업무라 할지라도 번창하게 된다. 보험업도 이러한 공급부족의 좋은 날들이 있었지만 이미 지난 지 오래이다. 자본주의의 사회에서 아이러니컬하게도 일용품 산업의 판매업자들 대부분은 이것이 유일하게 좋은 수익률을 가져다 줄 수 있는 기회였음에도 불구하고 공급부족의 상황을 매우 원망한다. 그리고 공급이 부족했을 때, 대다수 매니저들은 지체하지 않고 더 많은 보험증서를 남발하게 된다. 그리하여 도리어 현금이 기업으로 들어오는 수도꼭지를 잠궈버린 결과를 초래했다. 이는 1985~1987년 보험회사 경영인이 직접 쓴 글이다. 따라서 다시금 디즈레일리Disraeli의 명언 '우리가 역사에서 깨달은 교훈은 우리가 역사로부터 얻지 못했던 교훈이다'를 증명해준다."

버핏은 버크셔 1988년 연보에서 보험업은 이윤이 낮을 뿐 아니라 존중받지 못하는 업종이라고 말했다.

"보험업은 이윤이 보통 수준보다 낮을 뿐 아니라 존중받는 정도도 일반적인 수준보다 낮다. 샘 골드윈Sam Goldwyn의 철학처럼 사람은 반드시 인생의 쓴맛, 단맛을 경험할 줄 알아야 한다. 하지만 아이러니한 점은 저가로 고생하는 저수익 업계에서 그들은 화난 고객들에게 욕을 먹는다. 반면에 수익이 높은 업종에서는 가격이 비싸도 불만을 토로하는 고객이 적다"는 점이다.

6.2.2 버핏의 가이코에 대한 경쟁우위 분석

간단하고 쉽게 이해할 수 있는 업무

가이코는 미국 7대 자동차 보험회사이다. 직접판매 방식으로 자동차 보험증서를 우편배달해 보험대리점과 관련된 비용을 크게 절감했다. 대다수 보험회사는 주로 대리점을 통해 판매를 하는데, 대리비용이 보통 보험비용의 10~25%를 차지한다.

지속적 경쟁우위

대리인에게 지불할 수수료는 보험회사 보험료 수입의 15%을 차지한다. 가이코는 대리인에게 수수료를 지불할 필요없이 직접 보험고객에게 보험을 판매하기 때문에 관리원가를 크게 낮췄고 회사의 상품경쟁력을 강화했다.

수십 년간 가이코는 업계에서 좋은 신용관계를 구축해 고객들의 사랑을 받았다. 회사의 주고객은 안전운전을 하는 운전자들이다. 그들은 우편을 통해 보험을 구입하고 회사의 저원가 고품질의 서비스를 제공받는다. 이로 인해 보험재가입율도 아주 높다.

가이코는 우편직접판매 방식을 통해 원가를 크게 절약했지만 다른 보험회사들은 자신들의 대리판매 루트를 고수해 기존의 시장점유율을 포기하려 하지 않았다. 따라서 가이코의 독특한 직접판매 방식이 차별화의 경쟁우위가 되었고 동시에 규모를 확장하면서 더욱 큰 원가우위를 선점할 수 있었다. 이것이 버핏이 소위 말하는 경제특권 기업으로 만들어주었다.

버핏은 1980년 가이코 투자를 끝마치고 나서 버크셔 1980년 연보에서 자신이 가이코가 파산 직전일 때 대규모 투자를 했던 이유를 설명했다.

"예전 연보에서 회생기업의 구매와 경영 결과는 종종 우리를 크게 실망시킨다고 했었다. 최근 우리는 여러 산업분야에서 많은 회생가능성이 있는 회사들을 봐왔다. 꾸준히 이 회사들의 실적과 기존 예상을 비교해 보았다. 그래서 내린 결론은 극소수를 제외하고 현명하고 능력있는 경영진이 경제상태가 불량한 기업을 보유한다면 보통 기업의 명성만 남게 된다. 그러나 가이코는 예외적으로 1976년 파산직전에서 다시 일어났다. 확실히 우수한 경영진은 회사를 다시 일으키는 데 가장 중요한 힘이 되었다. 그 당시 잭 번은 취임하자마자 회사관리 개선에 많은 힘을 쏟았다. 그래서 재무와 경영위기 속에서도 가이코라는 경쟁우위는 여전히 타격을 받지 않았다. 거대한 자동차 보험시장에서 대다수 회사는 판매루트 구조가 탄력적인 경영을 저해했지만 가이코는 줄곧 자신의 위치를 저원가 운영 회사로서 유지해왔다. 가이코는 그에 따라 경영을 해왔으며 고객을 위해 좋은 가치를 창조했고 동시에 스스로도 뛰어난 수익을 거둘 수 있었다. 수십 년간 가이코는 꾸준히 이렇게 운영돼 왔다. 비록 70년대 중반에 경영위기가 찾아왔지만 가이코에게 가장 중요한 경쟁우위를 잃지는 않았다."

뛰어난 가치창조 능력

버핏이 예상한 대로 가이코는 빠르게 재기에 성공했다.

1976년 잭 번은 가이코의 신임 CEO를 맡았다. 그는 원가를 낮추는 방식으로 회사 이윤능력을 빠르게 되찾았고 취임 1년 만인 1977년 5860만 달러의 이윤을 냈다. 1982년부터 가이코의 자본수익률은 평균 21.2%로 업계평균의 2배 수준을 보였다. 1983~1992년의 10년 동안 회사의 평균 경영수익률은 꾸준히 안정적이었다. 직접판매를 선택하고 대리점이 없었기 때문에 회사는 뚜렷한 원가우위를 유지할 수 있었다. 1983~1992년의 10년간 회사비용과 보험료 수입의 비율은 평균 15%로 동종업계 평균의 절반 수준이었다. 회사비용과 보험료 손실의 종합비율은 업계평균보다 월등히 뛰어났다. 1977~1992년 이 회사의 종합비율은 97.1%였지만 보험업계 평균은 107.5%였다. 1980~1992년의 13년간 이 회사는 17억 달러의 이윤을 창출해냈고 주주들에게 2.8억 달러의 배당금을 지급했다. 그리고 남은 14억 달러를 재투자에 사용했다. 이 기간 동안 주식은 2.96억 달러에서 46억 달러로 가치가 상승했고 1달러를 가지고 있는 주주들은 3.12달러의 시장가치를 창출하는 효과를 봤다.

6.2.3 버핏의 가이코주식 가치평가

1976년 버핏이 가이코주식을 매입할 때 이 회사는 파산직전의 위기에 놓여 있었다. 하지만 버핏은 가이코가 보험업계에서 경제특권을 보유하고 있었기 때문에 여전히 큰 가치를 지니고 있다고 판단했다. 파산의 위험이 있었던 가이코의 가치에 대해 버핏은 다음과 같은 분석과 생각을 갖고 있었다.

"1976년 당시 파산선고를 할 필요까지는 없지만 살얼음판을 걷고 있었던 것은 사실이다. 가이코는 우수한 기업의 경제적 특허권을 가지고 있었다. 이러한 특허권은 사용과정의 잘못으로 손실을 입진 않았다. 그리고 회사의 경영진이 있었다. 그들에게는 이 어려운 시기를 헤쳐나가 다시금 이 경제특권의 가치를 실현시킬 능력이 있었다. 그들의 경영원가는 매우 낮았다. 그들은 여러 가지 실수도 저질렀다. 그들은 빠른 업무성장으로 손실에 대한 준비를 얼마나 해야 하는지 몰라서 제대로 일처리를 못했을 뿐이다. 그들이 이렇듯 여러 실수를 저질렀지만 여전히 그 경제특권을 보유하고 있었다. 이러한 상황은 1963년 후기 아메리칸 익스프레스의 샐러드유 사건과 비슷하다. 당시 이 사건은 이 회사의 여행자수표와 신용카드라는 경제특권에 영향을 주지 못했다. 원래 아메리칸 익스프레스는 큰 손해를 입었지만 아메리칸 익스프레스 회사의 자체가치는 여전히 매우 컸다. 가이코의 가치 역시 매우 컸지만 순자산이 없었다면 다음 날 바로 파산할 가능성도 있었다. 그러나 순자산이 여전히 있었기 때문에 다행스럽게 생각한다. 사실 많은 보험회사들이 회사의 소유권을 위해 순자산을 늘리는 방법을 사용한다. 그들은 아마도 회사의 자산을 늘려야만 했다. 그러나 그들은 주주들에게 지급하기 위해 그 돈을 절약해 자산을 늘리지 않았다. 예를 들어 가이코가 지금 5만 달러를 주식배당금으로 지불한다면 이 자금은 회사의 순자산을 대폭 낮추거나 심지어 거의 없게 만들 수 있다. 그럼에도 회사가 큰 가치를 지닐까? 물론 회사는 큰 가치를 지닌다."

비록 대부분 가이코가 파산할 위험이 높다고 생각했지만 버핏은 회사가 어려움을 헤치고 이윤을 낼 수 있다고 굳게 믿었다. 버핏의 예상대로 1976년 잭 번이 가이코의 새로운 CEO로 취임하면서 회사의 보험료 수입은 5.76억 달러, 손해는 2600만 달러가 되었다. 그는 보험료 수입을 안정적으로 꾸준히 증가시키려 노력함과 동시에 원가를 대폭 낮추는 조치를 취해 회사의 수익능력을 빠르게 회복시켰다. 1977-1979년 회사의 보험료 수입은 각각 4.64억 달러, 6.05억 달러, 6.35억 달러였고 이윤은 각각 3800만 달러, 6200만 달러, 6000만 달러였다.

1980년 회사의 순수익은 6,000만 달러였고 버핏은 주식비율에 따라 2,000만 달러의 이윤을 배당받았다. 버핏은 가이코의 발전전망에 대해 확신에 가득 찼고 내재가치에 대한 평가도 더욱 높아져서 다시 대량으로 가이코의 주식을 매입했다.

주식보유를 늘린 후 그는 버크셔 1980년 연보에서 가이코의 내재가치에 대해 다음처럼 분석했다.

"우리는 4700만 달러로 가이코주식을 매입해서 매우 기쁘다. 협상을 통해 한 기업을 사들인다고 할 때 뛰어난 경제특성과 밝은 전망을 가지고 매년 이윤능력이 2000만 달러인 기업을 인수하려면 적어도 2억 달러가 필요하다(일부 산업은 더욱 많이 필요하다). 경영진들 중에는 잭 번 같은 훌륭한 사장을 찾아보기 힘들다. 잭 번과 가이코를 보유하는 것보다 좋은 것이 어디 있는가? 이 점에서 우리는 가이코 매입에 대해 매우 만족한다. 매우 중요하고 따라하기 힘든 산업적 경쟁우위에 업무경영과 자본배치에 비범한 능력을 갖춘 경영진까지 환상의 조합으로 가이코투자는 투자세계에서 가장 모범적인 사례로 꼽을 수 있다. 우리가 보유한 주식의 원금은 4700만 달러로 1976년 투자로 50%를 점유했고 1980년 추가투자를 해서 50%를 점유했다."

　관련 자료를 통해 우리는 버핏이 1980년 또 한 번 가이코에 대규모 투자를 했을 때 가치평가의 기본과정을 다음과 같이 추측할 수 있다.

　가이코가 어떠한 추가자본없이도 매년 6000만 달러의 수익을 유지할 수 있다고 가정하고 당시 30년 만기 미국정부채권의 12% 만기수익률에 따라 계산한다면 가이코의 내재가치는 5억 달러로 1980년 시장가치의 거의 2배가 된다.

　회사가 2%의 실제 성장속도, 혹은 통화팽창의 영향을 제외한 15%의 속도로 이윤능력을 높여간다면 회사의 내재가치는 6.66억 달러로 증가한다. 그러나 버핏이 말한 이 회사의 주식투자가치는 2.22억 달러에 상응한다. 즉 1980년 가이코주식의 시장가치는 내재가치에 절반도 못 미친다.

6.2.4 버핏의 가이코 주식투자에 대한 분석

매입가의 안전마진 분석

　버핏은 1976년 가이코사의 경영진을 방문하고 나서 회사가 파산지경에 이르렀지만 경쟁우위는 여전하다고 느꼈다. 그리하여 그는 410만 달러를 투자해 130만 주를 주당 3.18달러 정도로 매입했다. 그 후 회사는 7600만 달러 상당의 전환우선주를 발행했고 버핏은 1941.7만 달러로 총 발행량의 25% 정도인 1,969,953주의 전환우선주를 매입했다. 회사가 빠르게 적자에서 벗어나면서 이윤능력도 크게 높아졌고 버핏은 1980년 1890만 달러로 주당 12.8달러 가격의 147만 주를 다시 매입했다. 1980년 말까지 버핏은 720만 주를 보유하게 되었고 전체 매입원금은 4713.8만 달러였다. 이때 이 주식의 시장가치는 이미 1.05억 달러까지 상승했고 증가폭은 1배가 넘었다. 1996년 회사가 꾸준히 자신의 주식을 사들일 때까지 버크셔사는 50%의 지분을 갖고 있었다. 1996년초 버크셔는 23억 달러로 나머지 50% 지분을 매입해 개인회사로 만들고 다시 상장하지 않았다. 가이코는 버핏 버크셔 투자왕국의 핵심으로 성장해 거대한 보험료 수입은 버핏에게 큰 투자자금원이 되고 있다.

집중투자의 포트폴리오 비중 분석

1980년 말 가이코주식은 버크셔사의 보통주 투자 포트폴리오에서 20%를 차지해 당시 비중이 가장 높은 주식으로 두 번째였던 워싱턴포스트보다 10% 가까이 많았다. 1985년 이 회사주식은 버핏 투자 포트폴리오의 49%를 차지했다. 20년간 버핏은 주식보유에 아무 변화를 주지 않았으며 주식보유 원금은 4571.3만 달러였다.

장기보유기한 분석

버핏은 계속 가이코주식을 보유하고 있었고 1996년 가이코의 모든 주식을 매입했다. 1976년 매입시작부터 1996년 전량 매입까지 버핏은 가이코주식을 20년 동안 가지고 있었다.

투자수익 분석

가이코는 버핏에게 있어 가장 성공한 투자 중 하나이다. 주식 전

표 6-3 버핏이 투자한 가이코 주식의 수익률 분석

연도	보유 연한	주식 보유량	원금/ 백만달러	시장가치/ 백만달러	포트폴리오 점유율	투자수익/ 백만달러	투자 수익률
1977	1	1 294 308	4.116	10.516	5.81%	6.400	155.49%
1977	1	1 986 953	19.417	33.033	18.24%	13.616	70.12%
1978	2	1 294 308	4.116	9.060	4.10%	4.944	120.12%
1978	2	1 986 953	19.417	28.314	12.82%	8.897	45.82%
1979	3	5 730 114	28.288	68.045	20.21%	39.757	140.54%
1980	4	7 200 000	47.138	105.300	19.88%	58.162	123.39%
1981	5	7 200 000	47.138	199.800	31.26%	152.662	323.86%
1982	6	7 200 000	47.138	309.600	32.74%	262.462	556.79%
1983	7	6 850 000	47.138	398.156	30.49%	351.018	744.66%
1984	8	6 850 000	45.713	397.300	31.31%	351.587	769.12%
1985	9	6 850 000	45.713	595.950	49.73%	550.237	1 203.68%
1986	10	6 850 000	45.713	674.725	36.00%	629.012	1 376.00%
1987	11	6 850 000	45.713	756.925	35.79%	711.212	1 555.82%
1988	12	6 850 000	45.713	849.400	27.81%	803.687	1 758.11%
1989	13	6 850 000	45.713	1 044.625	20.13%	998.912	2 185.18%
1990	14	6 850 000	45.713	1 110.556	20.54%	1 064.843	2 329.41%
1991	15	6 850 000	45.713	1 363.150	15.11%	1 317.347	2 881.97%
1992	16	34 250 000	45.713	2 226.250	19.46%	2 180.537	4 770.06%
1993	17	34 250 000	45.713	1 759 594	15.61%	1 713.881	3 749.22%
1994	18	34 250 000	45.713	1 678.250	12.01%	1 632.537	3 571.28%
1995	19	34 250 000	45.700	2 393.200	10.88%	2 347.500	5 136.76%

자료 출처: 버크셔사 1977~1996년 연보

량매입의 한해 전인 1995년 버핏은 4500만 달러의 투자로 23억 달러를 벌어들여 20년 동안 50배의 투자가치가 상승했고 매년 평균 1.1억 달러를 벌어들였다(표 6-3 참조).

제6장 4대 대표사례   257

6.3 질레트:이윤 29억 달러, 5배 가치상승

> 코카콜라와 질레트는 현재 세계에서 가장 좋은 기업으로 향후 몇 년 안에 그들의 이윤은 놀랄 만한 속도로 증가하리라 예상된다.
> – 워렌 버핏

질레트사는 전설적 인물 킹 질레트가 창립했다. 킹 질레트는 1895년 일회용 면도날을 발명했고 1901년 미국 세이프티 레이저 컴퍼니를 설립했다. 회사는 50년대에 질레트로 회사명을 바꿨다. 당시 이미 미국 면도기업계의 선두주자였으며 지금까지 시장의 리더 자리를 굳건히 지키고 있다. 질레트처럼 이렇게 오랫동안 한 업계를 장악한 기업은 거의 없었다.

버핏은 1989년 6억 달러를 투자해 질레트사의 연이율 8.75% 전환우선주를 매입했다. 1991년 이를 1200만 주의 주식으로 전환했다. 버핏은 투자총액의 변화없이 계속 보유했다. 후에 여러 번의 주식분할로 인해 버핏의 주식보유량은 9600만 주가 되었다. 2003년 말 버핏이 보유하고 있는 질레트 주식의 시장가치는 35.26억 달러였고 14년간 투자이윤은 29.26억 달러로 4.87배가 증가했다.

6.3.1 버핏의 질레트사 지속적 경쟁우위에 대한 분석

안정적 전통산업 : 없어서는 안될 일상용품

버핏은 버크셔 1989년 연보에서 그 해 질레트 투자에 대해 설명하면서 이 회사에 투자하게 된 가장 큰 원인으로 질레트는 쉽게 알 수 있는 핵심업무를 가지고 있기 때문이라고 했다.

"질레트사의 업무는 우리가 좋아하는 유형이다. 찰리와 나는 이 산업에 대한 상황을 잘 알고 있었기 때문에 이 회사의 미래에 대해 확신할 수 있었다(새로 나온 질레트 센서면도기를 사용해 보지 않았다면 빨리 사서 사용해 보라!)."

"자기 전 침대에 누워 25억 남자들의 수염이 조금씩 자라고 있다는 걸 상상만 해도 아주 편안한 느낌을 받으며 잘 잘 수 있다."

확실한 시장의 선두지위와 장기적 경쟁력

버핏은 질레트사를 경제특권을 지닌 전형적인 기업으로 봤다.

"전세계적으로 매년 면도날 소비량은 2000~2100만 개 정도이다. 그 중에 질레트의 생산량은 30% 정도이지만 질레트의 전세계 면도날 매출액은 60%를 차지한다. 질레트는 스칸디나비아와 멕시코 등지에서 90%의 시장점유율을 보인다. 면도기는 일상생활에서 없어서는 안 되는 소비제품이다. 질레트사는 지금껏 더 좋은 면도기를 개발하고 높은 시장점유율과 더욱 많은 사람들에게 인식을 높여가기 위해 노력해왔다. 우리는 매일 면도해야 하는 것을 알고 있으며 매년 20달러면 편안하게 면도하는 경험을 할 수 있다. 이러한 느낌을 경험해본 남성들은 질레트 이외의 제품을 사용하기 힘들어한다."

버핏은 1990년 4월 1일 질레트사의 전환우선주를 보통주로 전환한 후 버크셔 1990년 연보에서 질레트 제품을 다시 한 번 크게 칭찬했다.

"<포브스>지는 커버스토리에서 질레트사를 크게 칭찬했다. 글의 요점은 매우 간단했다. 이 회사가 면도기 산업에서 거둔 성공은 아주 뛰어난 마케팅능력(물론 이 방면에도 뛰어난 능력을 보여주지만)때문이 아니라 꾸준한 제품품질에 대한 완벽추구 때문이었다. 기존의 제품들도 이미 시장에서 인정을 받고 있지만 이렇게 지속적으로 더 새롭고 더 좋은 제품을 만들려는 노력과 열정이 더 큰 성공을 일궈냈다."

1990년 질레트사는 혁명적인 제품 '센서면도기'를 내놓았다. 그것은 세계 최초로 안면부의 특징에 따라 자동으로 면도날이 조절되는 면도기였고, 곧 큰 성공을 거뒀다. 1990년 말 질레트의 센서면도기와 면도기날은 미국 시장에서 9%의 점유율을 보였고 1991년 말에는 15%를 넘어섰다. 현재 질레트 액체 면도제품 시리즈가 미국 동종제품 시장의 68%를 차지하고 있다. 질레트사는 여성 면도기 제품시장도 70%를 점유하고 있다. 질레트사는 세계에서 가장 큰 전기면도기 제조업체인 독일 브라운사를 사들여 세계 면도기 시장에서의 점유율을 더욱 늘렸다.

질레트사는 수십 년간 세계에서 가장 유명한 면도제품 브랜드로써 그 가치는 글로벌경제의 국제시장이 빠르게 성장함에 따라 꾸준히 증가하고 있다.

지속적으로 성장하는 가치창조능력

버핏은 1989년 질레트사 전환우선주에 투자해 1991년 보통주로 전환했다. 버핏이 투자하기 전인 1979~1988년의 10년간 매출액은 19.85억 달러에서 35.81억 달러로 80% 늘어났고 연평균 7%의 증가세를 보였다. 순수익은 1.1억 달러에서 2.69억 달러로 142%가 늘어났고 연평균은 10%가 증가했다. 특히 1986~1988년의 3년간 더욱 빠르게 증가했다. 이는 글로벌 경영으로 국제시장이 증가했기 때문이다. 질레트는 전세계에 판매망을 넓혀갔고 75% 이상의 직원이 해외에 있다.

6.3.2 버핏의 질레트사 주식가치에 대한 분석

버핏은 1989년 7월 6억 달러를 투자해 질레트사의 연이율 8.75%의 10년 만기 전환우선주를 매입했다.

1990년 말 질레트의 주주수익은 2.75억 달러였다. 1987~1990년 주주수익은 매년 16%의 속도로 증가했다. 이렇게 짧은 데이터를 가지고 회사의 장기적 성장추세를 판단할 수는 없지만 버핏은 질레트가 코카콜라처럼 경제특권을 가지고 있는 기업이라고 생각했다.

1991년 초 미국정부의 30년짜리 채권의 만기수익률은 8.62%였다. 코카콜라처럼 버핏은 질레트사의 향후 수익증가율이 어음할인율을 넘어설 것으로 봤다. 여기서 우리는 두 가지 같은 가치평가모델을 선택해 보자. 버핏이 1990년 매입 후에 10년 동안 질레트 매출액이 연평균 15%의 속도로 증가하고 10년 후에는 5%의 속도로 증가한다고 가정하면 9%의 어음할인율로 계산했을 때 질레트사의 내재가치는 대략 160억 달러가 된다. 우리가 향후 10년의 증가율을

12%로 낮춘다면 질레트의 내재가치는 약 126억 달러가 된다. 그리고 우리가 향후 10년의 증가율을 7%로 낮춘다면 질레트의 내재가치는 약 85억 달러가 된다(질레트사 내재가치 추산은 표 6-4 참조).

6.3.3 버핏의 질레트사 주식투자에 대한 분석

매입가의 안전마진 분석

버핏이 전환권을 행사해 질레트의 전환우선주를 보통주로 전환할 때 질레트 주식의 총시장가치는 80.3억 달러였다.

우리는 질레트사의 시장가치와 앞서 계산한 질레트 주식의 내재가치의 비교를 통해 버핏이 질레트 전환우선주를 보통주로 전환할 때 아주 큰 안전마진을 가졌다는 사실을 발견했다.

버핏의 1990년 매입 후 향후 10년 동안 질레트사의 매출액이 연평균 15%로 증가한다고 가정했을 때, 질레트사의 내재가치는 약 160억 달러가 된다. 질레트사 주식의 총시장가치인 80.3억 달러와 비교했을 때 버핏이 매입한 안전마진은 50%였다.

우리가 1990년 이후 10년간 성장률을 12%로 낮췄을 때 질레트사의 내재가치는 약 108억 달러가 된다. 질레트사 주식의 총시장가치인 80.3억 달러와 비교했을 때 버핏이 매입한 안전마진은 20%였다.

우리가 1990년 이후 10년간 성장률을 7%로 낮췄을 때 질레트사의 내재가치는 약 85억 달러가 된다. 질레트사 주식의 총시장가치인 80.3억 달러와 비교했을 때 버핏이 매입한 안전마진은 6%가 된다.

사실 질레트사의 1997년 매출액은 1990년의 54억 달러에서 100

표 6-4 질레트사 주식의 내재가치 추산

1단계: 1~10년										
예측기한	20년									
현금할인율	9%									
분기초 현금흐름/백만달러	275									
예상기한내 증가율	15%									
예상연도	1	2	3	4	5	6	7	8	9	10
안정적 예상 현금흐름/백만달러	316	364	418	481	553	636	732	841	967	1 113
현재가치 복리계수	0.917 4	0.841 7	0.772 2	0.708 4	0.649 9	0.596 3	0.547 0	0.501 9	0.460 4	0.422 4
매년 현금흐름량의 현재가치/백만달러	290	306	323	341	359	379	400	422	445	470
처음 10년내 현금흐름량의 현재가치/백만달러	3 736									
2단계: 10년 이후										
10년 이후의 현금흐름량의 현재가치										
10년째의 현금흐름량/백만달러										
10년째 이후의 현금흐름량의 증가율	5%									
11년째의 현금흐름량/백만달러	1 168									
자본비 비율	4%									
10년째 연말에 어음할인했을 때의 현재가치/백만달러	29 204									
10년째 연말의 어음할인율	0.4224									
10년 이후의 현금흐름량의 현재가치/백만달러	12 336									
회사주식의 내재가치/백만달러	16 072									

자료 출처: 로버트 해그스트림 〈워렌 버핏의 길〉

억 달러로 거의 1배가 증가했으며 연평균 성장률은 30%에 달했고 연간 복합성장률도 10%를 넘어섰다. 버핏은 1990년 6억 달러를 투자해 1997년에는 48억 달러로 가치를 상승시켜 수익이 7배나 증가했다. 이 놀라운 투자수익률의 중요한 원인 중의 하나는 그가 매입한 질레트사 주식에 큰 안전마진이 있었기 때문이다.

집중투자의 규모 분석

1991년 말 버핏은 질레트사의 전환우선주를 보통주로 전환했고 버크셔사의 보통주 투자 포트폴리오에서 세 번째인 14.9%를 차지했다.

장기보유기한 분석

1989년 6억 달러를 투자해 질레트의 전환우선주를 매입하고 나서 후에 전부 보통주로 전환했다. 2003년 말까지의 14년간 버핏의 질레트 주식보유량은 변화가 없었고 주식분할로 9600만 주로 늘어났을 뿐이다.

투자수익 분석

2003년 말 버핏이 보유하고 있던 질레트 주식의 시장가치는 35.26억 달러로 버핏이 6억 달러를 투자한 14년간 29.26억 달러의 이윤을 내 4.87배(표 6-5 참조)가 증가했다. 버핏은 버크셔 1997년 연보에서 주주들에게 질레트 주식이 8년 동안 8배가 증가했다고 보고했다.

"1997년 질레트의 보통주 주가가 회사실적으로 대폭 상승했다.

연말까지 당초 우리가 1989년 질레트에 투자한 6억 달러가 48억 달러로 늘어났다."

하지만 1997~2003년 말까지 질레트사 주가는 계속 떨어졌다가 2003년 말 약간 회복세를 보였지만 1997년과 비교했을 때 버핏이 보유한 주식의 시장가치는 48억 달러에서 35억 달러로 떨어졌다. 그럼에도 불구하고 버핏은 계속 보유하고 있다. 여기서 볼 수 있듯이 버핏은 질레트의 장기적 경쟁우위에 대한 신념에 의문을 갖지 않았고 주가가 요동을 쳐도 개의치않고 우수기업을 장기보유한다는 그의 결심을 바꾸지 않았다.

표 6-5 버핏이 투자한 질레트사 주식의 수익률 분석

연도	보유 연한	주식 보유량	원금/ 백만달러	시장가치/ 백만달러	포트폴리오 점유율	투자수익/ 백만달러	투자 수익률
1991	1	24 000 000	600	1 347	14.93%	747	124.50%
1992	2	24 000 000	600	1 365	11.93%	765	127.50%
1993	3	24 000 000	600	1 431	12.70%	831	138.50%
1994	4	24 000 000	600	1 797	12.86%	1 197	199.50%
1995	5	48 000 000	600	2 502	11.37%	1 902	317.00%
1996	6	48 000 000	600	3 732	13.45%	3 132	522.00%
1997	7	48 000 000	600	4 821	13.30%	4 221	703.50%
1998	8	96 000 000	600	4 590	12.32%	3 990	665.00%
1999	9	96 000 000	600	3 954	10.68%	3 354	559.00%
2000	10	96 000 000	600	3 468	9.22%	2 868	478.00%
2001	11	96 000 000	600	3 206	11.18%	2 606	434.33%
2002	12	96 000 000	600	2 915	10.28%	2 315	385.83%
2003	13	96 000 000	600	3 526	9.99%	2 926	487.67%

자료 출처: 버크셔사·1991~2003년 연보

6.4 워싱턴포스트: 이윤 12억 달러, 128배 가치상승

> 나는 워싱턴포스트에 1000만 달러를 투자해
> 그 가치를 5억 달러로 만들었다.
> – 워렌 버핏

1973년 버핏은 1062만 달러로 워싱턴포스트 회사 주식을 매입했다. 2003년 말 이 회사 주식의 시장가치는 13.62억 달러로 증가했고 30년간 투자이윤은 12.80억 달러로 투자수익률은 128배에 달했다. 이는 버핏의 장기보통주 투자에서 가장 뛰어난 성과였다.

6.4.1 버핏의 미디어업계에 대한 분석

버핏은 미디어업계를 매우 좋아해 유나이티드 출판사, 워싱턴포스트, 캐피탈 시티즈/ABC 등 여러 미디어산업 회사에 투자했다. 버핏은 미디어산업에 대해 심도있는 연구를 했고 산업의 기본특징을 경제특권으로 형성된 고부가가치산업이라고 판단했다.

버핏은 버크셔 1984년 연보에서 미디어산업의 고수익 특징에 감탄하며 삼류 신문의 이윤수준도 일류 신문에 전혀 손색이 없을 정도라고 말했다.

"비즈니스 사회에서 주도적 지위를 갖고 있는 신문을 보유하고 있는 회사의 경제상황은 엄청난 우위를 갖게 된다. 기업주들은 가장 좋은 제품을 내놓아야만 높은 이윤을 낼 수 있다고 믿는다. 그러나 사람들이 믿고 있는 이론은 믿을 수 없는 사실에 깨지고 말았다. 일류 신문이 높은 이윤을 얻었을 때 삼류 신문의 이윤수준이 그에 전혀 손색이 없거나 심지어 더 많을 수도 있다. 이 두 신문은 현지에서의 주도적인 지위여부에 따라 이러한 결과가 나타난다. 물론 그 질은 신문이 주도적인 지위를 얻는 데 매우 중요하다.

……일단 현지 시장을 장악하면 시장이 그 신문의 좋고 나쁨을 결정하는 것이 아니며, 또한 신문이 좋고 나쁨을 떠나서 큰 돈을 벌 수 있다. 하지만 대다수 다른 업계에서는 그렇지 않아서 품질이 떨어지는 제품은 경영상황도 분명히 나빠지게 만든다. 하지만 신문의 경우 수준이 떨어지는 신문이라 할지라도 시민들에게는 여전히 정보전달의 가치가 있다. 다른 조건이 같을 때 형편없는 신문은 당연히 일류 신문처럼 많은 독자를 확보하지 못한다. 하지만 수준이 떨어지는 신문도 일반 시민들에게는 여전히 중요한 역할을 하고 있고 그들의 관심을 끄는 힘이 있어서 광고 업체들의 주의를 끌게 된다."

버핏은 미디어산업의 높은 이윤이 시장독점적 지위의 경제특권 때문이라고 생각했다.

"특허사업과 일반사업의 차이점이 무엇인지 살펴보자. 하지만 여기서 기억해둘 것은 많은 기업들이 사실상 양자 사이에 놓여 있기 때문에 그 차이점을 약한 경쟁력을 지닌 경제특권 기업 또는 강한 경쟁력을 지니고 있는 일반기업으로 설명하기도 한다. 특정한 상품이나 서비스에 대해 한 회사가 경제특권을 보유했다고 판단하는 기준은 다음과 같다. ① 제품에 대한 수요나 요구가 있고 ② 고객이 다른 비슷한 대체품을 찾을 수 없으며 ③ 가격제한을 받지 않는다. 상기 3가지 특징을 갖고 있는 회사는 제공하는 제품이나 서비스에 주동적으로 가격책정을 할 수 있으며 더 높은 수익률을 낼 수 있다. 더욱 중요한 것은 경제특권이 제대로 관리되지 못하거나 무능한 사장이 수익능력을 떨어뜨리더라도 치명적인 손실을 입히지 못한다는 점이다. 경제특권 기업과 다르게 일반기업은 관리가 부실하면 망하게 된다."

"최근까지 미디어산업은 경제특권의 3가지 특징을 가지고 있었다. 하지만 현재 정보와 엔터테인먼트를 찾는 소비자들은 더욱 넓고 다양한 루트를 선택할 수 있게 되었다. 다른 한편으로는 불행하게도 소비자의 수요는 공급의 증가에 발맞춰 늘어나지 않는다. 5억 개의 눈과 하루 24시간은 더 늘어나지 않기 때문이다. 따라서 결과는 당연히 더욱 경쟁이 치열해지고 시장은 더욱 세분화되어 미디어산업도 전부는 아니더라도 일부 기존에 있던 경제특권 능력을 상실했다."

6.4.2 버핏의 워싱턴포스트 경쟁우위에 대한 분석

1971년 워싱턴포스트사 주식이 상장되고 회사 주식은 A주식과 B주식으로 나눴다. A주식 주주는 이사회의 주요 구성원에 대한 선거권이 있다. 캐서린 그레이엄은 50%의 A주식를 보유하고 있어서 효과적으로 회사를 통제할 수 있었다. 회사는 1,354,000주의 B주식을 발행했고 B주식 주주들은 이사회에서 일반 구성원에 대한 선거권만을 가지고 있다.

1971년 6월 회사가 B주식을 발행한 지 이틀 후 <워싱턴포스트>

지는 큰 정치적 압력하에 펜타곤문서를 게재하고 워터게이트 사건을 추적보도해 닉슨 대통령의 사퇴에 직접적인 영향을 주었다. <워싱턴포스트>지는 이 사건을 통해 언론의 독립성을 알렸고 높은 명예를 쌓아 업계 리더 지위를 확립했다. 또 1998년 초 <워싱턴포스트>는 첫 번째로 미국 대통령 클린턴과 백악관 인턴사원 르윈스키와의 스캔들 사건을 보도했다.

수십 년간 <워싱턴포스트>는 항상 <플래닛>과의 경쟁에서 앞서 가려고 노력했다. 결국 <인터내셔널 파이오니어 포럼>을 인수하면서 <워싱턴포스트>지는 가장 강력한 언론이 되었고 <플래닛>을 앞서 갔다. 1981년 <플래닛>은 어쩔 수 없이 폐간되었다. 이로써 <워싱턴포스트>는 명실상부하게 전세계에서 가장 중요한 도시 중 하나인 워싱턴에서 유일하게 독점지위를 누리는 신문이 되었다. 현재 일일발행 부수는 78.5만 부이다. 최근 몇 년간 회사는 이윤과 주식가치에서 최대 경쟁상대인 <뉴욕타임스>를 넘어섰다.

1973년 버핏이 매입할 당시 워싱턴포스트사의 주 영업수입은 50% 이상이 <워싱턴 포스트>에서, 25% 정도가 <뉴스위크>에서, 나머지 25% 정도가 3개의 방송국과 하나의 라디오방송국에서 나왔다. 워싱턴포스트사는 <인터내셔널 파이오니어 포럼> 주식 50%를 보유하고 있다. 현재 휘하에 있는 <뉴스위크> 역시 <타임>과 더불어 세계에서 가장 영향력있는 잡지 중 하나이다.

80년대에 <워싱턴포스트>는 워터게이트 사건보도로 인해 퓰리처상을 받아 언론계에서 높은 지위를 확보했고 회사의 경제수익도 대폭 상승했다. 1973년 버핏이 매입할 당시 워싱턴포스트사의 자본수익률은 15.7%로 당시 대다수 신문의 평균수준이었고 스탠다드 앤 푸어스 지수평균보다는 조금 높았다. 당시 <워싱턴포스트>는 워싱턴 시장에서 선두자리를 지키고 있는 주도적인 위치에 있었으며 워싱턴 지역 전체 발행부수의 66%를 차지하고 있었다. 5년 후 워싱턴포스트사의 자본수익률은 1배 성장해 신문업계 평균보다 50%가 넘는 수준을 보였다. 1974년 워싱턴포스트사는 1달러당 매출액의 영업이윤이 10센트였지만 1985년에는 19센트로 증가했다. 동시에 자본수익률도 대폭 상승해서 1988년에는 36.3%에 달했다.

6.4.3 버핏의 워싱턴포스트사 주식가치에 대한 분석

버핏은 워싱턴포스트에 대해 다음과 같이 평가했다.

"1973년 워싱턴포스트사의 총시장가치는 8000만 달러였다. 그 당시 그 자산을 10명의 매입자 중에 누구에게 팔아도 4억 달러보다 많이 받을 수 있었다. 이 회사는 <워싱턴포스트>, <뉴스위크>와 몇 개의 방송국을 보유하고 있었다. 당시 이와 동일한 자산가치는 약 20억 달러였기 때문에 4억 달러를 지불해서라도 사려는 것이 결코 미친 짓이 아니었다."

버핏은 자신이 워싱턴포스트 주식 내재가치의 4분의 1보다 낮은 가격으로 주식을 매입했다고 생각했다.

버핏은 버크셔 1985년 연보에서 <워싱턴포스트> 투자에 대해 회고하면서 다음과 같이 말했다.

"1973년 중반 우리는 상업가치의 4분의 1에도 못미치는 가격으로 우리가 현재 보유하고 있는 워싱턴포스트의 전체 주식을 매입했다. 사실 주가와 가치비를 계산하기 위해 뛰어난 통찰력이 필요하지는 않는다. 대다수 증권분석가, 언론인들은 우리와 비슷하게 워싱턴포스트에 내재되어 있는 상업가치를 4-5억 달러로 예상했지만 우리들이 매일 신문에서 볼 수 있었던 주식의 시장가치는 1억 달러에 불과했다. 우리의 우위는 어떻게 본다면 우리의 태도에 달려 있었다. 우리는 이미 벤자민 그레이엄에게서 배운대로 투자성공의 관건이 좋은 회사의 시장가격이 내재되어 있는 상업가치에 비해 크게 저평가되었을 때 매입해야 한다는 사실을 알고 있었다."

우리는 버핏의 논리로 워싱턴포스트사의 내재가치를 평가해 봤다.

1973년 워싱턴포스트사 순이윤은 1330만 달러였고 감가상각비는 370만 달러, 자본성 지출은 660만 달러로 계산하면 1973년 자유현금흐름은 1040만 달러임을 알 수 있다.

1973년 미국 정부장기채권 금리는 6.81%였고 워싱턴포스트사가 계속 성장하지 않고 1973년 자유현금흐름 1040만 달러가 계속 유지된다고 가정하면 회사의 내재가치는 15,272만 달러(1040만 달러/6.81%)로 버핏이 매입할 당시 회사 시장가치의 2배에 달한다. 신문은 해당도시에서 상당히 독점적인 지위를 갖기 때문에 가격을 올리는 방법으로 이윤을 높여도 그동안의 애독자들을 쉽게 잃는다는 걱정을 하지 않는다. 워싱턴포스트사가 실제 가격을 3% 높일 능력이 있다면 워싱턴포스트사 주식의 내재가치는 3.5억 달러에 달하게 된다. 회사의 세전수익률을 당시의 10%에서 15%로 높인다면 회사 주식의 내재가치는 1.35억 달러로 증가하게 되고 총가치는 4.85억 달러에 달하게 된다.

당시 <워싱턴포스트>는 신문의 선두주자로서 워싱턴 시장의 주도적인 지위를 확보하고 있었고 전체 워싱턴 발행부수의 66%를 보유하고 있었지만 수익률은 10%밖에 되지 않았다. 버핏은 이윤율의 역대 평균수준이 15%인 것을 알고 수익능력을 높일 수 있다고 믿었다. 실제 버핏의 이사회 재임기간 중에 어떠한 확장도 하지 않았고 98%의 수익은 예전처럼 <워싱턴포스트>, <뉴스위크>와 4개의 방송국으로부터 나왔다. 유일하게 두드러진 변화는 수익능력이 개선되었다는 점이었다. 1974년 회사 1달러 매출액당 영업이윤은 10센트였다. 1985년에는 19센트로 주식수익률도 1배가 뛰었다. 당시 사람들은 대부분 자본을 추가투입하지 않아도 일류 매체의 수익은 5~6%의 증가속도를 낼 수 있다고 여겼다. 이는 미디어회사의 수익이 리스크가 없는 현금흐름임을 의미한다. 5%의 속도로 성장하는 영구적인 현금흐름의 가치는 1040만 달러/(7%-5%)=5.2억 달러가 된다.

6.4.4 버핏의 워싱턴포스트사 주식투자에 대한 분석

매입가의 안전마진 분석

1973년 워싱턴포스트 주식 수익률은 19%에 달했고 수익증가추이는 아주 좋았다. 그러나 미국 증시가 붕괴해 주가지수가 20%나 폭락하는 바람에 1973년 주가는 50% 가까이 떨어졌다. 버핏은 이 기회를 놓치지 않았고 1062.8만 달러로 461,750주의 B주식을 평균 22.69달러의 매입가로 사들였다.

집중투자의 규모 분석

1977년 말 워싱턴포스트사 주식은 버크셔사의 보통주 투자 포트

표 6-6 버핏이 투자한 워싱턴포스트사 주식의 수익률 분석

연도	보유 연한	주식 보유량	원금/ 백만달러	시장가치/ 백만달러	포트폴리오 점유율	투자수익/ 백만달러	투자 수익률
1977	4	934 300	10.628	33.401	18.45%	22.773	214.27%
1978	5	934 300	10.628	43.445	19.66%	32.817	308.78%
1979	6	1 868 000	10.628	39.241	11.66%	28.613	269.22%
1980	7	1 868 000	10.628	42.277	7.98%	31.649	297.79%
1981	8	1 868 000	10.628	58.160	9.10%	47.532	447.23%
1982	9	1 868 000	10.628	103.240	10.92%	92.612	871.40%
1983	10	1 868 000	10.628	136.875	10.48%	126.247	1 187.87%
1984	11	1 868 000	10.628	149.955	11.82%	139.327	1 310.94%
1985	12	1 727 765	9.731	205.172	17.12%	195.441	2 008.44%
1986	13	1 727 765	9.731	269.531	14.38%	259.800	2 669.82%
1987	14	1 727 765	9.731	323.092	15.28%	313.361	3 220.23%
1988	15	1 727 765	9.731	364.126	11.92%	354.395	3 641.92%
1989	16	1 727 765	9.731	486.366	9.37%	476.635	4 898.11%
1990	17	1 727 765	9.731	342.097	6.33%	332.366	3 415.54%
1991	18	1 727 765	9.731	336.050	3.72%	326.319	3 353.40%
1992	19	1 727 765	9.731	396.954	3.47%	387.223	3 979.27%
1993	20	1 727 765	9.731	440.148	3.91%	430.417	4 423.15%
1994	21	1 727 765	9.731	418.983	3.00%	409.252	4 205.65%
1996	23	1 727 765	10.600	579.000	2.09%	568.400	5 362.26%
1997	24	1 727 765	10.600	840.600	2.32%	830.000	7 830.19%
1998	25	1 727 765	11.000	999.000	2.68%	988.000	8 981.82%
1999	26	1 727 765	11.000	960.000	2.59%	949.000	8 627.27%
2000	27	1 727 765	11.000	1 066.000	2.83%	1 055.000	9 590.91%
2001	28	1 727 765	11.000	916.000	3.19%	905.000	8 227.27%
2002	29	1 727 765	11.000	1 275.000	4.50%	1 264.000	11 490.91%
2003	30	1 727 765	11.000	1 367.000	3.87%	1 356.000	12 327.27%

자료 출처: 버크셔·1977~2003년 연보

폴리오에서 18.4%라는 매우 높은 비중을 차지하고 있었다. 1973년에는 버핏이 아직 가이코보험사 주식을 매입하지 않았기 때문에 워싱턴포스트사 주식은 당시 투자 포트폴리오에서 30%가 넘는 점유율을 보였다.

장기보유기한 분석

1973년 버핏은 워싱턴포스트 주식 461.75만 주를 보유했고 1979년에는 186.86만 주로 주식분할을 했으며 1985년에는 172.78만 주로 약간 줄었다. 2003년 말까지 버핏은 보유량에 아무런 변화를 주지 않았으며 그는 가장 긴 시간 동안인 31년간 이 주식을 보유했다.

투자수익 분석

1973년 버핏은 1062만 달러로 워싱턴포스트 회사주식을 매입했고 2003년 말에 시장가치는 13.67억 달러로 증가해 30년간 투자수익은 12.80억 달러이며 투자수익률은 128배에 달했다.(표 6-6 참조)

| 감사의 글 |

　부모님과 동생들에게 감사를 드린다. 아버지와 어머니는 나의 학업을 위해 힘들게 고생하시면서 아무런 대가없는 희생과 무한한 지지를 보내주셨다. 철이 들면서 부모님이 나에게 가장 큰 영향을 주셨다는 것을 깨달았다. 아버지의 용기와 어머니의 근면은 언제나 나에게 모범이 되었고 남동생과 여동생은 나에게 커다란 격려와 지지가 되었다. 가족은 언제나 나의 힘의 원천이었다.

　내 마음속의 투자영웅 버핏에게 감사드린다. 버핏이 1977-2003년 26년간 버크셔사 연보에서 주주들에게 썼던 편지들을 읽고 나서 투자의 대가인 그가 투자전략을 심오하거나 복잡하지 않게 매우 간단하고 실용적으로 표현했다는 것을 깊이 느꼈다. 물론 간단하고 평범한 말에 훌륭한 지혜가 포함되어 있다. 이 책에서 99%의 내용은 버핏의 투자사상이고 내가 더한 1%는 단지 그의 사상에 대한 나의 이해를 정리하여 독자들이 더욱 쉽고 편하게 버핏의 투자지혜를 이해할 수 있도록 했다.

　이 책은 나의 박사논문을 기초로 썼다. 상해 과학기술원에서 박사과정을 밟으면서 항상 리우웨이 교수님의 세심어린 지도와 도움을 받았다. 은사님의 해박한 지식과 열정적인 태도는 나의 연구에도 끊임없는 발전과 도움을 주었고 넓은 마음과 넘치는 유머에서는 정말 많은 것을 배울 수 있었다. 존경하는 리우웨이 교수님께 진심으로 감사드린다. 류젠원 교수님, 조쉬에진 교수님께도 많은 도움과 지도를 받았고 이에 감사드린다.

남방증권 유한공사의 모든 상사와 동료들에게도 감사하며 특히 은행업무투자 본사 상해부에서 8년간 항상 같이 일했던 상사와 동료들에게 고마움을 표한다. 1997년 남방증권에 입사한 후 8년의 세월 동안 서로간에 두터운 우정을 쌓아왔고 동료들의 지지와 도움이 있었기에 복잡하고 어려운 일들을 헤쳐나아갈 수 있었으며 더 많은 시간을 박사학위 취득에 집중할 수 있었다.

기계공업출판사의 웨이샤오펀에게도 감사한다. 이 책의 출판을 위해 노력을 아끼지 않았고 큰 도움이 되었다. 푸단대학 세계경제 연구소의 황원제, 간당샨, 린진청 선생님과 화남농업대학 리다성, 윈스메이, 장화 선생님 그리고 활현 1중학교 롱슈쉬엔 선생님께도 감사드린다. 또한 학업과 생활중에 도움을 주신 모든 선생님들과 학우들에게 진심으로 감사의 마음을 표한다.

끝으로 이 책은 버핏의 투자전략에 대한 개인적인 이해와 체득일 뿐이다. 버핏의 투자철학은 넓고 깊기 때문에 이해하기 힘든 부분이 있을 수 있다. 독자 여러분의 지적과 비평을 환영하며 버핏 투자전략를 추구하는 분들과의 교류와 토론도 환영한다. 나의 이메일 iqeqfq@gmail.com을 통해 연락하기 바란다.

워렌 버핏의 초우량주 투자전략
초판 1쇄 인쇄일 | 2009년 7월 25일
초판 5쇄 발행일 | 2021년 1월 13일

지은이 | 류젠웨이
옮긴이 | 이승수
발행인 | 유창언
편 집 | 이민영
발행처 | **이코노믹북스**
출판등록 | 1994년 6월 9일
등록번호 | 제10-991호

주 소 | 서울시 마포구 성미산로2길 33 202호
전 화 | 335-7353~4
팩 스 | 325-4305
e-mail | pub95@hanmail.net / pub95@naver.com

ISBN 978-89-5775-131-2 03320

값 13,000원

※ 잘못 만들어진 책은 교환해 드립니다.